Heike Blümner · Jackie Thomae
Man muss die Falten feiern, wie sie fallen

Heike Blümner
Jackie Thomae

Man muss die Falten feiern, wie sie fallen

Das Buch für alle, die älter werden

blanvalet

Dieser Titel ist bereits unter dem Namen *Let's face it. Das Buch für alle, die älter werden* als Hardcover erschienen.

Verlagsgruppe Random House FSC-DEU-0100
Das für dieses Buch verwendete FSC®-zertifizierte
Papier *Holmen Book Cream* liefert
Holmen Paper, Hallstavik, Schweden.

1. Auflage
Taschenbuchausgabe Dezember 2012 bei Blanvalet,
einem Unternehmen der Verlagsgruppe Random House GmbH, München.
Copyright © der Originalausgabe 2011 Blanvalet Verlag,
München, in der Verlagsgruppe Random House GmbH
Umschlaggestaltung: bürosüd° GmbH, München
Redaktion: Margit von Cossart
HS · Herstellung: sam
Satz: KompetenzCenter, Mönchengladbach
Druck und Bindung: GGP Media GmbH, Pößneck
Printed in Germany
ISBN: 978-3-442-37959-0

www.blanvalet.de

Inhalt

Hey, Alter!
Hallo an Jung und Alt …

… wenn Sie denken, dass das Älterwerden ein interessantes, aber auch schwieriges Thema ist, befinden Sie sich in glamouröser Gesellschaft. Sie sind damit einer Meinung mit einer der weltweit bekanntesten Modedesignerinnen, die sehr lange überlegt hat, ob sie mit uns spricht oder nicht. Schließlich kam eine gut begründete Absage aus Milano: »Age. Värrry interesting subject, but also värrry diefficult. She cannot talk about it.«

Übers Alter redet nicht jeder gern. Obwohl hierfür eigentlich jeder qualifiziert wäre. Mehr noch – jeder hält das Alter, in dem er sich gerade befindet, für das Bedeutendste überhaupt. Ist man, so wie wir, für das Thema sensibilisiert, springt es einen überall an. In den Medien, in der Politik, in allgegenwärtigen Studien und Verlautbarungen und nicht zuletzt unter Freunden und Familienmitgliedern. Und auch zwischen uns beiden Autorinnen fiel das Wort »Alter« öfter als in einem gut besuchten Jugendfreizeittreff.

Trotzdem ist dies kein Buch über unseres, ein spezielles oder *das* Alter, sondern über das Phänomen des Älterwerdens an sich. Also das, was Menschen jeden Alters betrifft und beschäftigt. Immer wenn wir das Konzept unseres Buches erklären sollten, ging es zunächst am schnellsten, wenn wir beschrieben, was dieses Buch *nicht* sein sollte. Kein Ratgeber, das war klar. Aber auch kein augenzwinkernder Tröster für Leute unseres Alters, die gerade feststellen mussten, dass die neuen, echten Jungen nachdrängen. Und vor allem kein sexy starkes Buch für Frauen ab dreißig. Denn egal, für wie elementar oder banal man Themen wie die scheinbar immer längere Jugend, Faltenpanik, Midlife-Crisis oder die besten Jahre auch hält, die Fokussierung auf einen Lebensabschnitt oder ein Problem klammert die anderen aus, verklärt sie oder stellt sie als herannahende Bedrohung dar.

Deshalb sagten wir uns: Let's face it! Wir blicken der Tatsache ins Auge, dass wir alle ständig älter werden und dass das zu jeder Zeit etwas völlig anderes bedeutet. Was genau, das haben wir jede Menge Menschen zwischen fünf und achtundachtzig Jahren gefragt. Es sind renommierte Wissenschaftler und Experten dabei, zahlreiche Prominente, aber auch viele, mit denen wir einfach deshalb gesprochen haben, weil sie in einem bestimmten Alter waren. Bei ihnen möchten wir uns sehr herzlich bedanken für ihre Offenheit und oftmals sehr persönlichen Einsichten.

Unser eigenes Alter – wir sind während der Arbeit an diesem Buch achtunddreißig und vierzig Jahre alt geworden – eignet sich hervorragend, um in alle Richtungen zu schauen: Wir können noch lebendig und vor allem relativ unverklärt nachfühlen, was es bedeutet, jung zu sein, während gleichzeitig die Vorstellung, älter oder gar alt zu werden, keine abstrakte Fantasie mehr ist, die uns scheinbar nicht betrifft.

Außerdem befinden wir uns im längsten und dehnbarsten Lebensabschnitt. Denn heute sind wir ab ungefähr dreißig alle Mitglieder im Club »Nicht mehr jung und doch nicht alt«, und bei vielen endet die Mitgliedschaft nach eigenem Selbstverständnis erst mit siebzig oder achtzig Jahren.

Doch wer sind die Jungen und wer die Alten? Was bedeutet jung, wenn alle sich ständig und überall jung fühlen? Und gibt es auch Altfühler? Zwischen Sechzigjährigen, die innerhalb ehemaliger Jugendkulturen akzeptable Figuren abgeben, und Onehundredsomethings, die weiterhin distinguiert ihr tägliches Glas Wein genießen, liegen rechnerisch mehr als vierzig Jahre. Eine enorme Lebenszeitspanne, für deren nähere Beschreibung das pauschale Wort »alt« nicht ausreicht. »Jung« als Verallgemeinerung für die Zeit von null bis dreißig, vierzig oder auch Ende sechzig im Gegenzug aber genauso wenig.

Andere Themen, die mit dem Alter zusammenhängen, sind wiederum so universell und archaisch wie das Rätsel der Liebe, die Frage nach dem Sinn des Lebens, nach wahrer Schönheit oder der Blick auf die verrinnende Zeit, die nicht nur die Menschen, sondern auch die Dinge betrifft. Denn nicht zuletzt haben das Altern und die Erfahrungen, die damit einhergehen, auch Einfluss darauf, wie wir die Welt betrachten: als Generation oder Einzelkämpfer, in nostalgischen Erinnerungen oder auf der Suche nach dem Zeitlosen und Klassischen. Deshalb wirft *Man muss die Falten feiern, wie sie fallen* nicht nur einen Blick auf Menschen in unterschiedlichen Lebensphasen, sondern auch auf die Dinge, die unser Leben zu bestimmten Zeiten begleiten.

Wir haben im Laufe unserer Recherchen und Interviews bestätigt bekommen, dass das Alte und das Junge genauso gut harmonieren können wie das Süße und das Saure, das Helle und das Dunkle oder das Kommen und das Gehen. Ferner mussten wir feststellen, dass wir nicht mehr die Jüngsten sind. Und schonungsloserweise müssen wir Ihnen eröffnen: Sie auch nicht!

Zu diesem Zeitpunkt aber sind wir sehr froh, Ihnen vorab

folgendes Kurzergebnis unserer Recherchen mitteilen zu dürfen: Es gibt kein falsches Alter, nur ungünstige Zeitpunkte und verpasste Chancen. Ungeachtet dessen, was von vielen Menschen mit steigendem Alter tendenziell häufiger behauptet wird – das Alter ist zu keinem Zeitpunkt egal. Es ist glücklicherweise aber kein starres Korsett mehr, das uns nötigt, bestimmte Interessen und Verhaltensweisen zu einem uns von außen aufgezwungenen Zeitpunkt abzulegen. Wann es so weit ist, dürfen wir selbst entscheiden, was die Sache jedoch nicht immer einfacher macht.

Dass man den Titel, der wirklich Jüngste zu sein, nur den Bruchteil einer Sekunde innehaben kann, zeigt auch, wie viele Plattitüden – neben den Weisheiten und ständig neuen Erkenntnissen zum Alter und Altern – existieren und unbedacht weiter benutzt werden: alter Schwede, Alter vor Schönheit, in alter Frische, so jung treffen wir uns nicht wieder … alles altbacken und Asbach uralt? Genau. Wird aber nach wie vor gern gesagt.

Lesen hingegen gehört definitiv zu den Beschäftigungen ohne Altersbegrenzung. Außerdem zählt es erwiesenermaßen zu den Tätigkeiten, bei denen das Rasen der Zeit als angenehm empfunden wird und im Rückblick nicht in der Bedeutungslosigkeit versinkt.

Deutlicher kann man es kaum sagen: Los! Lesen Sie dieses Buch! Es wird nicht alles gut, aber alles älter. Die besten Erfahrungen dabei wünschen Ihnen

Heike Blümner und Jackie Thomae

Wer hat an der Uhr gedreht?

Warum die Zeit mal steht und mal rennt

Die Zeit ist derzeit eine genauso geheimnisvolle Erscheinung wie zu allen anderen Zeiten. Deshalb haben Physiker, Philosophen, Science-Fiction-Autoren, Ökonomen und auch die Oma im Treppenhaus die unterschiedlichsten Gedanken zur Zeit, aber irgendwann alle die gleiche Frage: Nämlich die, wo sie hin ist, die Zeit. Sie ist unendlich, wir aber nicht. Sie beschäftigt uns ständig, weil sie für eine messbare Größe erschütternd subjektiv ist.

Albert Einstein hat dieses Phänomen sehr einfach beschrieben: »Wenn man zwei Stunden mit einem netten Mädchen zusammensitzt, meint man, es wäre eine Minute. Sitzt man jedoch eine Minute auf einem heißen Ofen, meint man, es wären zwei Stunden. Das ist Relativität.« Es gibt auch heiße Mädchen und gemütliche Öfen, doch bleibt es bei der Erkenntnis, dass die angenehmen Erlebnisse im Leben schneller vergehen als die unangenehmen. Daran allein lässt sich das Phänomen der rasenden Zeit aber nicht festmachen, denn je älter man wird, desto mehr schaut man den Kondensstreifen ganzer Jahrzehnte hinterher, ohne dass das Leben im Alter zwangsläufig immer noch schöner wird.

Kleinkinder leben nur in der Gegenwart, und ihr Ausblick in die Zukunft reicht höchstens bis Weihnachten. Egal wie hart Erwachsene daran arbeiten, ausschließlich im Hier und Jetzt leben zu wollen, dieser kindliche Zustand ist durch nichts zurückzuerlangen. Er schwindet in dem Maße, wie die Kenntnis von Zahlen und Daten sowie die Orientierung im Raum zunimmt. Wenn man sich an die Wohnung oder das Haus seiner frühen Kindheit erinnert, sieht man vor dem geistigen Auge lange Flure, riesige Räume und weitläufige Zimmerfluchten. Als Erwachsener kommt einem dieser Ort beim Wiedersehen dann oft klein und überschaubar vor. Ähnlich ergeht es uns mit der Zeit. Was uns als Kind wie eine nicht zu erfassende Ewigkeit vorkam, schrumpft rückblickend und Jahrzehnte später auf einen Film im Zeitraffer.

Die Tatsache, dass die ersten zwanzig Lebensjahre die sind, die sich für jeden Menschen als die längsten anfühlen, wird mit der Erlebnisdichte erklärt. Das Hirn unterscheidet nicht nach Tagen und Monaten, sondern nach Ereignissen und Sensationen. Es wird entdeckt, erlernt, begriffen – und alles ist neu. Eine Erfahrung nach der anderen macht man zum ersten Mal, dadurch gibt es weniger Trott und Routine. Zudem hängen subjektives Zeitempfinden und Lebenszeit direkt zusammen. Wer vier Jahre alt ist und ein Jahr auf den nächsten Geburtstag wartet, wartet ein Viertel seines bisherigen Lebens darauf. Ein Sechzigjähriger müsste, um eine vergleichbare Zeit-/Warterelation zu empfinden, ein Ereignis im fünfundsiebzigsten Lebensjahr herbeisehnen.

Teenager sind da abgeklärter. Sie haben bereits eine Vergangenheit und kennen Phasen, die schneller vergehen als erwartet. Extremer Aktionismus und extreme Bocklosigkeit wechseln sich ab. Ungeduldig drängen sie auf die Auffahrt zur Zeitautobahn der Älteren. »Seit ich mich erwachsen fühle, kommt mir der Tagesablauf länger vor, aber die Tage in der Summe kürzer. Wenn ich abends an einen Tag denke, dann war der elend lang, aber letzte Woche kommt mir trotzdem vor wie gestern. Eine Mathedoppelstunde ist die Hölle, das Schuljahr ist aber ratzfatz vorbei«, wundert sich die achtzehnjährige Elisabeth.

Auch die Angst vor verschwendeten Jahren kennen Jugendliche schon, allerdings im Gegensatz zu Erwachsenen in der Zukunft und nicht in der Vergangenheit. Ein Jahr unfreiwillig zu verbringen – die Klasse wiederholen, die falsche Ausbildung anfangen – ist hart, und es wird nicht kürzer, wenn Ältere behaupten, ein Jahr sei doch nichts. Der Trostversuch, man habe ja sein gesamtes Leben noch vor sich, ist für niemanden akzeptabel, weil sich niemand als vor, sondern jeder als mitten in seinem Leben empfindet.

Erst in der numerischen Mitte des Lebens wird es ernst in puncto Zeit, nämlich mit Fragen wie: Was mache ich hier eigentlich? oder: Soll das alles gewesen sein? Die berühmte Midlife-Crisis, die weder ein klar definierter Begriff noch eine psychiatrische Diagnose ist, deren Existenz aber immer wieder bezeugt wird, begegnet uns auf der Zeitachse zwischen dem dreißigsten und fünfzigsten Lebensjahr. In dieser Zeit kann uns die Erkenntnis der eigenen Endlichkeit zum ersten Mal wie ein Schlag treffen. Spätestens ab jetzt ist klar, dass die Jahre auf keinen Fall mehr langsamer vergehen werden. Angst vorm Alter gepaart mit Angst vor falschen Entscheidungen – ein Drama.

Optimistischer betrachtet bilden diese Jahre eine attraktive Mischung aus noch jung sein, aber schon erfahren. Auf jeden Fall nehmen viele Betroffene sie zum Anlass, um ein Resümee zu ziehen. Erfolgreiche fragen sich, ob ihre private Entwicklung nicht auf der Strecke geblieben ist. Leute mit Kindern fragen sich, ob sie ohne Familie vielleicht mehr erreicht hätten. Leute ohne Kinder fragen sich, ob Kinder nicht doch Teil eines erfüllten Lebens sein sollten. Leute in Partnerschaften fragen sich, ob es diese eine Person wirklich ist, und Singles fragen sich, ob es nicht mal an der Zeit wäre, sich endlich zu binden.

Letztlich geht es um Prioritäten beziehungsweise darum, auf wen oder was die begrenzte Lebenszeit am besten verteilt werden sollte. Der belgische Modedesigner Dries van Noten war mit Mitte dreißig an diesem Punkt angelangt: »Sechsunddreißig war für mich ein schwieriges Alter, an dem ich zum ersten Mal das Gefühl hatte, dass das Jungsein vorbei ist und dass ich das Leben jetzt ernsthafter angehen muss. Mit sechsunddreißig trifft man viele Entscheidungen, die einen den Rest seines Lebens begleiten werden. Viele Freunde bekommen dann Kinder, und man sieht sie heranwachsen, und ich fragte mich, ob ich weiter wie verrückt arbeiten sollte. Mein Partner und ich entschieden dann, ein Haus mit Garten zu kaufen, um zu merken, dass es außerhalb der Mode noch andere Dinge im Leben gibt.«

Gärtnern, Kochen oder auch Meditieren gehören zu den beliebten Postjugendleidenschaften, gerade bei Menschen, die in ihrem sonstigen Leben gegen die Zeit, gegen Deadlines oder die Konkurrenz anrennen. Die Idee, das Tempo zu drosseln, ist sicher gesund, aber nicht der ultimative Durchbruch auf der Suche nach der nicht verlorenen Zeit.

Der Psychologe Robert Levine beschreibt in seinem Buch *Eine Landkarte der Zeit* das Lebenstempo in verschiedenen Kulturen und kommt erwartungsgemäß zu dem Ergebnis, dass es sich bei den »schnellsten Orten der Welt« um Großstädte in Industriestaaten handelt, während die Orte, an denen Levine vom Leben »in Gummizeit« spricht, in armen und meist warmen Gegenden liegen. Die Weisheiten zur Zeit, die Levine dort zu hören bekam, lauteten zum Beispiel: Auch die Zeit braucht Zeit, oder: Man muss der Zeit Zeit lassen. Das wären hervorragende Übungssätze für mentale Trainer, die mit Burnout-Patienten arbeiten. Weniger romantisch, aber umso überraschender ist die Feststellung, dass die Menschen an den Orten, an denen langsamer gelebt wird, keineswegs glücklicher sind als die an den schnellen. Immer nur schön entschleunigt im Garten herumzusitzen führt demnach auch nicht zur allumfassenden Glückseligkeit, genauso wie Hektik nicht zwangsläufig für den Verlust von Lebenszeit und -qualität verantwortlich gemacht werden kann.

Doch die Zeit rennt nicht nur, sie regelt zugleich. Wer sich fragt, was im Zeitalter der aufweichenden Grenzen zwischen Jung und Alt der Begriff »altersgemäßes Verhalten« überhaupt noch zu suchen hat, steht vor einem sehr einfach zu lösenden Rätsel. Denn all die sich jung fühlenden, lebendigen und jugendlich aussehenden Alten von heute unterscheiden sich weiterhin von den tatsächlich Jungen in einem sehr auffälligen Punkt: im Umgang mit ihrer Zeit. Wir handeln mit den Jahren nicht garantiert weiser, aber lernen zu selektieren. Das liegt an dem Plus an Erfahrung, auch an einer immer häufiger einsetzenden, angenehmen Mattigkeit, jedoch vor allem daran, dass die innere Stimme, die uns in jungen Jahren ständig »Du verpasst was!« zukreischt, leiser wird. Diese Beobachtung beschreiben viele ältere Leute nicht als Verlust, sondern als Zugewinn und schönen Aspekt des Alterns.

Was nicht heißt, dass sich Gelassenheit im Alter so selbstverständlich in unser Leben schleicht, wie es Falten tun. Auch bei welchen Themen und Weggefährten man irgendwann abdankt und für welche man immer brennen wird, ist vorher nicht absehbar. Deshalb ist es nicht besonders weise, Jüngeren aus der Altersperspektive erzählen zu wollen, was Zeitverschwendung ist und was nicht. Ob die Verschwendung im Umgang mit den scheinbar falschen Leuten besteht, in der Leidenschaft für ein stumpfsinniges Hobby oder im nichtsnutzigen Rumhängen trotz körperlicher Hochphase – junge Leute dabei zu beobachten, wie sie mit ihrer Zeit umgehen, führt zu einer ähnlichen Mischung aus guter Unterhaltung und Entsetzen, die reiche Leute auslösen, die viel Geld für viel Unfug ausgeben. Die Frage, warum sie das tun, ist in beiden Fällen sehr einfach zu beantworten: weil sie es sich leisten können.

Junge Menschen sehen ständig, wie sich Ältere an ihrer Jugend orientieren, ja, sie darum beneiden. Sie sehen, dass sie alles tun, um jünger auszusehen, zu wirken und zu bleiben. Selbst wenn Jugendliche nicht besonders glücklich sind, werden ihnen relativ wenige Gründe aufgezeigt, sich aufs Alter zu freuen. Ihre vage Vorstellung vom Alter hat jedoch nicht nur mit dem viel kritisierten Altersbild der Gesellschaft zu tun, sondern schlicht und einfach mit ihrem Alter selbst. Mit fünfundzwanzig kann man sich gerade so vorstellen, dreißig zu werden, das Bild vom rauschenden siebzigsten Geburtstag wäre absurd, oder wie Simone de Beauvoir es ausdrückte: »Bevor das Alter über uns hereinbricht, glauben wir, solch Schicksal ereile nur andere.«

Doch auch wenn sich Teenager teilweise nicht einmal vorstellen können, wie man mit über vierzig überhaupt noch so etwas wie Glück empfinden kann, ist die Trauer der

Älteren um die eigene Jugend weniger tiefgründig, als man annehmen könnte. Ernsthaft zurück in die Zeit, in der man so viel weniger wusste und konnte, möchte dann doch fast niemand. Glücklicherweise ist es nämlich so, dass die wenigsten Älteren sich verzweifelt an ihre Zwanziger klammern, sondern die besten Jahre häufig als die gerade vergangenen beschreiben. Die Schauspielerin Iris Berben sagt, es seien immer die letzten fünf.

Es geht also voran, nur schneller.

Zeit im Ausnahmezustand
Die Geburt

Der Augenblick, in dem das Leben entsteht, findet im Verborgenen statt und vollzieht sich für alle Beteiligten unbemerkt, was sich von dem Moment, an dem der Mensch zur Welt kommt, nicht behaupten lässt. Die Geburt eines Kindes ist ein existenzielles Erlebnis, das besonders Mutter und Kind betrifft, aber auch alle anderen Anwesenden in seinen Bann zieht. Das Zeitgefühl entkoppelt sich auf unvergleichliche Weise vom Rest der Welt. Tag und Nacht sind von untergeordneter Bedeutung, Stunden verlieren ihre Ordnung, mangelnder Schlaf wird in der allerersten Zeit nach der Geburt scheinbar mühelos verkraftet.

Wenn die Eltern nach Tagen oder Wochen aus dieser anderen Dimension in den Alltag zurückkehren, ist ihr Kind schon einige Zeit auf seinem Lebensweg unterwegs. Es ist bereits gealtert. Zu Beginn des Lebens zählt, anders als später, noch jeder Moment. Eltern von Babys geben deshalb meistens ganz genau Auskunft darüber, wie alt der Nachwuchs ist, von Tagen über Wochen bis hin zu Monaten. Bei Kindern werden noch die Viertel- oder Halbjahre erwähnt, spätestens ab der Mitte des Lebens müssen viele Menschen kurz innehalten, wenn sie nach ihrem Alter gefragt werden, weil ihnen spontan nicht einfällt, wie alt sie genau sind. Kurze Zeitspannen haben im sehr jungen Leben eine weitaus größere Bedeutung als in mittleren oder späten Jahren.

Uta Herold, geboren 1962, ist seit fast dreißig Jahren Hebamme und hat in dieser Zeit eine Kleinstadt von zweitausendfünfhundert Einwohnern zur Welt gebracht. Was die meisten Menschen, wenn überhaupt, nur maximal einige Male erleben und nie wieder vergessen, ist für sie Berufsalltag. Das hat aber nicht dazu geführt, dass sich die Hochstimmung und das verschobene Zeitgefühl rund um die Geburt für sie abgenutzt hätten. Herold beschreibt es als »positiven Jetlag«, bei dem sie genau spüre, wann er einsetze und wann er wieder vorbei sei, denn der Körper schütte rund um das Ereignis größere Dosen an Substanzen aus, die wach und aufmerksam hielten und auch für die Welle der Euphorie unmittelbar nach der Geburt mitverantwortlich seien. Das Gehirn von Gebärenden wird von Endorphinen geflutet, aber alle mittelbar Beteiligten stehen ebenfalls unter diesem besonderen Einfluss, der auf natürlichem Weg kaum herbeizuführen ist. Ein Marathon ist dagegen ein Sonntagsspaziergang.

Frauen, die Kinder zur Welt bringen, schauen nicht auf die Uhr: »Zeit im Sinne von Uhrzeit ist eine moderne Erfindung, Geburten gibt es schon viel länger«, sagt Uta Herold. Deshalb sollte die Uhrzeit unter der Geburt auch keine Rolle spielen – im Gegenteil: »Wenn ich unter der Geburt auf die Uhr gucke, läuft irgendetwas nicht gut«, erklärt die Hebamme. »Das Wichtigste ist, dass die Entbindung vorangeht. Das Tempo ist dabei nicht entscheidend. Jede Geburt hat einen Anfang und ein Ende – solange dazwischen Bewegung liegt, ist alles gut. Ob für die Hebamme eine Geburt gefühlt schnell geht, hängt zu einem großen Maß davon ab, wie harmonisch der natürliche Geburtsprozess voranschreitet. Nur wenn er zum Stillstand kommt, nicht zu verwechseln mit einer Verschnaufpause, werden kurze Momente schnell zu einer scheinbaren Ewig-keit.«

Egal wie dramatisch oder glatt die Geburt verläuft, egal welche Sorgen und Ängste die Mutter begleiten und egal wie leicht oder schwer es das Kind in der Zukunft haben wird, fast jede Mutter ist zumindest im ersten Moment von ihrem Kind begeistert. »So gut wie alle Mütter, die ihr Baby das erste Mal im Arm halten, sagen, wie einzigartig und schön es ist«, berichtet die Hebamme. Und das auch, wenn das Baby von der Geburt angeschlagen ist, objektiv eher skurril denn schön aussieht oder eine Fehlbildung hat. Kleine Menschen werden zu Beginn ihres Lebens begeis-tert empfangen.

Für den Rest der Menschheit gilt, dass es nur drei Arten von Neugeborenen gibt: niedliche, nicht so niedliche und das eigene Baby, falls man eines hat. Für Uta Herold ist jedes Neugeborene genauso individuell wie ein Erwachse-ner: »Bei jedem Menschen, egal wie alt er ist, handelt es sich um eine Persönlichkeit.« Für sie gibt es außerdem einen ganz klaren Zusammenhang zwischen dem Verhal-ten der ersten Tage und Wochen und der Art, wie sich ein Mensch im Laufe eines Lebens entwickelt. Je sensibler Eltern von Anfang an auf das originäre Temperament ihrer Kinder eingehen, desto besser kann sich das Kind entfalten. Wer je versucht hat, einem Baby oder Kleinkind während der Entwicklung ein anderes Tempo aufzuzwingen, wird keinen Erfolg geerntet haben.

Babys kommen auf die Welt, wann sie wollen, und nicht nach dem errechneten Geburtstermin. Manche sind lebhaft und aufgeschlossen, andere schüchtern und zurückhaltend. Uta Herold kann diese Nuancen in den Augen und in der Körperspannung von Neugeborenen erkennen und ist der

Überzeugung, dass diese grundlegenden Persönlichkeits-
merkmale einen Menschen ein Leben lang begleiten: »Ein
Kind hat kein Gefühl für die Zukunft, deshalb braucht es
Vertrauen und Akzeptanz für den Moment. Der Charakter
wird dann durch die Erziehung, gesellschaftliche Einflüsse
und persönliche Erlebnisse in seinen Nuancen geformt.«

Diese Erkenntnis hat der Hebamme großen Respekt vor
der Stärke von Neugeborenen eingeflößt, und obwohl sie
anders als in vielen anderen Berufen einer Art natürlichen,
zwingenden Routine von neun Monaten Schwangerschaft
und Geburt unterworfen ist, empfindet sie das rasante Ver-
fliegen der Zeit nicht als solches. Im Gegenteil. Herold hat
das Gefühl, dass die Zeit zwischen ihrem fünfundzwanzigs-
ten und fünfunddreißigsten Lebensjahr schneller vergangen ist als die im nächsten Jahrzehnt: »Das liegt daran, dass
ich selbst Kinder bekommen habe und dadurch einfach
mehr passierte. Mein Leben wurde ereignisreicher und
dichter.« Ähnlich wie unter der Geburt sei auch der Prozess
des Lebens weniger durch die Zeitspanne an sich als durch
die Qualität des Prozesses bestimmt. »Solange wir in Bewegung bleiben, ist alles gut, solange wir eine positive Verbindung zum Leben haben, sind wir nicht alt.«

Die Kapriolen des Gedächtnisses
Douwe Draaisma

Von Douwe Draaisma geht eine Unaufgeregtheit aus, die vielleicht auch das Resultat der Erkenntnis ist, dass seine Arbeit nicht eines Tages von ihm persönlich abgeschlossen und zu den Akten gelegt werden kann wie eine gelöste Gleichung. Es lohnt sich also nicht zu hetzen, denn dadurch ließe sich nichts beschleunigen. Draaisma, geboren 1953, ist Professor für Theorie und Geschichte der Psychologie an der niederländischen Universität Groningen. Seine Forschungsgebiete sind das Gedächtnis und die Spuren der Erinnerung.

Was nach einem schlechten Schlager klingt, ist tatsächlich ein wissenschaftlicher Evergreen – das Gedächtnis zählt zu den komplexesten und mysteriösesten Fähigkeiten innerhalb des menschlichen Bewusstseins. Und obwohl gerade Draaisma zu den umtriebigsten Forschern auf diesem Gebiet gehört, sagt er: »Es gibt ein Gesetz in der Psychologie. Je interessanter ein Phänomen ist, desto weniger kann man darüber sagen.«

Weil also die Antworten zu seinem Fachgebiet alles andere als auf der Hand liegen, hat Draaisma im Laufe seiner Karriere sehr viele Fragen gestellt. *Warum die Zeit schneller vergeht, wenn wir älter werden* ist der Titel seines Bestsellerbuches. Darin hat er sich auch mit dem Thema befasst, warum unser autobiografisches Gedächtnis, also die

Erinnerung an unser bisheriges Leben, bestimmte Erlebnisse auf Lebenszeit zum Leuchten bringt und andere Ereignisse, die uns persönlich viel wichtiger erscheinen, gegen unseren Willen verblassen lässt. Was jeder auch schon in jüngeren Jahren beobachten kann, ist, dass es offenbar eine Löschfunktion für so vieles im Gedächtnis, jedoch fast nie für Peinlichkeiten und Blamagen gibt.

Laut Draaisma setzt das sich beschleunigende Zeitgefühl bei den meisten Menschen mit etwa vierzig Jahren ein, weshalb diese Erfahrung für ihn eine Art von Objektivität habe. Ab dem fünfzigsten Lebensjahr fühle es sich dann für viele so an, als ob Weihnachten zweimal jährlich stattfinde: »Routine und Wiederholungen im Leben führen dazu, dass die Zeit schneller vergeht«, so Draaisma.

Für ein Baby ist alles neu und bisweilen überwältigend. Die Teenager verbringen ihre Zeit damit, sich eigene, neue Wege zu bahnen, und junge Erwachsene sind damit beschäftigt, Fundamente für ihre Zukunft zu legen und die Basisarbeiten fürs Leben zu erledigen. Ob man dann irgendwann die Hände in den Schoß legt und sich an dem Erreichten erfreut, sich langweilt oder regelmäßig neue Baustellen aushebt, hat in späteren Jahren einen großen Einfluss darauf, wie man das Vorbeirauschen der Zeit empfindet. Draaisma sagt, dass man durch das Zulassen von Veränderung das individuelle Zeitgefühl bewusst verlangsamen könne. Ausdrücklich unterscheidet er zwischen gewollt herbeigeführten Änderungen im Leben eines Menschen und den Anforderungen des modernen Alltags- und Berufslebens: »Ich vergleiche das moderne Leben gerne mit einem Abend, den man zappend vor dem Fernseher verbringt. Man hat ständig wechselnde Inputs und neue Informationen, aber am Ende bleibt nichts wirklich hängen. So entwickeln gestresste Menschen oft eine Amnesie«, sagt er. Es gebe aber Ereignisse, die von außen kämen und das Leben scheinbar zum Stillstand brächten. Das seien tragische Schicksalsschläge wie der Tod eines geliebten Menschen oder eine unheilbare Krankheit.

Interessanterweise klammert sich auch unser Gedächtnis mit fortschreitendem Alter vor allem an die Erlebnisse der Jugend und des jungen Erwachsenendaseins. Je älter wir werden, desto mehr überfallen uns die Erinnerungen an diese Zeit. Befragt man alte Menschen über ihr Leben, so zeigt sich außerdem, dass die Zeit des Erwachsenseins in der Erinnerung zu einem schlecht zu differenzierenden Klumpen verschmilzt, aus dem einzelne Ereignisse herauszutrennen mühsam ist. Die Jugenderinnerungen laufen vor dem inneren Auge hingegen detailgetreu in Farbe und 3D ab. Das sei ein Grund, warum Großeltern so gerne Geschichten von früher erzählten, sagt Draaisma, und ein weiterer Grund dafür, dass Großeltern und Enkelkinder so gut miteinander auskämen: »Die einen erzählen gerne Geschichten, die anderen hören gerne welche.«

»Viele alte Menschen«, so Draaisma, »schämen sich jedoch dafür, dass andere Aspekte des Gedächtnisses nicht mehr einwandfrei funktionieren – sie finden zum Beispiel ihre Schlüssel oft nicht oder vergessen Namen. Ganze Industriezweige haben sich darauf spezialisiert, Gedächtnistrainingsspiele und Ratgeber an den alten Mann oder die alte Frau zu bringen, die suggerieren, dass das Gehirn eine Art Muskel ist, den man durch das Lösen von Kreuzworträtseln und Gehirnjogging groß und stark halten kann. Dies sei nicht der Fall, so Draaisma. Das Einzige, was diese Art von Trainingsmethoden bringen, ist viel Geld auf das Konto ihrer Erfinder.« Wie auch das Schreiben von Tagebüchern zwar ein bereicherndes Hobby sein könne, es aber nicht zwangsläufig dazu führen würde, dass dadurch Erinnerungen aufgefrischt werden könnten: »Tagebücher sind eine trickreiche Geschichte, denn nach Jahren oder Jahrzehnten erinnert man sich nicht mehr an das Ereignis an sich, sondern man liest nur, was man damals geschrieben hat«, sagt Draaisma.

Anstatt sich also Gedächtnisbrücken zu basteln, um einen vermeintlichen Zustand von Gehirnjugendlichkeit herzustellen, sollten alte Menschen sich auf das konzentrieren, wovon sie phänomenal viel besitzen, nämlich Erfahrung: »Um ein weiser Mensch zu werden, ist Alter eine notwendige, aber keine ausreichende Voraussetzung, es gibt jedoch viele Dinge, bei denen der ältere Mensch klar im Vorteil ist. Jemand, der sechzig ist, war schon mal zwanzig, aber jemand der zwanzig ist, war noch nie sechzig«, sagt Draaisma. Diese optimistische Grundhaltung setzt jedoch zwei Dinge voraus, nämlich dass der ältere Mensch sich nicht nur erinnert, sondern auch Einfühlungsvermögen und Interesse für das veränderte Lebensumfeld der jüngeren Generation mitbringt. Und sie setzt voraus, dass junge Menschen den Rat einer älteren Person hören möchten.

Denn wenn alte und junge Menschen sich in einer Sache sehr ähneln, dann ist es der Hang zur Besserwisserei. Junge Menschen glauben, trotz des mangelnden Realitätsabgleichs und trotz wenig Erfahrung die Welt und ihre Zusammenhänge bis ins Detail durchdrungen zu haben, und alte Menschen schwingen sich gerne auf ein ähnlich hohes Ross, obwohl die Lokomotive der Gegenwart schon lange nicht mehr mit Dampf betrieben wird.

Optimistisch ist Draaisma auch, was die schlussendliche Bewertung des Lebens angeht: »Ein Leben ähnelt einem

Urlaub, in dem es oft regnete und es einige langweilige Momente gab. Aber man erinnert sich nur daran, dass es regnete, nicht an jeden einzelnen Regenschauer. Woran man sich jedoch sehr lebendig erinnert, sind die Sonnentage und die schönen Erlebnisse.«

Leben in der Konserve
Zeitzone Gefängnis

Es gibt ihn, den Ort, an dem die Pausentaste gedrückt wird. Der Lauf der Welt wird dadurch nicht aufgehalten, aber das Leben macht dort eine Vollbremsung – nachdem man gegen die Wand gefahren ist.

Das Gefängnis ist eine Zeitfressmaschine. Gestern, heute und morgen zermalmt es auf immer gleiche Art zu Einheitsbrei. Ob es seine Insassen gleich mitfrisst, hängt zu einem Teil von ihnen selbst und ihrem Alter und zum anderen davon ab, wie lang die Haftzeit ist. Zeiteinheiten bekommen in der Strafanstalt eine andere Bedeutung. Das Gefühl des Wartens nimmt an Bedeutung zu, wenn es nicht sogar alles beherrscht.

Carsten Pilzecker ist Psychologe und Therapeut in der Justizvollzugsanstalt Berlin Tegel. Seit über zehn Jahren arbeitet er mit Langstrafern – mit Männern, die geraubt, vergewaltigt, gemordet oder Totschlag verübt haben. Seine Patienten müssen zehn, fünfzehn oder mehr Jahre absitzen und haben sich darum beworben, in der eigens dafür eingerichteten sozialtherapeutischen Abteilung eine Therapie zu absolvieren. Manchmal kommen auch Häftlinge auf die Station, die einen Teil ihrer Strafe bereits woanders abgesessen haben. Wenn sie dann nur noch vier Jahre und weniger haben, empfindet Pilzecker diesen Zeitraum als kurz, und auch unter den Langzeithäftlingen gelten vier Jahre als durchaus überschaubare Zeit-spanne.

Im Anschluss an die Therapie geben Pilzecker und seine Kollegen eine Einschätzung über die Prognose des Gefangenen ab, sprich, sie entscheiden mit darüber, ob er entlassen wird oder nicht. Wer zum Beispiel ein Kapitalverbrechen begangen hat und danach keine nachweisbar glaubwürdige positive Entwicklung durchlaufen hat, der bleibt im Gefängnis, mindestens bis zum nächsten Haftprüfungstermin. Bis dahin vergeht in der Regel sehr viel Zeit. Zeit, die in der Vorstellung der meisten Leute so aussieht, wie sie sie aus amerikanischen Filmen kennen.

Für die Betroffenen gibt es jedoch keine schnelle Bildermontage bis zum Entlassungstag, die mit Fitnesstraining und Läuterung verbracht wird. Die Gefängniskirche ragt zwar mahnend aus dem JVA-Komplex heraus, wird aber nur von einem sehr kleinen Prozentsatz der Häftlinge regelmäßig besucht. Das Klischee vom Insassen, der nun endlich Zeit für ein Philosophiestudium hat, beruht nicht auf einer tatsächlich hohen Prozentzahl echter Fälle. Pilzecker sagt, dass Fernsehen und Sport beliebter sind als Freizeitbeschäftigungen, bei denen der Häftling in sich gehen muss. Die Bastelarbeiten der Häftlinge wirken ebenfalls überhaupt nicht nachdenklich, bilden aber einen bizarren Kontrast zum Ort des Entstehens, denn sie sind ausschließlich niedlich. Die Schlümpfe, Osterhasen und Freunde des Sandmännchens wirken wie kindlich naive Rückbesinnungen. So als würden die Insassen mit der Laubsäge direkt an ihre harmlosen, unschuldigeren Zeiten anknüpfen.

Jeder Gefangene unterscheidet sich vom anderen, wie das Verbrechen, das er begangen hat, sich von dem des Mithäftlings unterscheidet. Strukturell gibt es jedoch zwei Typen

von Tätergruppen: diejenigen, die eine Affinität zur Kriminalität haben, und diejenigen, die bis zum Zeitpunkt der Tat
ein nach außen hin unauffälliges Leben geführt haben.
Nicht selten sind diese Taten in ihrer Grausamkeit erschreckend banal: »Ein Kumpel schlägt den anderen, weil er das
Bier nicht mitgebracht hat. Der Kumpel fällt unglücklich
auf die Tischkante und ist tot«, erzählt Pilzecker aus seiner
Praxis. Totschlag, der bis zu fünfzehn Jahre einbringen kann.
In jedem Fall beginnt im Gefängnis eine neue Art von persönlicher Zeitrechnung, nämlich die vor und die nach der
Tat. »Im Knast«, so Pilzecker, »mischen sich Leute, die einmal etwas Schreckliches gemacht haben, mit solchen, die
eine kriminelle Identität haben, und denen, die im klini-
schen Sinne gefährlich verrückt sind.«

Zunächst aber kommen alle Verdächtigen bis zum Ende
ihrer Verhandlung ins Untersuchungsgefängnis. U-Haft ist
der Aufschlag auf dem Boden der Realität: Dreiundzwanzig
Stunden am Tag auf 6,5 Quadratmetern eingeschlossen zu
sein kann selbst die härtesten Kerle brechen. Die Selbst-
mordraten in Untersuchungsgefängnissen sind von daher
auch höher als in den Justizvollzugsanstalten. Für die Opfer
eines Verbrechens ist der Suizid des Täters oft ein zusätz-
licher Schlag ins Gesicht, da dieser einfach »verschwindet«
und die Tat nicht mehr von einem Gericht sanktioniert
werden kann.

Der zweite Einschnitt für den Täter folgt dann nach der
Verkündung des Urteils. Spätestens jetzt wird ihm klar, dass
die Zeit, in der vorher sein unter Umständen ganz normales
Leben stattfand, in dem mannigfaltige Ereignisse Platz hatten, nun an einem sehr überschaubaren Ort komprimiert
wird. Dabei spielt es auch hier wieder eine große Rolle, ob
der Täter jung oder älter ist und wie lang seine Strafe währt.

Junge Gefangene verbindet eins: die Ungeduld. Häufig ist diese Ungeduld sogar einer der Gründe für ihr Vergehen gewesen. Neben der Ungeduld ist oft das Nicht-erwachsen-werden-Wollen der Grund für die Tat, weshalb dann im Knast der nachträgliche Reifungsprozess erfolgt: »Diese Leute rennen ihrem Leben hinterher«, sagt Pilzecker. Wenn man es schafft, die Energie in bessere Bahnen zu lenken, stehen die Chancen, dass sie eine Ausbildung oder einen Schulabschluss machen, nicht schlecht. Tatsächlich gibt es mit Anfang dreißig bei jungen Tätern eine Art Schwelle, die auch durch Studien belegt ist: Wer erst viele falsche Abbiegungen im Leben genommen, dann aber rechtzeitig noch die Kurve gekriegt hat, der hat gute Chancen, dass die kriminelle Karriere mit diesem Alter beendet ist.

Menschen, die in der Mitte des Lebens stehen, wenn sie zu einer langjährigen Haftstrafe verurteilt werden, haben in vielen Fällen bereits eine kriminelle Karriere hinter sich, sind das Gefängnis also gewöhnt und sehen sich lieber in der Rolle des Opfers als des Täters: »Generell gibt es im Gefängnis unter den Verurteilten das Gefühl, dass einem von außen die Zeit weggenommen wird. Entweder von der ›bösen Justiz‹, vom Gefängnis selbst, oder von unglücklichen Umständen«, so Pilzecker. In der Therapie muss es nun unter anderem darum gehen, den wahren Grund für die Gefangenschaft aufzuarbeiten, nämlich die begangene Tat.

Wer eine schwerwiegende Tat aus einem mehr oder weniger intakten Lebensumfeld heraus begangen hat, der steht vor einer völlig anderen Krise als ein Berufskrimineller, denn er verliert nicht selten Familie, Freunde und Partner. Das heißt, selbst wenn er wieder aus dem Gefängnis herauskommt, stehen die Chancen für ein sozial eingebettetes und finanziell abgesichertes Restleben eher schlecht. Und so passiert es häufig, dass die Tat negiert oder verdrängt wird und dass die Aggressionen sich gegen alle anderen richten. Diese Art von Verdrängung halten viele Häftlinge lange durch – aber höchst selten für immer. Nach der Erfahrung des Psychologen Carsten Pilzecker knicken die meisten Gefangenen zwischen dem fünften und achten Haftjahr ein. Entweder haben sie dann keine Kraft mehr zu kämpfen, oder sie können die Situation nicht mehr ignorieren: »Tötungsdelikte oder gar ein Mord üben auf den Täter, oft für den Rest seines Lebens, eine riesige Sogkraft aus«, so Pilzecker. »Ein Mord ist eine Art von Schuld, über die sich kein halbwegs gesunder Mensch hinwegsetzt.«

Die Tat verfolgt den Täter noch über seine abgesessene Strafe hinaus, denn sollte er wieder in Freiheit sein, muss er zum Beispiel entscheiden, ob er mit alten und neuen Freunden über die Tat spricht oder nicht. Wenn er sich dagegen entscheidet, bedeutet das nicht, dass er nicht mehr daran denkt, sondern dass er sich und seine Umwelt täuschen muss.

Inzwischen gibt es aber auch eine immer größere Anzahl von Menschen, die wahrscheinlich nie wieder aus dem Gefängnis kommen werden. Das sind einmal diejenigen, deren lebenslange Freiheitsstrafen nicht irgendwann ablaufen, sondern geprüft werden müssen und die diese Prüfungen wiederholt nicht bestehen, und es sind diejenigen, die in der so genannten Sicherungsverwahrung untergebracht sind. Die Ausweitung der Sicherungsverwahrung wurde unter der Regierung Schröder eingeführt. Bekannt dürfte noch der dazugehörige Ausspruch des damaligen Kanzlers »Für immer wegschließen!« vor dem Hintergrund eines Sexualmordes an einem Kind sein.

In Deutschland fallen verhältnismäßig wenige Kinder diesem Verbrechen zum Opfer. Vor und leider auch nach der Ausweitung der Sicherungsverwahrung sind es, seit Jahren konstant, weniger als zehn Fälle pro Jahr. Es gibt keine Hinweise darauf, dass das Leben der Bürger mehr von Kriminalität bedroht ist als früher. Was es gibt, ist eine erhöhte Sensibilisierung in der Gesellschaft. Pilzecker: »Der Druck auf die Sexualstraftäter ist in allen Bereichen gestiegen, und das ist gut so. Die Strafen sind tendenziell länger, und die Verpflichtung, sich einer Therapie zu unterziehen, wird flächendeckend durchgesetzt. Das führt in den Gefängnissen aber zu der neuen Situation, dass die Zahl derer, die schon in jungen Jahren in Sicherungsverwahrung genommen werden, exponentiell steigt.« So kann es sein, dass ein heute achtundzwanzigjähriger Serientäter für den Rest seines Lebens ins Gefängnis geht, was wiederum zur Folge hat, dass in den Gefängnissen immer mehr Menschen einsitzen, die dort alt werden. Auch heute gibt es Häftlinge, die nach gescheiterten Entlassungsprüfungen bereits seit dreißig oder vierzig Jahren im Gefängnis sitzen. Durch die Ausweitung der Sicherungsverwahrung sind derzeit in Deutschland zirka fünfhundert Menschen auf unbestimmte Zeit in Haft, in wenigen Jahren, schätzt Pilzecker, werden es über achthundert sein. Ob sich dieser Trend durch die vom Europäischen Gerichtshof geforderte Korrektur der Regelung der Sicherungsverwahrung ändern wird, bleibt abzuwarten. Bisher gibt es in Deutschland eine einzige Justizvollzugsanstalt, die speziell auf alte Häftlinge ausgerichtet ist. Der Bedarf wächst aber stetig.

Psychologe Pilzecker beobachtet bei älteren, langjährigen Häftlingen zwei unterschiedliche Tendenzen. Einige dieser Straftäter sehen auf seltsame Weise jünger aus. Dadurch, dass sie über Jahre wenig gefordert werden und dass sie keine neuen Erfahrungen machen, bleiben sie in ihrer Entwicklung stehen, deshalb auch der beliebte Knacki-spruch: Knast konserviert. Ein anderes trauriges Extrem: Die Menschen »lösen sich regelrecht auf«. Es gibt ganze Gruppen von älteren Gefangenen, die nicht mehr entlassen werden und mit denen nichts mehr passiert. Sie geben sich auf, angefangen bei der Körperpflege bis hin zur Kommu-nikation.

Was alle Häftlinge verbindet, ob sie nun für kurze oder lange Zeit im Gefängnis sind, ist ein immer gleichförmiger Tagesablauf. So vergeht Jahr für Jahr. Der Gefangene ver-mag sich kaum an die Abfolge der Jahre zu erinnern, die Erinnerung an draußen verblasst nach einiger Zeit eben-falls. Trotzdem wünscht sich fast jeder Häftling, noch ein-mal wieder in Freiheit zu kommen. Deshalb ist es gerade bei denen, die aller Voraussicht nach keine Gefängnismauer mehr von außen sehen werden, wichtig, dass Psychologen regelmäßig Zukunftsperspektiven aufzeigen – sei es ein Ge-spräch, eine Fortbildung oder eine Beschäftigungsmöglich-keit im Gefängnis.

Kann man unter diesen Umständen überhaupt so etwas Ähnliches wie Optimismus verbreiten? Dazu Carsten Pilz-ecker: »Die Häftlinge brauchen uns nicht, damit wir sie aufmuntern. Sie brauchen uns, damit sie sich den schwieri-gen Taten stellen können und so vielleicht ihr Leben wieder in den Griff bekommen.«

»Ich bin ein Weggeher.«
Georg Kreisler

Im Leben von Georg Kreisler wäre Platz für mehrere Dutzend andere. Wenn Ereignisreichtum und die Abwesenheit von Routine das individuelle Zeitgefühl wirklich verlangsamen, müsste Kreisler gefühlte Jahrhunderte alt sein, zumal sich die Welt innerhalb der letzten hundert Jahre technisch und politisch vom Kopf auf die Füße gestellt hat.

Geboren 1922 in Wien als Sohn jüdischer Eltern floh Kreisler mit seiner Familie 1938 vor den Nazis in die USA nach Los Angeles. Dort arbeitete er als Pianist und Komponist im Dunstkreis der prominenten Emigrantenszene um Friedrich Hollaender, Billy Wilder und Marlene Dietrich. 1943 kam er als amerikanischer Soldat nach Europa zurück, wo er unter anderem im Zuge der Nürnberger Prozesse an den Verhören von Hermann Göring und anderen Nazigrößen beteiligt war. Zurück in den USA trat Georg Kreisler als Barpianist der Monkey Bar in New York auf, bevor er Mitte der Fünfzigerjahre endgültig nach Europa heimkehrte – zuerst nach Wien, dann nach München, Berlin, Basel. Derzeit lebt er in Salzburg.

Seit Mitte der Achtzigerjahre arbeitet Kreisler vornehmlich als Autor, zu seinem Verdruss sind es aber vor allem seine Greatest Hits wie *Taubenvergiften im Park* aus dem musikalisch kabarettistischen Genre, die ihm ein breiteres

Publikum erschlossen. So ist er seitdem im Gedächtnis vieler in dieser Schaffensperiode konserviert.

Mit knapp neunzig Jahren absolviert Kreisler aber das Arbeits- und Freizeitpensum von Menschen, die halb so alt sind wie er. Neue Bücher werden regelmäßig herausgebracht, er geht auf Lesereisen, oder er macht Urlaub in der Südsee auf einem abgelegenen Atoll. Erst seit er achtzig ist, findet er sich selbst alt, doch das Alter an sich hält er für etwas, das kaum zu beschreiben ist: »Es ist sehr schwer, einem jüngeren Menschen das Alter zu erklären – eine Periode im Leben, die man selbst nur fühlt, aber nicht in Worte fassen kann.« In erster Linie merke er das Alter körperlich und in den Streichen, die das Gedächtnis ihm spiele: »Was vorige Woche passiert ist, habe ich vergessen, aber was vor fünfzig Jahren passiert ist, weiß ich noch ganz genau«, sagt er.

Das Phänomen der immer schneller werdenden rasenden Zeit existiert für Kreisler nicht, er muss es sich erst einmal erklären lassen, bevor er bekräftigt, dass er dieses Gefühl ganz und gar nicht kenne. Damit gehört er zu der sehr raren Gruppe von Menschen, die ein gleichmäßiges Zeitgefühl besitzt; darum beneiden ihn die meisten anderen – und er ist sich dessen noch nicht einmal bewusst. Er teilt die Ereignisse seines langen Lebens auch nicht nach geschichtlichen oder persönlichen Epochen, sondern schlicht nach Wohnorten, und von denen gab es viele. Lediglich seine Lieblingszeit kann er benennen, denn seit Mitte der Siebzigerjahre hält sie an. Damals lernte er seine jetzige Frau Barbara Peters kennen, von der er sich bisher keinen Tag getrennt hat.

Worin liegt also das Geheimnis von Kreislers ruhig tickender innerer Uhr trotz seiner so rasanten Biografie?

Zum einen in einer Art sicherlich nicht altersuntypischer bewusster Ignoranz des technischen Kommunikationsfortschritts: »Ich brauche einen Computer so wenig, wie ich einen Elefanten brauche«, sagt Kreisler. Schreibmaschinengeschriebene Manuskripte, Briefe, Telefonate und, wenn es hochkommt, ein Fax – auf diesem Level von Austausch läuft vieles zwangsläufig langsamer. Als Lösung oder gar als Rezept gegen das Verrinnen der Zeit ist die Verhaltensweise aber ungefähr so brauchbar wie Ohropax gegen Flugzeuglärm: Wäre Kreisler nicht ansonsten so agil und interessiert, wäre er mit einer solchen Haltung vermutlich nur ein mehr oder weniger passiver alter Mann.

Aus der Zeit seiner Wiener Kindheit und Jugend erinnert sich der Autor und Komponist, dass alle mehr und länger arbeiteten als heute, aber dennoch entspannter waren: »Es war gemütlich in einer ungemütlichen Zeit«, sagt er. Heute sei das Leben »gehetzter und nervöser«, damals ging man überall hin zu Fuß und war fast nur persönlich oder per Post erreichbar, was dazu führte, dass man viel mehr Zeit für sich hatte.

Doch auch mit dieser Erkenntnis spaziert man bestenfalls gemütlich zu den Enkelkindern, die von Besuch zu Besuch schneller, als Unkraut wächst, an einem vorbeischießen. Der Clou liegt nach Kreisler in seiner Entscheidungsfreudigkeit und in dem bis heute anhaltenden Bedürfnis, abgenutzte oder ungeliebte Orte und Beschäftigungen zu verlassen, wenn er sich nicht mehr wohlfühlt: »Ich bin ein Weggeher«, sagt er. Er wechselt den Ort. Dafür bleibt er seinem Stil seit Jahren treu. Auch optisch bleibt es bei großer Brille, funkelnden Augen und einem imposanten Auftritt. Wenn es überhaupt eine Zeit gab, an der Kreisler so etwas wie Stillstand empfunden hat, dann als Barpianist in

New York. Dort trug er sich aus finanziellen Gründen länger als gewöhnlich mit dem Gedanken, nach Europa zurückzukehren, und schob ihn immer wieder beiseite. Als er dann aber endlich in Europa war, merkte er, dass seine Bedenken nur Verzögerungstaktiken waren, dass er schon viel früher hätte gehen sollen.

Nach Kreisler sind es die bewussten Entscheidungen, die dazu führen, dass man sein Leben als reichhaltig empfindet, doch ihn überrascht immer wieder, dass nur wenige Menschen in der Lage sind, diese zu treffen. »Jahre- oder jahrzehntelang, manchmal sogar ein ganzes Leben verharren sie in Situationen, Beziehungen und Berufen, in denen sie unzufrieden sind, und warten, dass etwas passiert. Tut es aber meistens nicht. Ein Jahr nach dem anderen rast vorbei, ohne dass es weitergeht, und ehe man es sich versieht, ist man alt und unzufrieden.« Der entscheidungsfreudige Georg Kreisler funkelt uns verschmitzt durch seine markante Brille an und sagt: »Ich bin ein rundum glücklicher Mensch – tut mir leid.«

Let's get physical

Der unvermeidbare Körper

»*Age is only a number*«, sagte im vorigen Jahrhundert der politische Berater und Börsenspekulant Bernard Baruch.

Diese Redewendung ist inzwischen zum Lebensmotto für alle Junggebliebenen avanciert. Es ist wahr, dass unser Geist, unsere Gedanken und unsere Gefühle mühelos zwischen den Dekaden hin und her zappen können. Gleichzeitig ist dem Ausspruch ein gewisser bemühter Grundtenor nicht abzusprechen, ja, er kann geradezu krampfhaft beschwörend klingen, und eigentlich wissen wir alle: Er ist auch eine Lüge.

Baruch wurde fünfundneunzig Jahre alt, und wenn man im Internet sein Leben auf pixeligen Schwarz-Weiß-Fotos an sich vorbeiziehen lässt, die zeigen, wie er sich vom imposanten, attraktiven Mann zum pergamentartigen, zarten Glatzkopf verwandelte, bringt das allein schon den Beweis, dass das Alter eben kein beliebiger Zahlencode ist. Egal wie rege, fit und knackig wir uns fühlen oder sogar aussehen, unser Körper wird uns früher oder später signalisieren, in welcher Lebensphase wir uns befinden. Er ist es, der uns und unserer Umwelt mitteilt, dass eine weitere Entwicklungsstufe erreicht ist: Seine Funktionen lassen mit zunehmendem Alter nach oder kommen ganz zum Erliegen – diese unvermeidlichen Ereignisse unterliegen nur gewissen individuellen Schwankungen.

Doch kaum ein Mensch auf der Welt nimmt die körperlichen Veränderungen einfach so hin, egal, ob er geistig seiner Zeit voraus ist oder ihr hinterherhinkt. Und warum sollte er auch? Unser Körper hält uns auf Trab: Jeder Mensch ist, was seine körperliche Entwicklung angeht, je nach Lebensphase und Körperereignis zwischen Freude, Akzeptanz, Widerstand und Resignation hin- und hergerissen. Junge Vorkommnisse wie die erste Menstruation oder der Stimmbruch können uns genauso in die Verzweiflung treiben wie altersgemäße Ermüdungs- oder Verschleißerscheinungen. Das Einzige, das sicher ist, ist, dass nichts so bleibt, wie es ist. Sehr viele Wissenschaftler, Forscher, Laien und auch Spinner machen sich darüber Gedanken oder sprechen Empfehlungen aus, was für den Körper das Beste ist, um möglichst lange oder sogar ewig in Schuss zu bleiben.

Und während der Jungbrunnen immer noch nicht gefunden wurde, sprudelt doch der Quell der Erkenntnis und der Inspiration ununterbrochen – mit erfrischenden und benebelnden Resultaten.

Licht aus, Spot an!
In der Pathologie

Beginnen wir am Schluss, und zwar dort, wo tote Menschen zu Präparaten werden: Scheint es für uns im Alltag schwierig, einen Fünfundvierzigjährigen von einem Achtunddreißigjährigen unterscheiden zu können, so glauben die meisten Leute, dass ein gewiefter Pathologe mit gekonntem Blick und an Geheimwissen grenzendem Know-how jeder Leiche ihr Todesalter auf den kalten Kopf zusagen kann. Doch eine Leiche ist kein gut ausgeleuchtetes CSI-Objekt, dessen physisches Orakel man nur entschlüsseln können muss, damit sich das Leben des Toten vor den Augen des visionären Mediziners rückwärts bis zum Tag der Geburt abspult. Auch Pathologen und Gerichtsmediziner können das Alter eines Menschen posthum nur ungefähr feststellen, obwohl sie dafür andere Kriterien abklopfen als wir beim Versuch, das Alter unseres Gegenübers zu schätzen. Grundsätzlich gilt, dass das Alter eines Menschen, das uns im Leben oft Kopfzerbrechen bereitet, Pathologen und Gerichtsmediziner nur in den seltensten Fällen überhaupt beschäftigt.

Pathologen interessieren sich für natürliche und Gerichtsmediziner für unnatürliche Todesfälle, und es geht ihnen vor allem um die Frage, warum und woran jemand verstorben ist. Zudem ist das Gros aller Leichen auf dem Seziertisch bereits identifiziert und ihr Alter somit bekannt.

Das exakte Alter von nicht identifizierten Toten kann dann zum Beispiel von Belang sein, wenn herausgefunden werden muss, ob jemand zu einem bestimmten Zeitpunkt schon volljährig war oder nicht, was für Pathologen eine große Herausforderung ist. Die genaue Altersbestimmung von Leichen ist ein eigener pathologischer Forschungszweig und gilt als sehr komplex. Während in der Regel die Zähne, die Gelenke und die Knochenenden (Epiphysen) von Oberarm- oder Oberschenkelknochen zu Rate gezogen werden, konzentriert sich ein anderer Teil der Forschung auf molekularbiologische Merkmale des Alterns, also die Entschlüsselung von DNA. Hier treffen sich gewissermaßen Medizin und Archäologie. Oft müssen Verfahrenstechniken aus beiden Bereichen kombiniert werden, um zu einem Ergebnis zu kommen, und das kann dann, selbst nach genauster Analyse aller vorliegenden Faktoren, nur eine Annäherung sein.

Es gibt einfach zu viele den Körper beeinflussende Faktoren, die einzig und allein auf individuellen Gewohnheiten und Lebensumständen beruhen. Auch ein Arzt wird auf dem Seziertisch zweifellos sehen, dass der körperliche Zustand eines sechzigjährigen Sportlers, der sich makrobiotisch ernährt hat, wesentlich besser ist als der eines vierzigjährigen übergewichtigen Rauchers. Im Extremfall würde der Arzt beide in die gleiche Altersstufe, um die fünfzig Jahre, einteilen und läge in beiden Fällen falsch. Mit zunehmendem Alter nimmt die Fehlerquote dabei allerdings tendenziell zu.

Seit Rudolf Virchow, dem Begründer der modernen Pathologie, ist die grundlegende Technik des Sezierens gleichgeblieben. Es werden nacheinander Brusthöhle, Bauchhöhle und Kopfhöhle geöffnet, dann beginnt die für den Mediziner unter Umständen spannende Arbeit. Das Geheimnis ihres genauen Alters dürfen unbekannt Verstorbene jedoch mit ins Grab nehmen.

Huch, das bin ja ich ...
Der Körper im Wandel

Bis es jedoch so weit ist, dass in unseren mehr oder weniger gut erhaltenen Körpern der Schalter ausgeknipst wird, ist in der Regel viel passiert. Die gute Nachricht: Es gibt auch Körperteile, die nicht altern, wie beispielsweise die Darmzotten, die sich unermüdlich bis zum Tod alle zwei Tage erneuern. Die andere gute Nachricht: Es geht nicht ab einem bestimmten Alter kontinuierlich bergab. Es gibt jedoch Dinge, deren Zeit irgendwann gekommen ist beziehungsweise die gekommen sind, um zu gehen, dazu gehören beispielsweise die Fruchtbarkeit bei den Frauen oder der Haarwuchs bei vielen Männern.

Körperliches Altern bedeutet, dass sich Dinge unwiederbringlich ändern, was bereits in jungen Jahren jeden Tag passiert. Verschleiß- und Abnutzungserscheinungen sind die Begleiterscheinungen des Alters. Je nachdem, wie bestimmte Körperteile genutzt, trainiert oder strapaziert werden, treten sie früher oder später, extremer oder in Maßen auf. Generell lassen Nierenfunktion, Hirnleistung und Herzkreislauffunktion mit zunehmendem Alter nach, aber auf der anderen Seite können sich Hirnzellen regenerieren, und Synapsen verknüpfen sich bis ins hohe Alter immer wieder aufs Neue.

Die rasanteste körperliche Entwicklung durchläuft der Mensch im ersten Lebensjahr. Nie wieder danach verändert sich der Körper in so extremem Maß – Menschen kommen im Vergleich zu allen anderen Säugetieren nämlich relativ unfertig auf die Welt.

Während sich der körperliche Alterungsprozess eher verhalten anschleicht, bricht die Pubertät regelrecht aus. Die Hormonexplosion bleibt nicht ohne optische Folgen. Wäre der Mensch in der Pubertät eine Skulptur – im Kunst-Leistungskurs erschaffen –, würde der Erschaffer aufgrund der Unproportionalität eine schlechte Note bekommen. Oder er würde zum Bildhauerstar werden, denn viele Jungen sehen zu dieser Zeit mit ihren langen Gliedmaßen am schmächtigen Körper aus wie Figuren von Giacometti.

Fast alle Mädchen lernen in der Pubertät, dass man nicht alles essen darf, was schmeckt, und schon gar nicht zu viel davon. Bevor sie diese Ungerechtigkeit verinnerlicht haben, erinnern sie ebenfalls an große Kunst, nämlich an die Frauenfiguren von Botero – drall, aber irgendwie süß. Hinzu kommt häufig ein träge fragendes Gesicht: Bin ich gelangweilt, traurig, doof oder vielleicht doch sexy? Umgekehrt ist aus den schlimmen frühen Jahren späterer Models auch bekannt, dass sie als Bohnenstangen, Gespenster und Stabheuschrecken beschimpft wurden, bevor sie in Mailand, Paris und New York feststellen durften, dass ihre Schulkameraden Unrecht hatten. In den anstrengenden Jahren der Pubertät scheint nichts unter Kontrolle zu sein. Die Haare fetten, die Stimme knarrt – zu keinem anderen Zeitpunkt verströmt der menschliche Körper einen derart starken Geruch wie während der Pubertät. Der Kiefer ist jetzt endlich so weit, dass der Kieferorthopäde ans Werk kann: Ausgerechnet in der Zeit der ersten Küsse sehen viele Teenagermünder aus wie Altmetalllager. Und natürlich das Hautbild – von harmlosen Minimitessern bis zu heftiger Akne trifft es viele, und das gerade in der Lebensphase, in der man sich minütlich fragt, ob man den anderen gefällt oder nicht.

Später dann, in der Mitte des Lebens, hat man auch keine Ruhe. Natürlich sind die Veränderungen des menschlichen Körpers früh und spät im Leben drastischer, doch kann man nicht sagen, dass sich in den Jahren dazwischen optisch nichts tut. Und obwohl die Zwanziger von vielen als das Lebensjahrzehnt gelobt werden, das mit der größten Energie und Attraktivität einhergeht, empfinden wir uns selbst nicht zwangsläufig auf dem Höhepunkt unserer Anziehungskraft.

Dort, wo Regeln aufgestellt werden, zum Beispiel bei der Vergabe der Personaldokumente, rechnet man ab dem vierundzwanzigsten Lebensjahr damit, dass die Menschen sich nur noch alle zehn Jahre so frappierend verändern, dass Grenzbeamte ein Erkennungsproblem bekommen könnten. Vorher müssen Reisepass und Personalausweis noch im Abstand von sechs Jahren beantragt werden.

Abgesehen vom Vergleich mit alten Passbildern lässt sich bei vielen Menschen also feststellen: Jünger aussehen und besser aussehen sind oft zwei völlig verschiedene Dinge. Die hemdsärmelig sportliche Devise »Von nichts kommt nichts« greift in puncto Fitness ganz gut, das Aussehen betreffend oft gar nicht. Ja, Sport ist besser als kein Sport, Gemüse besser als Chips und Wasser besser als Schnaps, wenn dem Verfall möglichst lange standgehalten werden soll. Doch frühzeitiger Verlust der Haare, Krampfadern, problematische Haut, schlechte Zahnmasse und schwaches Bindegewebe sind auch erblich bedingt und können Menschen schon in jungen Jahren treffen – die mit vorbildlichem Lebensstil genauso wie diejenigen, die sich weniger Mühe geben.

Tröstlich ist, dass viele Mankos an anderer Stelle wieder durch optische Vorteile ausgeglichen werden, verschwinden oder irgendwann akzeptiert werden und dadurch an Dramatik verlieren. Und geradezu wunderbar ist die Tatsache, dass etliche Menschen im Laufe ihres Lebens attraktiver werden. Wenn aus nichtssagenden Schluffis markante Männer werden und aus unsicheren Trampeln aufregende Frauen, hat das weniger mit gesunder Lebensführung, sondern mehr mit dem zu tun, was sonst noch so im Leben passiert.

Doch sind Ausstrahlung und Charisma Attribute, die man sich im Gegensatz zu Muskeln nicht gezielt zulegen kann. Dasselbe gilt für Phasen blendenden Aussehens und das geheimnisvolle Strahlen, das Schwangeren und frisch Verliebten attestiert wird. Besonders Schwangere entdecken neben dem Strahlen häufig auch Veränderungen an sich, über die sie nicht ganz so glücklich sind wie zum Beispiel Wassereinlagerungen, Dehnungsstreifen oder ganz allgemein die Rundung gewisser Körperteile, die sich nach der Geburt nicht so recht abrunden wollen.

Aber ist nicht jeder Mensch permanent Verwandlungen ausgesetzt? Es gibt scheinbar Ausnahmen. Große Faszination geht von denen aus, die sich nahezu ihr gesamtes Erwachsenenleben lang kaum verändern. Gerechtigkeitsfanatiker oder Neider wünschen sich auch hier einen Ausgleich. Zum Beispiel den, dass die Betroffenen nach Jahrzehnten des scheinbaren Nichtalterns innerhalb kürzester Zeit alles nachholen und schlagartig steinalt aussehen. Das passiert jedoch nicht, denn die mysteriösen Unveränderlichen haben relativ irdische Gemeinsamkeiten: Sie halten konstant ihr Gewicht, und sie ändern weder Frisur noch Haarfarbe. Als sehr junge Menschen sahen sie nicht besonders jung beziehungsweise relativ alt aus, und daran ändert sich dann nicht mehr viel.

Von Albert Schweitzer kommt der Ausspruch, dass man mit zwanzig das Gesicht hat, das Gott einem gegeben hat, mit vierzig das, das einem das Leben gegeben hat, und mit sechzig das, das man verdient. Bei George Orwell bekommt man es sogar schon mit fünfzig, und auch Albert Camus spricht vom verdienten Gesicht, legt sich aber auf kein bestimmtes Alter fest. Die Schriftsteller Orwell und Camus wurden beide nur siebenundvierzig Jahre alt, Schweitzer, evangelischer Theologe, wurde neunzig. Ob nun ironisch oder protestantisch interpretiert, mit dem Verdienen ist wohl der Wunsch gemeint, die Guten mögen doch mit netten Lachfalten belohnt und die Bösen mit verkniffenen Magengesichtern bestraft werden.

Leider schützt vor einem alten Gesicht kein tugendhafter Lebenslauf, sondern nur junges Sterben. Und wer sind überhaupt die Heiligen und wer die Tunichtgute, und für welche Fehltritte gilt welches Strafmaß? Nicht einmal das Ignorieren der Gesundheitswarnungen liefert eine wirkliche Garantie für das spätere Aussehen: Es gibt zum Ärger von Gesundheitsbewussten auch rosige Raucher mit relativ glatter Haut, und es gibt konsequente Nichttrinker, die in späteren Jahren trotzdem mit geplatzten roten Äderchen leben müssen; sie bilden im Gegensatz zu den Vorzeigerauchern nicht einmal eine Ausnahme.

Für die Stimmung ist es sicherlich besser, wenn man die Alterserscheinungen anderer nicht anhand eines Bestrafungskatalogs beurteilt, sondern sich einen gleichmütigen Leitspruch zulegt und sich auch mit dem eigenen Wandel arrangiert.

Tatsächlich finden mit zunehmendem Alter Veränderungen im Körper statt, auf die wir keinerlei Einfluss haben. Die Nase legt vermeintlich noch einmal ordentlich zu, genauso wie die Ohren, aber es sind Kopf und Statur, die schrumpfen. Im Greisenalter können wir bis zu zehn Zentimeter kleiner sein als in der Blüte unserer jungen Tage.

Einige Frauen werden im Alter zu einem späten Busenwunder, was mit Fettverlagerungen im Körper zu tun hat. Der Altersbusen entsteht nach der Menopause und eignet sich gut, um große Ketten im 60°-Winkel darauf zu positionieren. Er ist von komplett anderer Form als die Doppel-D-Größen, die sich jüngere Frauen bei einer Brustvergrößerung wünschen. Auch der Hodensack des Mannes wird größer, allerdings nicht im Sinne von mehr Potenz, sondern im Sinne von länger. Haare fallen an Stellen aus, an denen sie sein sollen, und wachsen an Stellen, an denen sie nicht vorgesehen waren; dazu gehören zum Beispiel die Nase, die Ohren, der Rücken und bei Frauen die untere Gesichtshälfte.

Und die Schwerkraft schlägt schonungslos zu. Fröhlich schwingende schlaffe Haut an der Unterseite weiblicher Oberarme nennt man in Deutschland »Kimono-Arme«, im englischsprachigen Raum auch »Hi Janes«. Die weit verbreitete Angst vor ihnen hat dazu geführt, dass trainierte Oberarme zu den Vorzeigekörperteilen vieler bekannter Frauen aufgestiegen sind. In ihnen steckt zwar jede Menge Arbeit, doch sind sie einfacher und länger in Schach zu halten als ein hängendes Gesicht. Bei Männern setzt oft kompletter Gesäßverlust ein, was häufig ausgeglichen wird durch eine Wampe.

Auch das Schlafbedürfnis wird kleiner: Wunderbar, wenn man vor Tatendrang fast platzt, nicht so angenehm, wenn man verdrießlich von vier bis acht Uhr morgens auf den Briefträger wartet oder vor Langeweile mit den Müllmännern schimpft.

Und wenn man Pech hat, wird man aufgrund seiner Hutzeligkeit auch noch ausgelacht oder süß gefunden – wie die gebückt gehenden, schrumpeligen Wesen aus dem Märchenland, zittrig, listig, mit besonderem Wissen oder mit Zauberkräften ausgestattet, manchmal auch cholerisch wie das Rumpelstilzchen – auf jeden Fall aber asexuell.

Akzeptieren, aufhalten, abschaffen
Drei Wege, drei Ziele

Aber wann ist man denn nun alt? In Deutschland gilt man aus medizinischer Sicht ab fünfundsechzig Jahren als alt, fünf Jahre später als nach den Standards der Weltgesundheitsorganisation (WHO). Ab achtzig Jahren gehört man dann in Europa zu den »Oldest Old«.

Die meisten Menschen haben ein persönliches Altersgefühl, wobei die individuellen Anstrengungen gegen den Verfall des Körpers meist weit vor dem offiziellen Altsein in Angriff genommen werden – sei es durch Fitnesstraining oder durch komplexe kosmetisch-medizinische Anti-Ageing-Maßnahmen. Ob man einfach nur gesund lebt oder versucht, dem Alter ein Schnippchen zu schlagen: Meistens geht es darum, die Zeit zumindest ein wenig aufzuhalten, und dafür gibt es unterschiedliche Herangehensweisen.

Gelassene Profis, zum Beispiel Prof. Dr. Cornel Sieber, Deutschlands renommiertester Gerontologe, Chefarzt der Geriatrie in Nürnberg und Vorsitzender der Europäischen Akademie für Altersmedizin in der Schweiz, bezeichnet seine Arbeit als Slow-Food-Medizin. Dabei läuft hier nichts besonders langsam, vielmehr handelt es sich um einen der ausbaufähigsten medizinischen Bereiche schlechthin. Geriater und Gerontologen legen Wert auf eine gewisse Ganzheitlichkeit und Akzeptanz – nicht der Krankheiten wegen, sondern des Alterns an sich.

Das Altern und seine Begleiterscheinungen sind für Geriater zunächst einmal ein normaler Prozess, dem man durch gezielte medizinische Maßnahmen und durch Ernährung oder spezielle physiologische und psychologische Unterstützung die Beschwerlichkeit nehmen sollte. Dieses akzeptierende Altern bei guter Gesundheit nennen die Mediziner »Successful Ageing«. In Deutschland steht diese medizinische Fachrichtung, im Gegensatz zu vielen anderen europäischen Ländern, noch am Anfang. Angesichts einer stetig wachsenden Anzahl alter und sehr alter Menschen eine sehr verwunderliche Tatsache.

Dass Altwerden in Ordnung oder eher unvermeidlich ist, würden die medizinischen Kollegen aus der Anti-Ageing-Fraktion vielleicht noch zähneknirschend unterschreiben, allerdings mit dem Zusatz: solange es niemand merkt oder sieht. Der alternde Körper wird tendenziell als etwas Lästiges und Undynamisches gesehen. Energisch wird seitens der Anti-Ager den äußerlichen Merkmalen des Alterns wie einer Krankheit zu Leibe gerückt. Die Resultate dieses sich ausbreitenden Aktionismus auf medizinischer, aber auch auf kosmetischer Ebene kann man jeden Tag in den Medien bestaunen – und mehr und mehr, selbst hier in Deutschland, live im täglichen Leben. Längst sind die Patienten oder Klienten, wie einige Ärzte lieber sagen, nicht nur mehr Stars und Besserverdienende – viel Geld bringt einen auch in diesem Fall sicherlich weiter. Andererseits ist ein bisschen Botox oder Hyaluronsäure hier und da auch für kleine Beträge schon bei der Kosmetikerin zu haben.

Der amerikanische Chirurg Dr. David Rosenberg gehört zu den erfolgreichsten medizinischen Gesichtskünstlern weltweit. Mit seiner besonderen Art des Liftings ist er Vorreiter einer neuen ästhetischen Schule. Nicht mehr straff und jung sollen seine Patienten aussehen, sondern frisch und dynamisch. Ein feiner, aber entscheidender Unterschied.

Wem das alles nicht radikal genug ist, wer sich weder mit dem Altern noch mit der Sterblichkeit abfinden mag, der hat zwar derzeit keine medizinische Anlaufstelle, aber zumindest sehr viele Gleichgesinnte, die eifrig daran forschen, das Problem an der Wurzel zu packen und dem Verfall ein für alle Mal den Garaus zu machen. Neben unzähligen Gurus und seltsamen Freaks gibt es anerkannte Wissenschaftler aus den Bereichen Medizin, Biologie und Informatik, die behaupten, der große Durchbruch stehe unmittelbar bevor. Aubrey de Grey, Informatiker und Biogerontologe aus Cambridge, ist einer von ihnen. Er glaubt, dass es nicht nur möglich, sondern hochgradig wünschenswert ist, das Alter endgültig abzuschaffen.

Die letzten Schlachten auf diesem Feld sind also noch lange nicht geschlagen. Zeit, sich den Austragungsort Körper und die Gegner und Alliierten genauer anzuschauen.

Aus den Jahren das Beste machen
Successful Ageing

Alles, was Professor Dr. Cornel Sieber sagt und tut, klingt vernünftig und auf angenehme Weise beruhigend. Doch so naheliegend es scheint, mit dem Altern zu arbeiten anstatt dagegen – es ist ein neuartiger Weg, der hierzulande noch zurückhaltend begangen wird. Sieber, gebürtiger Schweizer, gesteht Deutschland, was die Geriatrie angeht, heute zumindest den Status eines Schwellenlandes zu. Inzwischen gibt es bei uns Lehrstühle für Geriatrie, wobei es leider immer noch nicht möglich ist, einen Facharzt auf diesem Gebiet zu machen. Ärzte, die sich dafür interessieren, müssen entweder im Ausland studieren oder sich mit einer fachlichen Zusatzausbildung begnügen. Und hier schließt sich der Kreis des Dilemmas: Weil es so wenige Ausbildungsmöglichkeiten und Lehrstühle für Geriatrie in Deutschland gibt, gibt es weniger ausgezeichnete Fachkräfte als in anderen Ländern.

Dass die Menschen im Durchschnitt immer älter werden, ist für Sieber ein absolut begrüßenswertes Phänomen. Man hat das Gefühl, dass er sich persönlich über jeden alten Menschen freut, dem es gut geht. Empathie ist eine wichtige Grundvoraussetzung für seine Arbeit, und sie blitzt im Gespräch immer wieder durch.

Medizinisch ist sein Fachgebiet sehr komplex. Es geht darum, optimale Rahmenbedingungen zu schaffen, um alten Menschen mehr Lebensqualität und Unabhängigkeit zu ermöglichen. Natürlich gibt es Menschen, die mit achtzig Jahren sterben und nie einen Geriater aufsuchen mussten – diese Menschen waren im Leben in der Regel relativ gesund und finden plötzlich aufgrund eines Ereignisses oder einer Krankheit den Tod. Das ist aber eher selten der Fall. Viele Krankheiten machen sich im Alter erst bemerkbar. Dazu gehören Demenz, Oberschenkelhalsbrüche, aber auch Vergesslichkeit oder Medikamentenunverträglichkeit – körperliche Gebrechen, die auf das Alter geschoben werden und dann oft als gottgegeben hingenommen werden.

Für Sieber ist die skurrile Oma unter Umständen nicht schrullig, sondern krank, und ein Geriater würde sich unter Einbindung anderer Experten überlegen, wie sie entweder zu heilen ist oder wie ihr Zustand so weit wie möglich verbessert werden kann. Er kümmert sich auch um den altersgemäßen Einsatz und die Dosierung von Medikamenten und damit einhergehend die Behandlung mehrerer Krankheiten gleichzeitig. Ein weiteres großes Feld betrifft die Ernährungs- und Bewegungslehre. Was vordergründig nach geselligem Seniorentreff klingt, hat einen ernsten Hintergrund: In Deutschland sterben immer noch alte Menschen, weil sie sich falsch oder kaum noch ernähren, zu wenig trinken oder sich nicht ausreichend bewegen.

Eine sehr wichtige Rolle spielt auch die psychologische Betreuung. Hier geht es vornehmlich um psychosomatische Störungen, aber in der Generation von Menschen über siebzig Jahren auch um die Bewältigung von Kriegstraumata. Ein Großteil derjenigen, die heute alt oder sehr alt sind, hat als Kind oder junger Erwachsener schreckliche Dinge erlebt und später lange Jahre verdrängt. Besuche bei

Psychologen und Psychiatern gelten in dieser Altersgruppe häufig noch als etwas für Verrückte. Jetzt aber, am Ende des Lebens, werden diese Erlebnisse nach oben gespült – oft während der Aufwachphase nach Operationen. In Kliniken, die Wert auf altersgerechte Medizin legen, ist man darauf vorbereitet und handelt entsprechend.

Cornel Sieber macht trotz dieser teils bedrückenden Aspekte seines medizinischen Fachgebiets einen fröhlichen, äußerst aufgeräumten Eindruck. Er hat keine Angst vor den körperlichen und seelischen Aspekten des Alters, was er dadurch erklärt, dass diese Ängste oft monströser als die Realität sind. 90 % aller alten Menschen werden niemals ein Alten- oder Pflegeheim von innen sehen, nur 30 % aller über Neunzigjährigen entwickeln eine Demenz. Die massiv fortschreitende »Kompression der Morbidität« bedeutet nichts anderes, als dass alte Menschen nicht mehr so lange abhängig von anderen sind, bevor sie sterben. Zudem blühen einige am Ende ihres Lebens noch einmal richtig auf. Sieber beobachtet dies vor allem bei Frauen, die gerade verwitwet sind. Der mittlere Lebensweg war für viele von ihnen im Vergleich zum Alter kein Spaziergang.

»Erfolgreiches Hochaltern« oder eben Successful Ageing geht bei den meisten Menschen mit drei Faktoren einher: neben der schon erwähnten gesunden Ernährung und körperlicher Aktivität die nicht zu unterschätzende soziale Eingebundenheit. »Einsamkeit«, so Sieber, »ist ein Sargnagel.« Gut aussehend zu altern sei hingegen eine Frage des sozioökonomischen Status. Man muss Zeit und Geld haben, seinen Körper aufs Beste zu pflegen.

Sogar die Angst vor der Angst vorm Sterben kann der freundliche Professor ein wenig nehmen: »Der Großteil aller Leute ab Mitte achtzig geht recht entspannt auf den

Tod zu«, sagt Sieber. »Wenn nach und nach alle Freunde sterben, engt sich der Lebensradius ohnehin weiter ein. Ängste gibt es dann vor allem vor der Art und Weise zu sterben.«

Je höher der Stellenwert, den eine ganzheitliche Altersmedizin bekommt, so scheint es also, desto leichter kann auch diese letzte Hürde genommen werden.

Vorsicht, Falte!
Anti-Ageing

Es gibt keine Zahlen, es gibt keine Statistiken, es gibt nur ein Gefühl. Das Gefühl übermitteln uns unsere Augen, denn wir schauen uns um und sehen immer mehr Frauen, die für ihr Alter außergewöhnlich attraktiv, manchmal sogar beängstigend konserviert aussehen. Wir wissen, wie alt bestimmte in der Öffentlichkeit stehende Personen sind, aber ihre Gesichter erzählen uns eine andere Geschichte. Bestes Beispiel: die Schauspielerin Demi Moore. Sie, knapp fünfzig Jahre alt, das ist kein Geheimnis, gilt als äußerst attraktiv und wird gerne vorgeführt, wenn es darum geht, die Erfolge der ästhetischen Chirurgie zu preisen. Jeder weiß, dass knapp Fünfzigjährige nicht aussehen wie Dreißigjährige, doch genau das ist bei Demi Moore der Fall. Dieses Phänomen ist neu, und auch wenn es uns aus jedem Magazin anspringt, müssen wir uns noch dran gewöhnen, denn es verwirrt unsere Sinne. Es ist so, als ob man einen Schweinebraten auf dem Teller vor sich hat und beim Reinbeißen feststellt, dass er nach Fisch schmeckt. Irgendwas passt hier nicht zusammen – auch wenn der Fisch perfekt zubereitet ist.

Die Mehrheit aller Menschen wird sich niemals mit dem Gedanken an eine Schönheitsoperation aufhalten oder aufhalten können. Die Minderheit aber, die nicht mehr bereit ist, sich mit den sichtbaren Zeichen des Alters abzufinden, wächst. Einige Leute gehen davon aus, dass chirurgische

Eingriffe in naher Zukunft so normal sein werden wie das Färben grauer Haare. Andere glauben, dass dieser Trend abgelöst wird, indem das manipulierte Gesicht gewöhnlich und das natürlich alternde Gesicht aufgrund seiner Einzigartigkeit als ein Zeichen für Selbstbewusstsein und Klasse stehen wird. Auch diese Sicht ist nachvollziehbar – schließlich sehen viele operierte Gesichter tatsächlich eher aus wie von der Stange als Haute Couture.

Es ist sehr einfach, sich bei dem Gedanken an Schönheits-OPs zu gruseln, denn die Liste bekannter Fehltritte ist lang: Der arme Michael Jackson ging zum Arzt, um auszusehen wie Diana Ross. Später ging seine Schwester La Toya zum Arzt, um auszusehen wie Michael. Mit wessen Bild Mickey Rourke zum Arzt ging, wissen indes nur Leute, die Science-Fiction-Comics lesen. Donatella Versace legte sich eine Familienpackung Lippen zu, und Nicole Kidman sieht mittlerweile aus, als sei sie ihre eigene Imitation aus Madame Tussauds Wachsfigurenkabinett. Ihr könnte man zwar amtsärztlich Faltenfreiheit bescheinigen, interessanterweise sieht sie dadurch aber tatsächlich älter aus, als sie ist.

Doch stellen wir uns vor, es gäbe die Möglichkeit, nicht unbedingt jünger oder jung auszusehen, sondern einfach nur frischer und ausgeschlafener. So als wäre man gerade aus einem vierwöchigen Erholungsurlaub zurückgekehrt, dessen Wirkung über Jahre nicht nachlässt. Klingt das nicht selbst in den Ohren absoluter Natürlichkeitsfetischisten verlockend? Die eigenen Gesichtszüge im Optimalzustand ist kein so beängstigender Wunsch wie ein kompletter Gesichtswechsel. Letztlich geht es beim Besuch der Kosmetikerin um nichts anderes. Die Frage ist nur, was man bereit ist, dafür zu tun und einzusetzen.

Dr. David Rosenberg oder auch David, wie er von seinen

Patienten genannt wird, ist Anfang vierzig und ein kleiner, feingliedriger Mann mit erstaunlich vielen Falten auf der Stirn. In Schönheitsoperationskreisen ist er vergleichbar mit einem Designer, der gerade die bestsitzende und schmeichelhafteste Jeans aller Zeiten entworfen hat und von Bestellungen überrollt wird. Er ist der Erfinder des so genannten New New Face, und alle, alle wollen es.

Rosenbergs Praxis liegt auf New Yorks Upper East Side, einem der teuersten Pflaster der Welt. Sie ist überschaubar, gepflegt, aber vollkommen unspektakulär. Hier werden keine Insignien von Glamour, Jugend und Erfolg zur Schau gestellt, obwohl es genau darum in seinem Business, wie Rosenberg seine Arbeit nennt, geht. Und die Geschäfte laufen für ihn bestens.

Das New New Face ist schnell erklärt: Bis vor kurzem ging es bei Schönheitsoperationen darum, die Haut optimal zu straffen, zu liften und so das Gesicht zu entknittern. Die Resultate sind allseits sichtbar und bekannt – Gesichter, die oftmals aussehen, als wären sie in einen Windkanal geraten und nachträglich auf einen mehr oder weniger gealterten Körper aufgeschraubt worden. Eine Zeitlang schien die Lösung gegen das absackende Gesicht darin zu liegen, die Wangen mit tischtennisballgroßen Kissen zu unterfüttern. Aber ob nun Strumpfmasken- oder Pingpongballgesichter – ihre Trägerinnen sehen sich zwar häufig sehr ähnlich, aber selten beneidenswert jung aus. Von Phantomas bis Melanie Griffith – das war das Old New Face, die alte Version des neuen Gesichts.

Dieser Look ist nicht der Look von Rosenberg. Denn Rosenberg hat entdeckt, dass sich junges Aussehen weniger über ein faltenfreies Gesicht oder kugelige Bäckchen bemerkbar macht als über definierte Gesichtskonturen, vor allem im Hals- und Unterkieferbereich. Der Chirurg hat zudem eine neue Operationstechnik entwickelt, bei der man die Haut selbst nicht strafft, sondern die unter der Haut liegenden Gesichtsmuskeln – mit dem Resultat, dass die Haut an Spannkraft gewinnt, ohne dass sie spannt. Und die Resultate auf den von ihm vorgeführten Bildern sind tatsächlich beeindruckend. Gesichter mit besseren Konturen wirken attraktiver, aber in den meisten Fällen eben nicht künstlich.

Man fragt sich, warum Schönheitschirurgen nicht schon Jahrzehnte früher auf die Idee kamen, in erster Linie gegen die Schwerkraft zu arbeiten. Es wird deutlich, dass das Problem nicht bei der Hautstruktur lag, sondern vielmehr bei den hängenden Bäckchen unterhalb des Kinns und den Säckchen unterhalb der Augen – sprich dem allgemeinen Abwärtstrend des Gesichts. Rosenberg setzt bei der Gesichtsarchitektur an, anstatt sich nur auf die Fassade zu konzentrieren. Falten könnten theoretisch bleiben, wo sie sind, es sei denn, und das machen natürlich viele der Operierten, es wird zusätzlich noch hier und da mit Botox nachgeholfen. »Botox«, sagt Rosenberg mit glücklichem Strahlen, »ist eine fantastische Entdeckung.« Nicht ohne hinzuzufügen, dass es natürlich auch davon nicht zu viel sein darf. Die vielen missglückten Promi-OPs und Botox-Überdosierungen führt er darauf zurück, dass die Stars auf tragische Weise jung bleiben wollen. Sie hecheln einem falschen Attraktivitätsideal hinterher und wollen mehr erreichen, als erreichbar ist. Erfolgreiches Anti-Ageing betrieben die Stars, so Rosenberg, denen man die getätigten Eingriffe nicht ansehe. Dass er an dieser Stelle keine Beispielnamen nennt, versteht sich von selbst, aber selbst nach scharfem Nachdenken fällt einem niemand ein.

Rosenberg ist mit Sicherheit ein sehr guter Chirurg, denn sein Erfolg ist sichtbar und die Zufriedenheit der Patienten unmittelbar messbar. Das Interessante an ihm ist aber auch seine Einstellung zum Altern generell. Er ist davon überzeugt, dass es eine kaum zu verzeihende Nachlässigkeit ist, seinen Körper nicht in Form zu halten und sein Aussehen nicht stets auf den bestmöglichen Stand zu bringen. Nur das hat seines Erachtens Stil, das ist für ihn die Zukunft. Im Vorteil sind diejenigen, die von Natur aus eine starke Kinnlinie und ausgeprägte Jochbeine haben – denn das Aussehen eines Gesichts steht und fällt mit seiner Knochenstruktur.

Einig ist sich Rosenberg mit Gerontologen, dass der Schlüssel zur Zufriedenheit im Alter darin liegt, körperlich fit und in ein soziales Netzwerk eingebunden zu sein, aber wichtig sei eben auch, für die nachlassende Attraktivität eine Lösung zu haben – zum Beispiel seine Lösung. »Es ist natürlich besser, vierzig als sechzig zu sein«, sagt er, »aber ich mache Frauen nicht zwölf oder vierzehn Jahre jünger, sondern hübscher.« All seine Patienten fühlten sich viel, viel jünger, als sie sind, aber ihr Gesicht würde dieses Gefühl oft nicht reflektieren, fügt er an. Da sei er ein großartiger Helfer.

Das beste Alter für kleinere chirurgische Eingriffe liegt laut Rosenberg bei Ende vierzig, da kann er noch mit sehr wenig Einsatz sehr viel bewirken, um dann über die Jahrzehnte sukzessive nachzuarbeiten. Auch Männer kommen in Dr. Rosenbergs Praxis. Sie sind in der Minderheit, aber es werden mehr. Sehr oft, sagt der Professor, seien es Männer, die mit einer wesentlich jüngeren Partnerin zusammen seien.

Eine Basis-OP bei Rosenberg kostet zwanzigtausend Dollar inklusive privater Krankenschwester, Unterkunft und fünftägiger Pflege in einem New Yorker Fünfsternehotel. Dies ist natürlich nur eine Art Sockelbetrag. Und das Gesicht und der Hals sind natürlich bei weitem nicht alles. Bodywork, so nennt es Rosenberg, sei sehr weit verbreitet und eine tolle Sache. Leute, die es sich leisten könnten, investierten in ihren Körper. Ein Großteil seiner Klientel lässt nach den Schwangerschaften den Körper rundum sanieren, das heißt: Bauchfett absaugen, Busen straffen und das Gesicht konturieren. Selbst für die verräterischen alten Hände gibt es inzwischen Möglichkeiten – zum Beispiel durch Fettunterspritzung. Für Rosenberg eine wunderbare Sache. Den Menschen eröffne das komplett neue Perspektiven auf das Leben und die gelebte Sexualität, resümiert er.

Vom »Truthahnhals« bis zur Altersstimme – man kann mittlerweile gegen fast alle Verfallserscheinungen etwas tun, weshalb mehr und mehr Chirurgen sich auf einzelne Körperteile spezialisieren. Eine bleibende Problemzone gibt es jedoch nach wie vor – das Dekolleté. Operieren ist hier nicht möglich, da man die Narben nicht kaschieren kann. Da bleibt für alle Besorgten wohl nur der hochgeschlossene Pullover. Auch für die Augen gibt es bisher keine Lösung: Man bekämpft zwar Schlupflider, Krähenfüße und Tränensäcke – gegen trübe oder wässriger werdende Augen ist man noch machtlos.

Die Betonung liegt auf *noch*, gefolgt von der Frage, wohin das noch führen soll. Zur ständigen Inspektion und Wiederaufarbeitung der Körperteile, um den jung gebliebenen Geist nicht in einem viel älteren Körper spazieren tragen zu müssen? Mehr und mehr Arbeiten würden mit steigendem Alter anfallen und natürlich sehr viel Zeit und Geld verschlingen. Auf die Frage, ob das nicht auf Dauer ein wenig anstrengend werden könnte und ob die Vorstellung, eine gemütliche, hübsche alte Dame zu werden, nicht auch etwas für sich hat, schaut Rosenberg kurz ein wenig konsterniert auf und sagt dann: »Natürlich. Ich liebe Großmütter. Aber möchten Sie so aussehen?«

Und während es den New New Faces als oberste Priorität darum geht, dass der kosmetische Eingriff nicht direkt sichtbar ist, so ist andererseits eine OP bei Rosenberg laut seiner Auskunft schon lange kein verschämt gehütetes Geheimnis mehr. Seine Patienten zelebrieren ein gelungenes Facelifting mit ihren Freunden. Sie bekommen Geschenke und werden zu ihrem guten Aussehen beglückwünscht. Zumindest in New York, zumindest auf der Upper East Side. Aber Rosenberg ist sich sicher, dass dieser Trend die Welt umlaufen wird: »Wir in den USA exportieren soziale Kulturen, Liberalismus und Demokratie.«

Warum also nicht auch das Versprechen der bleibenden Schönheit und daran gekoppelt Glück und Erfolg?

Das Ende vom Ende
Ending Ageing

Der Altersforscher Aubrey de Grey möchte das Alter nicht so angenehm wie möglich gestalten, er möchte es auch nicht weitgehend unsichtbar machen, er möchte es abschaffen. Und obwohl die meisten von uns mit dem Alter hadern, den Tod fürchten und Unsterblichkeitsfantasien so alt sind wie die Menschheit, ist Dr. de Grey nicht nur bekannt, sondern auch umstritten.

Aubrey de Grey ist promovierter Biologe. Er studierte zuerst Informatik und arbeitete bis 2006 als Computertechniker am Department of Genetics an der Universität Cambridge. Mittlerweile arbeitet er als Biogerontologe und freier Wissenschaftler ausschließlich im Projekt SENS (Strategies for Engineered Negligible Senescence) an der Entwicklung von Strategien zur Bekämpfung des Alterns.

In seinem Buch *Ending Ageing* beschreibt de Grey das menschliche Altern als eine Krankheit, ausgelöst durch ungünstige biochemische Prozesse, die aber gezielt gestoppt beziehungsweise umgekehrt werden könnten. Seine Strategie konzentriert sich auf sieben Probleme, hauptsächlich unerwünschte Veränderungen der Zellen und Abfallprodukte des Stoffwechsels, die die altersbedingten Krankheiten zur Folge haben. Unbekannt ist noch, wie langwierig oder schmerzhaft die Behandlung sein wird, die nach aktuellem Forschungsstand nicht präventiv wie eine Impfung erfolgen soll, sondern mit den ersten Alterserscheinungen einsetzen würde. Hauptsächlich durch Stammzellen- und DNA-Forschung wird eine Reihe von Präparaten entwickelt. Ziel ist es, diese ähnlich einer Impfung mittels Spritzen bei jedem Menschen anwenden zu können.

So omnipotent und radikal sich die Möglichkeit der Abschaffung von Alter und Tod auch anhört, Aubrey de Grey beschreibt sie als sehr naheliegend. Würde man im Gespräch mit ihm das Wort Alter durch das Wort Alzheimer ersetzen, wäre an seinen Ansichten nichts Außergewöhnliches mehr.

Bizarr fand de Grey zu Beginn seines Biologiestudiums viel mehr, wie wenige Wissenschaftler sich mit diesem Thema beschäftigen. Er ist erstaunt über die hohe Akzeptanz, mit der die Menschen Alter und Verfall nach wie vor begegnen. Ihn hat der Tod als etwas, das man bekämpfen muss, immer beschäftigt, bis er vor ungefähr fünfzehn Jahren damit begann, ihn zu seinem Lebensthema zu machen. Seine Sicht ähnelt der des amerikanischen Erfinders und Autors Ray Kurzweil, der ebenfalls an der radikalen Lebensverlängerung forscht. Kurzweil ist der Meinung, dass wir uns seit Ewigkeiten, manchmal mithilfe der Religionen, den Tod schönreden mussten, weil uns keine Alternativen aufgezeigt wurden.

Dass das Alter noch weitgehend als unser aller Schicksal gesehen wird, hat für Aubrey de Grey zur Folge, dass er und seine Forschungsteams zwar weltweit Unterstützer haben, sich aber ausschließlich privat finanzieren müssen. So spendete Peter Thiel, Mitbegründer von PayPal, 3,5 Millionen US-Dollar an de Greys Methuselah Foundation, um »die Forschung zur Linderung und den eventuellen Sieg über die Gebrechlichkeit« zu unterstützen. Aubrey de Grey geht davon aus, dass sich mit dem Fortschreiten seiner Arbeit immer mehr Leute und damit auch Investoren fragen werden, warum sein Projekt nicht Science-Fiction, sondern greifbare Zukunft sein sollte.

Laut seiner Zeitprognose könnte die Forschung bereits in ungefähr fünfundzwanzig Jahren so weit sein, die Uhr zurückzudrehen. Er glaubt aber auch, dass dann neue Probleme auftauchen könnten. Doch nicht nur aus wissenschaftlicher Sicht gäbe es noch offene Fragen, unsere Welt würde sich durch ein Unsterblichkeitsmedikament schlagartig und heftiger verändern als durch Beamen und den gebärfähigen Mann zusammen. Der Wunsch des Wissenschaftlers, man möge seine Entdeckung doch bitte ausschließlich zur Verbesserung der Welt einsetzen, ist bekannt und wurde schon häufig nicht erfüllt.

De Grey kennt die Fragen nach den möglichen Konsequenzen seines Durchbruchs und beantwortet sie versiert und sehr optimistisch. Natürlich werde es anfangs zu Turbulenzen kommen, sagt er, und da dieser Wechsel so dramatisch werde, rechne er mit einem Jahrzehnt, in dem im großen Rahmen umgedacht und umorganisiert werden müsse. »Wir wissen, dass wir jetzt ein Problem haben«, fügt de Grey an und meint damit den Tod. »Was wir noch nicht wissen können, ist, welche Probleme die Lösung dieses Problems mit sich bringen wird.« Zum Beispiel die Verteilung von Gütern, Überbevölkerung oder auch die Unsterblichkeit von Diktatoren und anderen Bösewichten. Alte Strukturen würden nicht mitreformiert werden, und auch die meisten Gesetze müssten ohne den natürlichen Tod umgeschrieben werden. »Doch hören sich diese Bedenken angsteinflößend genug an, um lieber sterben zu wollen, statt etwas daran zu ändern?«, fragt de Grey.

Unser Interesse an Fortpflanzung, meint er, habe sehr viel mit unserem Wenn-dann-jetzt-Zeitrahmen zu tun. Der würde wegfallen, wenn wir ewig leben könnten, und das Abenteuer Kind wäre endlos aufschiebbar – auch für Frauen. Wir müssten weder unsere unerfüllten Wünsche und Ziele auf unsere Nachkommen projizieren, noch bräuchten wir Kinder, die uns im Alter versorgen. Die Frage ist, ob die Mehrheit der Menschen tatsächlich auf Kinder verzichtete oder ob nicht die Gründung eines eigenen Volkes zum neuen Ziel, vielleicht sogar zum Trend werden würde. Keiner kann abschätzen, ob gemäßigte Individualisten oder zügellose Reproduzenten die Mehrheit bilden würden. De Grey glaubt, dass die meisten Menschen, wenn man sie vor die Entscheidung stellte, sich entweder fortzupflanzen oder mehrere tausend Jahre alt zu werden, Letzteres vorzögen.

Aber ist das überhaupt eine Frage, die gestellt werden darf? Und wenn ja, von wem?

Die Unsterblichkeitsbehandlung sollte auf jeden Fall weltweit überall erfolgen, de Grey vergleicht sie deshalb mit der Grundschulbildung. Die gibt es zwar leider noch nicht für jeden, doch immerhin wird sie niemandem so aggressiv missgönnt wie Rohstoffe, Territorien oder Weltanschauungen. Ein besserer Vergleich wäre in diesem Zusammenhang vielleicht ein weltweites WHO-Programm zur Ausrottung einer Krankheit. De Grey verweist auf die Milliarden, die für Anti-Ageing in der Forschung, Wirtschaft und in der Pharma- und Kosmetikindustrie ausgegeben werden. Auch für Präparate, die nicht wirken. Verschwörungstheoretisch betrachtet käme man zu sehr komplexen Einsichten, wer welches Interesse daran haben könnte, de Greys Formel nicht auf den Markt zu bringen, weil sie ganze Industrien überflüssig machen würde.

Der Altersforscher aber geht eher davon aus, dass man sich nach seinem Durchbruch der Perfektionierung dieses Wegs widmen wird. Er ist sich sicher, dass generell ein großes Interesse daran besteht, weniger an einzelnen Krankheiten zu forschen und so auf lange Sicht eine gesunde Weltbevölkerung zu schaffen: »Altern ist leiden, und wir würden den Menschen helfen, nicht mehr zu leiden.«

Herrlich, wir wären alle jung beziehungsweise sähen zumindest so aus. Der vielfach geäußerte Wunsch, mit dem Wissen von heute so auszusehen wie früher, würde endlich in Erfüllung gehen. Immer und immer wieder hätten wir die Chance, Fehler zu revidieren und neue Wege zu beschreiten. Das Nachholen vermeintlich oder tatsächlich verpasster beruflicher Chancen wäre, wenn uns das Alter nicht mehr in die Quere käme, endlich möglich. Und zwischen den beruflichen Neustarts oder auch während einer sehr langen eingleisigen Karriere, so Aubrey de Grey, gäbe es längere Kreativpausen.

Dennoch – könnte die Chance, immer und zu jeder Zeit neu anfangen zu können, sich nicht auch lähmend auf all diejenigen auswirken, auf die Zeitdruck eine positive Wirkung hat? Oder niederschmetternd auf die, die feststellen müssten, dass sie auch nach mehreren Jahrhunderten weder Lust noch Talent für irgendetwas aufbringen? Das kann sich der ansonsten so visionäre und hochmotivierte Aubrey de Grey nicht vorstellen. Er vergleicht die Unsterblichkeit gern mit anderen medizinischen Fortschritten, doch ist es sehr viel einfacher, sich die Welt ohne Diabetes oder Krebs vorzustellen als ohne das Alter.

In den Augen de Greys ist die Vorstellung einer Welt voller jung aussehender Menschen mit teilweise gigantischen Altersunterschieden nicht befremdlich, sondern wünschenswert. Strukturen und Barrieren, auf die wir konditioniert sind, weil es das Alter gibt, bezeichnet er als Nonsens. »Je mehr diese Grenzen zerfließen, desto besser«, sagt de Grey und fügt hinzu, dass er in diesem Punkt aus persönlicher Erfahrung spricht, da er mit einer zwanzig Jahre älteren Frau verheiratet ist.

Das Ende des Alters wäre aber auch das Ende der Beziehung für immer, die in de Greys Augen jetzt schon illusorisch ist. Ohne das Alter, sagt er, würde nur noch klarer, dass wir die verschiedenen Lebensphasen am besten mit den dazu passenden Partnern verbringen sollten.

Dagegenzusetzen wäre, dass man aber auch endlos Zeit für den falschen Partner hätte. Der »Lebensabschnittsgefährte« wäre kein flauer Halbwitz mehr, sondern eine Person, mit deren Trennung man von vornherein rechnete, selbst wenn sie erst nach zweihundertfünfzig Jahren erfolgte. Vielleicht würde es auch weiterhin lebenslängliche Treueschwüre geben, aber auf jeden Fall stiege die Zahl der Möglichkeiten. Die der Tragödien ebenfalls.

Wer die Meinung vertritt, dass das Altern das Einzige ist, das in diesem Leben halbwegs gerecht verteilt wird, stünde dann vor einem Problem. Und: Haben wir trotz aller Angst vorm Gehen nicht von Natur aus irgendwann das Gefühl, lange genug auf der Welt gewesen zu sein, alles gesehen, getan und gesagt zu haben?

Der Biogerontologe schiebt die Lebensmüdigkeit auf den Verfall des Körpers. Er meint, dass wir ewig fit auch ewig motiviert wären, doch gäbe es mit Sicherheit Stimmen und Bewegungen »Pro Tod« – sei es nun aus ethischen oder wirtschaftlichen Gründen. Aubrey de Grey glaubt, dass wir uns mit mehr Zeit langfristigen Problemen endlich ernsthaft widmen würden. Es ginge nicht mehr um die Rettung des

Planeten für die vielzitierten Enkel, sondern man müsste für sich selbst weiter in die Zukunft denken. Die Bereitschaft vieler Menschen, Jahre selbstlos in gemeinnützige Arbeit zu investieren, könnte steigen. Auch privat müsste niemand mehr anderen vorwerfen, er hätte seine besten Jahre an sie vergeudet, wenn ihm endlos neue beste Jahre bevorstünden. Aubrey de Grey glaubt zwar nicht, dass aus der Erde der Planet der Gutmenschen würde, aber er ist sich sicher, dass es ohne Gevatter Tod auch weniger Fatalismus gäbe.

Gleichwohl hat keine Erfindung oder Idee die Menschen bis jetzt vernünftiger gemacht. Ein Leben ohne Alter würde aber wieder einmal voraussetzen, dass wir teilen, toleranter werden, uns kurz gesagt bessern.

Man muss kein Misanthrop sein, um daran zu zweifeln.

Alt wie Sau
Kurztrip ins Tierreich

Menschen, die Menschen mit Tieren vergleichen und daraus allgemeingültige Schlüsse für humanes Verhalten ziehen, sind so nützlich wie eine Heuschreckenplage: »Hier begeben wir uns schnell auf falsche Fährten, indem wir für unser gesamtes Sozialverhalten nach Vorlagen aus der Tierwelt suchen«, sagt der Biologe, Philosoph und Autor Cord Riechelmann. Trotzdem lohnt sich ein Blick in die Welt der haarigen und gefiederten Freunde, wenn einem vor lauter Successful Ageing, Anti-Ageing und Ending Ageing ganz schwindelig wird. Auf der Habenseite des Menschen steht vielleicht die große Auswahl an Lebensmodellen und Ansichten sein Alter betreffend. Doch im Gegenzug existiert in der Tierwelt auch keine Alterspanik, die durch Zahlen oder einen Blick in den Spiegel hervorgerufen werden könnte. Und das, obwohl Tiere – wie Wale oder Delfine – von schwerem Faltenwurf geplagt werden können oder wie andere Säugetiere ergrauen, lahmen, erblinden oder mit Verdauungsschwierigkeiten zu kämpfen haben.

Alle Tierarten und Rassen werden unterschiedlich alt. Manche von ihnen kommen aus Zeitgründen nie zu dem Punkt, mit menschlich anmutenden Altersproblemen zu kämpfen. »Was wäre, wenn man nur noch einen Tag zu leben hätte?«, ist ein beliebtes Gedankenspiel unter existenzgelangweilten Menschen. Eine Frage, die sich die Eintagsfliege scheinbar nie stellt, obwohl sie wie sonst niemand auf unserem Planeten davon betroffen ist. Doch anstatt in Panik zu verfallen und sich aus Trotz den ganzen Tag nicht vom Misthaufen wegzubewegen, spult sie gewissenhaft innerhalb von kürzester Zeit ihr Evolutionsprogramm ab. Kurzer Auftritt, große Wirkung. Die Tatsache, dass diese Wesen in einer Spanne von Stunden alles tun, was zu tun ist – sich also insbesondere innerhalb kürzester Zeit fort-pflanzen –, ist für Riechelmann »ein sensationell reduzier-ter Begriff des Lebendigen«.

Das Alter von Haustieren spielt deshalb auch nur für Menschen eine herausragende Rolle. Wenn sich zwei Hundebesitzer treffen, lautet die Codefrage: »Und? Wie alt ist Ihrer?« Sagt der andere: »Wird jetzt drei. Und Ihrer?« »Fünf.« Beide multiplizieren jetzt die Zahlen mit sieben und ziehen mit wissendem Nicken und ihren Hunden wei-ter. Wo hier die Pointe ist? Das wissen nur Hundebesitzer. Alle anderen fragen sich, ob in diesem eintönigen Dialog vielleicht doch noch Subinformationen ausgetauscht wer-den.

Wer seinen Kindern einen Hamster zu halten erlaubt, weiß, dass er bereits nach anderthalb Jahren mit einer Be-erdigung rechnen muss. Wer sich für einen Papagei ent-scheidet, hat dagegen gute Chancen, den Vogel noch zu haben, wenn das Kind selbst schon Kinder hat, und wer sich eine Schildkröte zulegt, kann damit rechnen, von seinem Haustier überlebt zu werden. Charles Darwins Galapagos-Schildkröte Harriet galt mit ihren hundertsechsundsiebzig Jahren lange als das tierische Altersmaskottchen; Adwaitya, eine männliche Aldabra-Schildkröte, soll laut den Unterla-gen des Zoos von Kalkutta sogar über zweihundertfünfzig Jahre alt geworden sein. Doch Methusalix im Panzer hin oder her – bei Reptilien handelt es sich um eine andere Stufe der Evolution, weshalb sich jeder Vergleich mit unserem Alterungsprozess sowieso erübrigt.

Lebe wild und gefährlich! hat in der Tierwelt eine andere Bedeutung als bei uns, schon allein deswegen, weil es in der Natur keine Alternative zu diesem Lebensmotto gibt. Ein Tierleben bedeutet vierundzwanzigstündige Anstrengung: Futter suchen, Platz wechseln, sich gegen Feinde verteidigen, sich paaren und ständig unterwegs und auf der Hut sein. Der permanente Stress wird mit schwindender Kraft noch größer, weswegen auch der Altersdurchschnitt bei Tieren in freier Wildbahn nicht steigt wie bei uns.

Alte Tiere werden zunächst einmal in ihren Bewegungen und Reaktionen langsamer, was aber nicht heißt, dass sie nicht mehr lernfähig sind. Ein weiteres Problem alter Tiere ist der Verlust der Zähne. Bei Tieren, die in kargen Gegenden leben und die für Futter und Wasser weite Strecken zurücklegen müssen, bedeuten diese Einschränkungen, dass sie früher oder später der Gruppe nicht mehr folgen können und zurückbleiben.

Bei einigen Affenarten gibt es aber auch Fälle, in denen die Alten bestimmte Kompetenzen haben, die ihrer Gruppe von Nutzen sind: einmal die Fähigkeit, schlichten zu können, was besonders bei weiblichen alten Tieren beobachtet wurde, und zum anderen die Aufgabe, auf die Jungen aufzupassen. Wenn Affenkinder spielen, passiert nichts Produktives für die Gemeinschaft. Es wird kein Futter herangeschafft, Feinde werden eher noch angelockt als vertrieben. Ein altes Tier, das etliche Male eine Schlange oder einen Adler gesehen hat, verfügt jedoch bei aller Langsamkeit über eine Erfahrung, die man fast dialektisch nennen kann, sagt Cord Riechelmann. Die Alten werden als Dankeschön

fürs Nachwuchshüten mitversorgt und geduldet. Alte aus-
gemusterte Anführer, die ihren Platz räumen mussten, können sich auch einer neuen Gruppe anschließen und sich
dort um die Kinder kümmern. Tierforscher haben Alte dabei beobachtet, jeden aus der Gruppe auffällig freundlich
zu grüßen – ein Zeichen der Konfliktvermeidung, das ebenfalls nützlich für die Gemeinschaft ist.

Elefanten werden mit siebzig Jahren ungefähr so alt wie
viele Menschen, was aber auch bedeutet, dass kein Forscher
sie ein ganzes Leben lang beobachtet hat. Trotzdem sind
Elefantenfriedhöfe kein Mythos, sondern ein Ort, den sich
Elefanten zum Sterben aussuchen, ohne dass es dafür eine
für uns rationale Erklärung gibt.

Ein weiteres Phänomen ist, dass es in Tiergemeinschaf-
ten immer wieder einzelne Mitglieder gibt, die versuchen,
die Alten und Kranken zurückzuholen. Doch irgendwann
werden diese Versuche immer seltener, das schwache Tier
bleibt zurück, und das Leben der anderen geht seinen Gang.

In einer Disney-Produktion wäre das die Stelle zum Los-
heulen, bei Cord Riechelmann nicht. »Der Tod«, sagt er,
»ist ein wichtiges Ereignis für Veränderung, Anpassung,
Weitergehen und für die Entfaltung von Leben.«

Gefühlt, nicht ermittelt

Das Alter, das nicht im Pass steht

Wer tatsächlich glaubt, die gefühlte Altersfrage wäre ein Problem für Prominente, Hysteriker und die Industrie, sollte sich den Spaß erlauben, in einer größeren Runde von Leuten über dreißig ausnahmslos alle fünf bis zehn Jahre älter zu schätzen. Damit wäre nicht nur die sofortige Unbeliebtheit garantiert, sondern auch der Beweis erbracht, dass das Gerede vom Alter, ob gefühlt oder echt, als uninteressante Nullgröße Unsinn ist. Vielen Leuten kann man die Stimmung sogar schon vermiesen, wenn man sie auf ihr tatsächliches Alter schätzt.

Abgesehen davon, dass fast niemand älter aussehen will, als er ist, behaupten viele, sie würden sich jünger fühlen, als sie tatsächlich sind. Wahrscheinlich gibt es mittlerweile mehr Endvierziger, die sich fühlen wie um die dreißig, als Endvierziger, die sich fühlen wie Ende vierzig. Alter wird in Zahlen gemessen – nicht nach Gefühl, Geschmack, Zeitgeist wie etwa die Schönheit. Mit der Körpergröße ist es ähnlich. Würde ein Mann wie Danny de Vito behaupten, er fühle sich wie 1,96 Meter, würde ihm sofort ein Wahn attestiert. Einem Basketballprofi, der in seiner Eigenwahrnehmung ein Zwerg ist, ebenso.

Das gefühlte Alter ist ein ähnlich subjektives Phänomen wie die gefühlte Temperatur, die seit nicht allzu langer Zeit durch die Wetterberichterstattung geistert. 20°C können sich demnach unterschiedlich anfühlen, je nach Sonneneinstrahlung, Windstärke und Luftfeuchtigkeit. Umstritten ist nur, wo genau die gefühlte Temperatur liegt und wer darüber entscheidet, wie hoch sie ist. Sowohl gefühltes Alter als auch gefühlte Temperatur liegen selten über der eigentlich gemessenen Zahl. Vielleicht tragen Yogis oder Erleuchtete den gefühlten Vorsprung in sich, im Fall tatsächlicher Erleuchtung würden sie aber über den Zahlen schweben.

Unzweifelhaft gibt es auch Menschen, die sich selbst als »alte Seele« bezeichnen, was wohl so viel bedeuten soll wie die Weisheit mehrerer Zeitalter in einem relativ jungen Körper herumzutragen. Diese Leute lieben zwar unoriginelle und pathetische Aussagen, würden es aber ganz und gar nicht lieben, wenn man ihren aktuell bewohnten Körper auf mehrere hundert Jahre schätzte.

Endvierziger, die sagen würden, sie fühlten sich wie Anfang fünfzig, kämen uns exotisch vor, obwohl der Altersabstand naheliegender wäre, als die populären zehn bis zwanzig Jahre minus es sind. Bei vielen Menschen besteht eine erstaunlich große Diskrepanz zwischen Realität und Selbstwahrnehmung. Ein Fall für den Therapeuten sind sie allerdings nicht, im Gegensatz zu Untergewichtigen, die sich als übergewichtig empfinden.

Im Unterschied dazu mag ein Teenager noch darunter leiden, dass er gefühlte methusalemsche Weisheit besitzt, aber leider noch keinen Bartwuchs, denn die Teenagerzeit geht mit einem drängenden Gefühl der Beschränkung ein-

her, weswegen Erwachsenwerden ein wichtiger Sehnsuchts-
moment im jungen Leben ist. Es ist ein Status, von dem sie
denken, dass er irgendwann erreicht ist, ähnlich wie ein
Level in einem Spiel. Oder ein Schuss, der abgefeuert wird,
und anschließend ist man so wie seine Eltern. Natürlich in
vielen Punkten besser, klüger und interessanter als die
Eltern, aber eben erwachsen. Junge Leute, die sich älter
fühlen, meinen mit älter eigentlich überlegen und möchten
so ihre Abgrenzung manifestieren. Fühlt man sich älter, als
man ist, hat man den großen Vorteil, sein gefühltes Alter
noch vor sich zu haben. Interessanterweise sind die jungen Altfühler oft die, die sich dann im Alter wieder jünger
fühlen.

Eine Garantie für dieses Phänomen gibt es nicht. Was
es jedoch sehr häufig gibt, sind erwachsene Personen, die
morgens im Spiegel eine angeknitterte Person erblicken,
die unmöglich diejenige sein kann, die gestern noch pubertäre Verweigerung in der Öffentlichkeit gezeigt hat, sich
einen unangemessenen Exzess gegönnt hat, eine unsouve-
räne Entscheidung getroffen oder einen peinlichen Mono-
log geführt hat. Noch schwerer zu verstehen ist, wie es
überhaupt jemals zu dieser Verknitterung kommen konnte.
Doch wer sich selbst im fortgeschrittenen Alter nicht ab
und zu inadäquates Verhalten attestieren muss, der ist entweder ignorant oder langweilig.

Ohnehin altert das Gefühl für das eigene Alter zur steigenden Zahl der Jahre nicht linear. Je nach Tagesform und
Lebensabschnitt haben wir unsere jungen und alten Momente oder Phasen. Jung wird hierbei in der Regel mit
frisch und dynamisch, alt mit verbraucht und müde gleich-
gesetzt. Und genau so sehen das auch die vielen Senioren,
die Gleichaltrige als »alte Leute« beschimpfen, zu denen sie

selbst natürlich nicht gehören. Dabei könnte jung genauso gut unsicher und aufgeregt bedeuten, alt aber für selbstsicher und gelassen stehen.

Das Etikett »alt« hat es schwer, gerade bei den Alten. Das liegt vielleicht auch daran, dass das Gefühl, endlich erwachsen zu sein, sich schleichend einstellt. Erst tief im Erwachsenenleben steckend, fällt vielen Menschen auf, dass Erwachsenwerden ein Prozess ist, der spät bis niemals abgeschlossen ist. Ob das dann kindisch, unreif oder charmant daherkommt, hängt vom Einzelfall ab. Nur älter werden alle, völlig erwachsen jedoch nicht notwendigerweise.

Menschen, die den gesellschaftlichen Erwartungen an eine Altersgruppe trotzen, sind heute keine Außenseiter mehr: Altkluge Kinder, früh vergreiste junge Erwachsene, verspielte Mittvierziger und niemals ermüdende Alte bevölkern unseren Planeten. Doch ist die Welt kein Ort fröhlicher Menschen, die frei von Normen und Erwartungen ein altersloses Crossover-Leben führen. Neben den abwechslungsreichen Lebensgestaltungsmöglichkeiten, die sich in jedem Alter bieten, gibt es immer noch viele ausgesprochene und unausgesprochene Erwartungen, die an Menschen eines bestimmten Alters gestellt werden. Zu sehr sollte man vom altersgemäßen äußeren Erscheinungsbild, dem Berufs- und Familienleben und dem Verhalten in gewissen Jahren dann also nicht abweichen.

Eine wirklich ungemütliche Zeit machen jedoch junge Leute durch, die sich nicht ihrem Alter entsprechend verhalten. Spätzünder gewesen zu sein ist eine beliebte Behauptung unter Erwachsenen. Ob sie annehmen, die logische Schlussfolgerung aus ihrem Entwicklungsverzug wäre: später gereift wird später alt? Das wäre eine Annahme, die ins Lexikon populärer Irrtümer gehörte. Wer aber tatsächlich noch Kind ist, während die Altersgenossen sich schon mit Partnern, Bärten und Brüsten brüsten, kokettiert damit ganz sicher nicht, sondern ist schiefen Blicken und dummen Bemerkungen ausgesetzt. Und ist in einer besonders ungünstigen Zeit Außenseiter.

Schwer haben es auch Leute, die im hohen Alter radikale Entscheidungen treffen. Aus Pietätsgründen traut sich zwar kaum jemand, laut zu fragen »Wie? Jetzt noch?«, doch meinen Jüngere häufig, dass eine Trennung oder ein Umzug sich ab einem gewissen Alter nicht mehr lohnt. Und wenn alte Leute Lust bekommen, noch einmal richtig viel Geld auszugeben, kommt es zum Standardstreit mit den Jüngeren. Ihr Umfeld fände es altersgemäßer, wenn sie ihre Bedürfnisse auf Hausschuhe und heiße Milch beschränken würden. Abgesehen von der Angst ums Erbe liegt das Problem hier auch im Mangel an Vorstellungskraft. Kursänderungen oder extravagante Späße gehören nach Ansicht vieler nicht in die späten Jahre. Was dazu führt, dass unpopuläre Entscheidungen Hochbetagter gerne mit Demenz begründet werden.

Und dann gibt es auch noch unseren Körper, der uns trotz aller mentalen Spielchen in jungen und alten Jahren auf den Boden der Tatsachen zurückbringen kann. Innen (Geist), außen (Körper) und ganz außen (Umwelt) sind also Faktoren, die das gefühlte Alter beeinflussen und spiegeln. Kein Wunder, dass das manchmal kompliziert ist und es immer wieder zu neuen Fragen und Hinterfragungen kommt: Passt das? Immer noch? Schon wieder? Oder gar nicht mehr? Diese Fragen lassen sich nur individuell, niemals pauschal beantworten.

Menschen, die in puncto Erscheinung und Verhalten von einer vermeintlichen Norm abweichen, sind für Jüngere

und Gleichaltrige auch nicht selten Vorbild und Inspiration. Für viele sind es gar nicht die voranschreitende Zeit
und die tickernden Jahreszahlen, die sie beunruhigen, sondern das, was sie denken, was in dieser Lebensepoche von
ihnen erwartet wird. Und die Menschen, die wir als besonders interessant und faszinierend empfinden, halten sich
daran oft nur bedingt bis gar nicht.

Viele der älteren Menschen betonen, dass ihr ewig jugendlicher Lebensstil sie jung hält. Bei anderen lösen Orte und
Aktivitäten, die für Jüngere gedacht sind, aus, dass sie sich
erst recht entsetzlich alt fühlen. Sie fördern das Gefühl,
man hätte die nächste Stufe verpasst – Sitzenbleiben für
Erwachsene.

Das ewige »junge Dinge machen« ist zwar ein viel propa-
giertes, aber kein zwangsläufig erfolgreiches Konzept, wenn
es darum gehen soll, sich tatsächlich jünger zu fühlen. Das
unaufhörliche Zelebrieren der Jugend trägt nämlich ein
untrügliches Zeichen wirklichen Alterns in sich: das starre
Festhalten an einmal bewährten Verhaltensweisen.

Gefühlt, nicht ermittelt

Der Tatsache ins Auge blicken
Jung ist nicht jeder

Wenn Sie denken, jung sein bedeute, möglichst frisch aussehend, gut gelaunt, dynamisch, flexibel und kulturell auf der Höhe der Zeit zu sein, dann sind Sie nicht mehr jung, und Ihr Bild vom jungen Menschen ist im Laufe der Jahre stark erodiert. Zu all diesen Attributen können Sie sich mit fortschreitendem Alter, wenn es gut läuft, selbst beglückwünschen, sie sind aber nur ein matter Abglanz und eine unscharfe Rekonstruktion dessen, was das Jungsein wirklich ausmacht. Etliche der genannten Faktoren treffen auf viele junge Menschen gar nicht zu.

»Jungsein«, sagte einmal der nicht mehr junge DJ Westbam, »ist das Recht auf Ungemütlichkeit.« Junge Menschen haben aber auch das Patent auf Beratungsresistenz, Kurzfristigkeit und Komplikation gepaart mit der freudigen Offenheit und Begeisterungsfähigkeit eines Hundes, den man im Wald von der Leine lässt. So stolpern sie unbedarft die Jahresleiter nach oben. Das ist angebracht und wirkt auch von außen betrachtet meist passabel, selbst wenn die Sprossen knacken oder splittern. Kein älterer Mensch meint aber dieses anstrengende Verhaltensgemisch, wenn er sagt, dass er sich jung fühlt. Er meint auch nicht: pleite zu sein, mit wenig Platz auskommen zu müssen, sich sehr viele Gedanken darüber machen zu müssen, was die anderen von einem denken, sich permanent wahlweise unverstanden oder seelenverwandt zu fühlen und mal mehr, mal weniger einen Plan zu haben.

Jungsein bedeutet auch, sein Alter für selbstverständlich zu nehmen – wie Gesundheit und fließendes Wasser. Von beidem weiß man, dass man ein bisschen dankbarer dafür sein müsste, was sich aber erst einstellt, wenn man es nicht mehr hat. »Junge Alte« haben ihr jugendliches Gefühl vom tatsächlichen Jungsein abstrahiert und sich ein persönliches »Best of« zusammengestellt. Für den einen ist es, seinen Körper in Topform zu halten, seine Laufbestzeit oder internetaffin zu sein, für den anderen seine Lederjacke, die das junge Gefühl ausmacht.

Aber was ist dann echt jung? Originär junge Aktionen sind befeuert von Spontanität. Folgende Geschichte von der achtzehnjährigen Bäcci, wie sie ihren besten Freund kennen lernte, klingt in ihrem Alter nach einem absolut nachvollziehbaren Ereignisstrang, würde sie von einer Fünf-undvierzigjährigen erzählt werden, klänge sie eher besorgniserregend: »Ich war auf einem Konzert und hab da einen Jungen gesehen, den ich nur vom Sehen kannte, der mich auch vom Sehen kannte, der mich dann eingeladen hat zu einer Party. Als ich dann auf der Party war, hab ich dann jemand anderen kennen gelernt, der mich dann auf eine andere Party mitgenommen hat. Wir mussten dann über den Alexanderplatz gehen, und unten im U-Bahnhof, nachts um drei, kommt mein jetziger bester Freund mit einem Tischtennisschläger und einem Tischtennisball da lang, und da sind wir ins Gespräch gekommen – er kannte auch diesen einen Freund so halb. Und dann hab ich es wieder vergessen. Ein paar Wochen später hab ich ihn wieder auf der Straße gesehen und ihn so angelächelt, weil ich nicht wusste, ob ich Hallo sagen sollte. Er dachte dann, glaube ich,

dass ich mit ihm flirten wollte, und hat mich dann angesprochen, aber dann haben wir über diese Nacht, wo wir
uns kennen gelernt haben, gesprochen, und jetzt sind wir
ganz dicke Freunde.«

Wirklich junge Menschen möchten sich, wie schon erwähnt, falls sie sich überhaupt Gedanken zum Alter machen, tendenziell älter sehen, als sie sind. Hierbei handelt es
sich um vergleichsweise niedliche Zeitspannen, die einem
Erwachsenen kaum der Rede wert scheinen, im Leben eines
jungen Menschen aber einen wahnsinnig großen Unterschied machen. So sagt der siebzehnjährige Jameson: »Ich
fühle mich reifer als meine anderen Freunde, ich fühle mich
sogar älter. Ich fühle mich wie ... achtzehn.«

Genauso wie ein Jahr von gefühlt epochaler Bedeutung
sein kann, verschwimmen die Jahre im Unbestimmten, je
weiter der junge Mensch in die Zukunft schaut. Schlechte
Nachricht für alle Jungbleiber: Teenager und auch Früh-
bis Mittzwanziger können sehr wohl unterscheiden, ob sie
ältere Menschen attraktiv finden oder nicht, aber ob jemand
dreißig oder vierzig ist, erschließt sich ihnen nicht. Menschen in dieser Altersgruppe hocken für sie auf dem Planet
der Erwachsenen. Auf dem werden sie eines Tages auch landen, er ist okay, aber unbestimmbar weit weg. Erwachsene
sind heute nicht mehr grundsätzlich die bösen Außerirdi-
schen, deren Daseinsberechtigung darin besteht, die Bewohner des jungen Planeten zu terrorisieren. Vielmehr fühlen sich viele der Jungen sogar evolutionär mit den Älteren
verbunden: »Ich bin mir sicher«, sagt Jameson, »dass die
Erwachsenen heute alles, was wir erlebt haben, auch schon
irgendwie erlebt haben.«

Der Kick scheint also nicht mehr vornehmlich darin zu
liegen, sich von den Erwachsenen zu distanzieren und etwas

völlig anderes zu machen, sondern Dinge zum ersten Mal zu erleben. Und wenn dabei auch noch ein paar Regeln gebrochen werden können, wird die Sache schon spannender. Das ist nichts Neues, aber heute vermutlich schwieriger als jemals zuvor. »Das Beste an früher war, als wir noch nicht volljährig waren«, sagt Elisabeth, »dass wir draußen vor dem Club gestanden und gezittert haben, ob wir reinkommen oder nicht. Das hat alle zusammengeschweißt.« Passiert einem das, wenn man älter ist, ist es ganz sicher kein Zeichen dafür, wie herrlich jung geblieben man ist.

Älter wirken ist bei Jugendlichen nach wie vor ein Dauerbrenner, alt sein auf gar keinen Fall, obwohl sich einige schon in jungen Jahren so verhalten. Elisabeth sieht in ihrer Altersgruppe schon jetzt professionelle Altfühler: »Es gibt viele, die sind so langweilig, weil sie schon so fertig sind. Die wollen nichts mehr dazulernen, machen ihre Aufgaben, aber sind an nichts richtig interessiert. Sie machen alles mit, aber nur, weil sie müssen, und studieren tun sie das, was der Papa ihnen sagt. Die nehmen nicht am Leben teil.«

Alles ganz normal hier
Stefanie Hertel

Stefanie Hertel ist jung, provoziert ein bisschen, ohne es zu wollen, und versteht nicht, warum. Als kleine, zierliche, blauäugige Blondine in Jeans und Pullover kommt sie optisch tatsächlich recht unauffällig daher und sprengt dennoch den Rahmen des Gewöhnlichen. Hertel, geboren 1978, ist eine der erfolgreichsten deutschen volkstümlichen Schlagersängerinnen und ist länger im Showgeschäft als Britney Spears. Gemanagt von ihrem Vater, war sie als Kind die meiste Zeit unter Erwachsenen. Als Exotin, wie sie sagt, habe es sich angefühlt wie ein Spiel: »Ich habe es immer leicht gehabt. Ich war nie verbissen.«

Spätestens hier hören die Gemeinsamkeiten mit amerikanischen Kinderstars auf. Auch wenn Stefanie Hertel nach der Hochzeit mit ihrem volkstümlichem Co-Kinderstar Stefan Mross, geboren 1975, bereits einmal von einem Paparazzo in den Urlaub verfolgt wurde, hat sie sich nie den Schädel vor laufenden Kameras rasiert, aus Versehen in Las Vegas einen Schulfreund geheiratet oder für Drogen-schlagzeilen gesorgt. Das Skandalöseste, was über sie im Umlauf ist, sind Schnappschüsse, auf denen bei einer Tanz-einlage der Schlüpfer unter dem Rock hervorblitzt. Das war der *Bild Zeitung* immerhin eine Meldung wert.

Und so sagt Stefanie Hertel halb stolz, halb ratlos: »Ich bin ganz normal und ein bodenständiger Typ.« Auf der

Suche nach dem Phänomen Stefanie Hertel sagt sie auch noch sehr viele andere freundliche Sachen, die einen nicht so recht irgendwohin führen wollen: »Ich mach einfach mein Ding, und ich will es gut machen« zum Beispiel oder: »Ich war nicht die Ausgeflippteste.« Oder über ihren Mann: »Ich wusste schon mit fünfzehn, dass er der Richtige ist. Er ist mein Traummann.« Und eben weil die meisten aktuellen und ehemaligen Teenager sich in dieser Lebensphase genau so nicht gefühlt haben, fremdeln sie mit Stefanie Hertels Werk, das versucht, diese vermeintliche Normalität in Klang zu übersetzen.

Was noch gegen das Normalsein spricht: Im Jahr 2008 war die Sängerin auf geschätzt mehr Zeitschriftencovern als Heidi Klum – Zeitschriften mit Titeln wie *Das Goldene Blatt*, *Neue Post* oder *Frau mit Herz*. Und sie erhielt im Jahr 2009 vom Bauer Verlag die Auszeichnung »Mein Star des Jahres«. Das macht sie zweifellos populär, erklärt aber auch, warum sehr, sehr viele Leute sie trotzdem nicht kennen, denn diese Hefte werden im Gegensatz zu *Bunte* und *Gala* doch nicht von fast allen beim Arzt oder Friseur gelesen, sondern tatsächlich nur von der Zielgruppe. Und die ist in diesem Fall ausnahmsweise einmal so, wie man sie sich vorstellt: alt.

Hertel gehört zu den Interpreten, die auch heute noch eine stattliche Anzahl Alben verkaufen. Sie tourt jedes Jahr über Monate durch ganz Deutschland, tritt in Altersheimen, in Stadthallen, in ARD und ZDF, aber auch in Peking vor Millionen Fernsehzuschauern auf, für ihre Fans ist Stefanie Hertel der Inbegriff einer blonden Prinzessin. Für einen Blick auf die Sängerin stehen sie sich am Bühneneingang stundenlang die Beine in den Bauch wie sonst nur Teenies für die Boyband der Saison.

Die Stars von Schlagerparade bis Musikantenstadl sind schon lange nicht mehr nur ältliche Fettleibige in freakiger Kostümierung, Herrenwitzereißer und Dirndlträgerinnen. Die jungen Leute aus Stefanie Hertels Ensemble könnten auch als Teilnehmer eines Musikworkshops in einem alternativen Kulturzentrum durchgehen – bis die Musik einsetzt.

Stefanie Hertel, bekennender Abba-Fan, sagt, ihre Musik sei vergleichbar mit vielen erfolgreichen englischen Popsongs. Sie verstehe nicht, warum das eine beliebt und das andere verpönt sei. Schuld daran, spekuliert sie, seien vielleicht die Medien. Doch kaum ein Musikgenre bekommt so viel Sendezeit zur Primetime wie Volks- und Schlagermusik, zumindest bei den öffentlich-rechtlichen Sendern. Lediglich die Radiosender halten sich zurück und die Feuilletons, und in jungen Lifestylemedien hat dieser Lifestyle sowieso keinen Platz.

Tatsächlich klingt Stefanie Hertels Musik diffus rückwärtsgewandt, ohne retro zu sein. Ihre Hits heißen *Männer woll'n immer nur dein Bestes*, *Das Paradies in deinen Augen*, *Liebe hat tausend Gesichter* oder *Gefühle sind der Atem dieser Welt*. Wenn dem so ist, dann ist der Atem der Welt bei Stefanie Hertel beunruhigend flach. Es gibt bei den Hertel-Stücken keine zweite Ebene, keine versteckte Botschaft, keine musikalische Überraschung, keinerlei Leidenschaft oder gar Sex. Die Menschen lieben sich nicht, sondern »haben sich lieb« oder »von Herzen gern« und wenn es einmal nicht so läuft, dann richtet es der liebe Gott.

Dass jedes Volk seine Volksmusik hat, ist ein gerne zitiertes Argument für den deutschen Schlager und die deutsche Volksmusik. Das würde diese Musik theoretisch zur Schwester von Country oder Flamenco machen. Zur Schwester, die komplett aus der Art geschlagen ist, indem sie ihre Zuhörer eisern vor den Tragödien des Lebens beschützt, anstatt sie mit ihnen zu konfrontieren. Auch musikalisch wird jede Form von Dramatik weiträumig umfahren. Dieser Art von Musik kann man auch keine Zeit zuordnen. Sie scheint in einem Zeitloch entstanden und sich nur auf ihre eigene Repetition zu berufen. Ein Grund vielleicht, warum Medleys in Schlagerkreisen so beliebt sind.

Ist Stefanie Hertel denn nun eine große Zynikerin? Eine gewiefte Geschäftsfrau? Oder meint sie es irgendwie ernst mit Alben, die *Stärker als die Freiheit* oder *Liebe hat tausend Gesichter* oder *Das fühlt sich gut an* heißen? Genau zu bestimmen ist lediglich ihre Herkunft. Hertel, die in einem Dorf im Erzgebirge geboren wurde, ist ein echtes Wendekind. Als die Mauer fiel, war sie ein Teenager. Auf die Frage, was sie mit anderen Menschen ihrer Generation verbindet, sagt sie zunächst: »Ich bin die typischste Dreißigjährige, die man sich vorstellen kann. Ich mache ganz normale Sachen: putzen, kochen, ausgehen, etwas mit meiner Tochter unternehmen. Ich führe ein ganz normales, bodenständiges Leben.«

»Normal« und »bodenständig« sind überhaupt Hertels Lieblingsworte, wenn sie sich mit Menschen in ihrer Altersgruppe vergleicht. Auf den Einwand hin, dass die Mehrheit der Menschen *aller* Generationen putzt, kocht und mit ihren Kindern spielt, kommt sie auf ihre Kindheit. »Was mich geprägt hat, ist auch die Pionierzeit, sind die Einheits-T-Shirts und die jungen Jahre in der DDR.«

Das alles liegt nun weit zurück. Heute lebt die Sängerin mit ihrer Familie in Bayern und ist in Ost wie West beliebt und erfolgreich. Spannend bleibt die Frage, ob ihre Fans irgendwann aussterben oder ob der Geschmack einer Anzahl heute junger Menschen später aus Altersgründen zu dieser Art von Musik wechseln wird, so wie vom Energy-drink zum Herz-Kreislauf-Tonikum.

Bis dahin wird Stefanie Hertel in ihrer Parallelwelt wei-tersingen, ganz normal, ganz bodenständig und ziemlich weit weg von dem großen, bösen Rest des Planeten.

Plötzlich diese Übersicht
Rocko Schamoni

Rocko Schamoni »geht's immer gleich scheiße«. Das überrascht zunächst, denn Schamoni, Hamburger Musiker, Entertainer, Gastronom und Bestsellerautor, ist als charismatischer Spaßvogel bekannt und erfolgreich. Sein Stand der Dinge mit Mitte vierzig hört sich zwar nicht überbordend positiv an, dafür aber nach gut austarierter Gefühlslage. Denn sich immer gleich scheiße zu fühlen, ist das Gegenteil einer Achterbahn der Emotionen. Für die bliebe ihm auch wenig Zeit als Vater, Frühaufsteher, Nachtlebengestalt, Künstler, Radfahrer, Stadt- und Naturmensch in einem. Auf jeden Fall ist Schamoni das Lachen keinesfalls vergangen, vielleicht ja deshalb, weil er weiß, dass man in späteren Jahren den Schwankungen (oder auch »der Scheiße«) nicht mehr so ausgeliefert ist wie einer Naturkatastrophe: »Wenn es anfängt zu wanken, weiß ich, die Hütte stürzt nicht auf mich, sondern sie stürzt ein, und ich bau sie wieder auf.«

Das klingt tröstlich und altersgemäß. Denn natürlich können jüngere Menschen relativ wenig damit anfangen, wenn ihnen erklärt wird, dass die Katastrophenzeit, in der sie sich gerade wähnen, erstens in der Retrospektive oft als halb so schlimm empfunden wird und zweitens nur die erste von sehr vielen folgenden ist. Als Erwachsener kann man sich dann aus unzähligen Lebensweisheiten eine Krisendevise heraussuchen, und in den Talsohlen erinnert man sich an die bereits überlebten persönlichen Tiefpunkte. Das macht nicht alles einfacher, aber wenigstens übersicht- licher.

Für Schamoni ist klar, dass sich zwischen dreißig und vierzig das Bewusstsein über das eigene Sein und der Blick auf die Welt sehr stark verändern. Die Zwanziger sind das Lebensjahrzehnt, in dem viele Leute von einem starken All- wissenheitsgefühl befallen werden, das sie spätestens mit Anfang dreißig und zu Recht kleinlaut revidieren müssen. In der Zeit zwischen dreißig und vierzig muss dann »nach- gereift« werden. Die Weisheit der Zwanziger nennt Scha- moni »romantisierte Klarheiten«. Spätestens mit vierzig ist man seiner Meinung nach Herr über die Realität und weiß, wie die Dinge funktionieren: das mit den Männern und den Frauen, dem Geld und dem Leben an sich. »Diese Über- sicht«, sagt Schamoni aber auch, »ist extrem desillusionie- rend.«

Nachvollziehbar, wenn man sie als die ab nun bis zum Ende gültige Definition der Dinge hinnimmt. Doch wenn man schon mit Anfang zwanzig einmal der festen Über- zeugung war, die Welt komplett begriffen zu haben, und sich dann korrigieren musste, wieso sollte man später nicht nochmals ein paar Dinge anders sehen dürfen oder müssen? Fest steht, dass die Naivität eines Mittzwanzigers den meis- ten Menschen um die vierzig nicht mehr gut steht. Sie wirkt weder jung noch aufgeschlossen, sondern lernresistent. An- dererseits gibt es aber auch Gefühle und Geisteszustände, die erwiesenermaßen alterslos sind und dennoch nicht über- all gleich gut ankommen. Sehr junge Leute reagieren zum Beispiel zuweilen irritiert bis angewidert, wenn ihnen aus ihrer Sicht Alte erzählen, sie seien total verknallt und würden sich genauso fühlen wie mit sechzehn. Und wüsste man ab Mitte dreißig endgültig Bescheid, gäbe es nicht nur keine Ratgeber mehr, die Welt wäre auch voller resignierter Singles, die sich nach einer Enttäuschung nie wieder binden würden. Die sprichwörtliche heiße Herdplatte, auf die keiner seine Hand öfter als einmal legt, würde zum Warnhinweis in allen Lebensbereichen: schlechte Erfahrung gemacht, Grund identifiziert, ab sofort Finger weg!

Das wäre nicht nur zu einfach, sondern auch niederschmetternd, da es Neustarts jenseits der vierzig unmöglich machen würde. Geschickter ist es, Dinge nicht nie wieder, sondern anders zu machen, im besten Fall macht man sie nach vorheriger Abwägung unter Berücksichtigung aller bis dato gemachten Erfahrungen besser oder plant wenigstens, sie besser zu machen.

Schamoni vergleicht das Älterwerden auch mit »Abkühlung«, ein Begriff, der an fernöstliche Medizin erinnert. Dafür hat man in der Jugend ordentlich gebrannt und viel Pulver verschossen. Aus Schamonis Sicht sieht das so aus: »Wenn man älter wird, ist man einerseits nicht mehr so ausgeliefert, dafür ist man aber auch nicht mehr so offen und frei. Früher konnte ich mich jeden Tag neu erfinden, heute bin ich nur noch ich.« Rocko Schamonis Ich, das auch heute nicht den Eindruck vermittelt, als würde es farblos und unbeachtet in der Ecke hocken, darf sich aber dafür noch auf weitere Höhepunkte freuen: »Gegen Ende des Lebens kann man ruhig wieder spackig sein, den Alterswahnsinn leben. Wer sich aber in der Mitte des Lebens ständig verkleidet wie Marius Müller-Westernhagen, den nenne ich berufsjugendlich.« Verkleidet ja, aber das Kostümmotto scheint eher nachdenklicher Künstler als spontaner Springinsfeld zu sein.

Alterswahnsinn ist ein prima Konzept, eine tolle Vision für die überalterte Gesellschaft – einfach abwarten, alt werden und erneut durchdrehen. Die Frage ist nur: Ab wann darf man wieder die Narrenkappe aufziehen? Als gelungenes Beispiel für den würdevoll alternden Mann im Showgeschäft, »der einfach nur so runtergefleddert ist«, nennt Rocko Schamoni den Sänger und Schauspieler Adriano Celentano.

Alle Menschen auf Bühnen verbindet ein Problem: Sie altern öffentlich. Im Falle von Jazz und klassischer Musik häufig ohne auch nur den Hauch einer Fragestellung von außen. Die Stilrichtungen, die ursprünglich an eine Jugendkultur gekoppelt waren, stellen die Protagonisten immer wieder vor die Frage, ob würdevolles Altern möglich ist, und wenn ja, wem es gelingt und wem es eher misslingt. Rocko Schamoni sagt dazu: »Warum sollte man von jemandem, der mit zwanzig Punkrock gemacht hat, erwarten, mit fünfzig Jazz zu machen? Man kann die Leute nicht zwingen, ihre Kunstform abzulegen, nur weil man sie selbst nicht mehr für adäquat hält.«

Der Erfolg von Madonna bis hin zu den Toten Hosen scheint diese Meinung zu bestätigen. Immer noch sehr viele junge und alte Menschen wollen Musikern über fünfzig zusehen, die sich aufführen, als wären sie Hochleistungstänzer/innen oder wütend grölende Vorstadtjugendliche. Für die einen ist es eine Entwicklungsphase, für die anderen nicht nur die längste Jugend der Welt, sondern eben auch ein Beruf, der bedenkenlos über das offizielle Rentenalter hinaus ausgeübt werden kann.

Der alte »heruntergekühlte« Mann übt seinen Beruf natürlich auch weiterhin aus, nur weicht seine ursprüngliche Intuition oft einer professionalisierten Eitelkeit, die wie festgebacken wirkt, so Schamoni. Als Mann eitel wie ein Pfau zu sein, um Frauen auf sich aufmerksam zu machen, sei jedoch normal. Für Männer, die in der Öffentlichkeit stünden, sei es darüber hinaus unkomplizierter, ihre Eitelkeit auszuleben, als für solche, die nie eine Bühne betreten hätten. Die Abkühlung geht jedoch auch mit einer Erleichterung einher: Der alte Mann überlässt den Jungen den Kampfplatz. »Altersmilde zu sein«, sagt Rocko Schamoni, »bedeutet, das Schlachtfeld verlassen zu können.« Mit »Schlacht« ist nicht zuletzt die um die Frauen gemeint, kurz, der Sex, was dieser Aussage sofort den Duktus einer Tierreportage verleiht. Ein altes Alphatier, das nun den Platz räumen muss, und der ständig aktive Rocko Schamoni scheinen dennoch nicht viel gemein zu haben. Doch für ihn bleibt die Hauptspielstätte des Lebens die Jugend, seiner Meinung nach die Zeit, in der man »alles kann«.

Kann man? Ist es nicht vielmehr so, dass man in der Jugend ziemlich betriebsblind für sein eigenes Potenzial ist und mehr intuitiv als geplant seine Energien ablädt? Nur wenn einem jung genug auffallen würde, dass es jetzt genau *die Zeit* ist, würde es zu einer ganz eigenen Tragweite jugendlichen Handelns kommen. Oft fehlt es aber für den ganz großen Auftritt noch an Know-how, Geld, Beziehungen und eben besagter Übersicht. Die stellt sich dann wie ein Schlag vor den Kopf hinterher ein: Was war das für eine wilde Zeit, was sahen wir super aus, was haben wir für unfassbare Dinge auf die Beine gestellt! Mittendrin hatte man lediglich Ohrensausen.

Vielleicht ist das der Grund, warum viele so genannte Berufsjugendliche versuchen, ihr Erfolgsrezept so lange wie möglich durchzuziehen: weil sie endlich das Gefühl haben, die vermeintliche Rebellion und den seit Jahrzehnten bewährten Habitus besser kontrollieren und verfeinern zu können – und bei Erfolg, ihn in jeglicher Hinsicht zu genießen.

Rocko Schamoni, der abgekühlte, funkelnde Entertainer aus Hamburg, gehört nicht zu ihnen.

Das Drama lässt nach
Inga Humpe

Inga Humpe, Sängerin der Band 2raumwohnung, wird immer wieder eine feenhafte Mädchenhaftigkeit bescheinigt. Ihre Stimme klingt keinen Tag älter als zu Zeiten der Neuen Deutsche Welle, als sie mit den Neonbabies und der Band DÖF erfolgreich war, damals mit Ende zwanzig, Mitte der Achtzigerjahre. 2raumwohnung, gegründet im Jahr 2000 in Berlin, erfüllte anfangs und ohne Hintergrundinformationen alle Kriterien einer jungen Ostband: Wer Zweiraumwohnung statt Zweizimmerwohnung sagte, kam aus der ehemaligen DDR, dazu gesellte sich der Mix aus Clubmusik mit Texten, die wie ein Schnappschuss die Energie des Unbestimmten festhielten. Und über allem schwebte Humpes Stimme, die zeitlos wie die Morgendämmerung ist, jenem Moment, der die Gestalten der Nacht für einen kurzen Moment in ein weiches, alle verbindendes Licht taucht.

In der Musik trifft man häufig auf Phänomene, die durch ihre offensichtliche Diskrepanz besonders aufregend sind, und liebt sie dafür: Weiße, die sich anhören wie Schwarze, junge Männer, die sich anhören, als trügen sie die Last der Väter und Vorväter auf ihren Schultern, und eben Inga Humpe, die nicht aus Halle, sondern aus Hagen stammt und die sich mit über fünfzig so anhört wie eine sehr junge Frau beziehungsweise wie immer.

Auch Humpe wird in Interviews regelmäßig mit Fragen zur Zeit beziehungsweise zum Alter konfrontiert, die sie stets charmant an sich abperlen lässt. Gerne wird sie auch nach ihrem langjährigen Bandkollegen und Partner Tommi Eckart gefragt, der sieben Jahre jünger ist als sie, was niemanden interessieren würde, wenn es umgekehrt wäre.

Als einer der erfolgreichsten deutschen Popstars hat sie mit dazu beigetragen, dass das Musikbusiness auch hierzulande altersloser und transzendenter geworden ist, und ihr Markenzeichen ist dabei nicht in erster Linie ihr gutes Aussehen, sondern die Fähigkeit, den Enthusiasmus und das Lebensgefühl junger Erwachsener glaubwürdig in Text und Klang zu übersetzen. Wie kaum sonst jemand hat sie sich diese Energie, die bei anderen schon mit spätestens Mitte dreißig verbraucht ist, erhalten. Die meisten Popstars über fünfzig ringen sich zwar hier und da in immer größeren Abständen ein neues Album ab, das Fundament ihrer gegenwärtigen Erfolge liegt aber in der Repetition alter Erfolge. Bei Inga Humpe und ihrer Band 2raumwohnung ist es so, dass die Musik einen hohen Wiedererkennungswert besitzt, also nicht starken konzeptionellen Schwankungen unterliegt, dafür aber munter wie ein Bergbach vor sich hin perlt.

Das Faszinosum der Zeit- und Alterslosigkeit von Inga Humpe zeigt sich in ihrer Persönlichkeit: »Alter«, so Humpe, »ist mir egal, und es wird mit der Zeit immer noch irrelevanter.« Dies sei für sie keine neue Erkenntnis, denn auch mit siebzehn habe es sie nicht interessiert, wie alt Leonard Cohen oder die Rolling Stones waren. »Es ging nur darum, wen ich gut fand«, so Humpe.

Geboren 1956 hat sie ein ganzes Potpourri an Jugendbewegungen und künstlerischen Strömungen aktiv durchlaufen: Von Punk über Neue Deutsche Welle bis hin zu Techno, bei Inga Humpe gab es kein Stehenbleiben, aber auch keine Brüche. Ihr unverwechselbarer Pop morphte sich perfekt in das nächste große Ding hinein. Seit dreißig Jahren lebt sie nun in dieser schillernden Blase, von der sie sagt, dass sie sich dort gut aufgehoben fühlt: »Ich träume nicht von Lebensetappen, wie sie die Werbung für Bausparverträge entwirft. Ich muss immer wieder vorstoßen und neue Dinge behaupten. Wer lebenslang vor Energie sprüht und unbeugsam bleibt, ob Künstler oder nicht, bleibt per se schon mal jünger als andere.«

Das Erwachsenwerden ist aus Humpes Sicht ein sehr langer Bewusstseinsprozess. »Je bewusster man lebt, desto erwachsener ist man«, sagt sie. Diejenigen, bei denen der Reifungsprozess in vielen Punkten funktioniert habe, erkenne man vor allem daran, dass sie sich selbst nicht mehr so ernst nähmen: »Das ist ja das Schöne am Älterwerden, dass man sich nicht mehr permanent in einem Drama befindet und wegen jedem Scheiß die Decke hochgeht. Man schaut sich Dinge von außen an und schläft darüber. Wenn man jung ist, kann man das nicht, weil alles sofort passieren muss«, sagt sie. Mit den Jahren gehen müssen Humpes Ansicht nach dann nicht Interessen oder Lebensstile, sondern Unsicherheiten: »Mir geht's im Leben darum, dass man immer freier wird, immer leichter und immer unmittelbarer«, sagt Inga Humpe optimistisch. »Wenn man jung ist, glaubt man oft, Situationen nicht bewältigen zu können. Im Alter sollte man eher so weit sein, dass man sich sagt: Dass ich jetzt auch noch selbst auf mir rumhaue und mich in Zweifel stürze – das lasse ich jetzt weg.«

Hat man auch die Zweifel zu den Akten gelegt, werden sie einem als öffentliche Person unter Umständen vom

eigenen Publikum als lästige Wiedervorlage wieder ange-
tragen. Dies passiere ihr nicht oft, so Humpe, aber wenn,
dann vornehmlich in der Provinz. Dort steht sie zwar Leuten gegenüber, die sich ihre Band anschauen wollen, die
also Fans sind, doch Feedback äußert sich nicht nur im
Ticketkauf und Applaus, man kann es auch fühlen. In Kleinstädten schwingt manchmal die abschätzige Frage durch
den Raum, ob ihre Musik und Performance ihrem Alter
entspricht, nach dem Motto: Die ist Mitte fünfzig, was soll
das denn? Sich diese Frage aber eigentlich nicht mehr stellen zu müssen, ist für Inga Humpe das Gute an ihrem Leben und damit auch an unserer Zeit: Der Freiraum, sich
nicht vom Alter in seinen Verhaltensweisen und Interessen
begrenzen zu lassen, ist das Ticket dafür, sich nicht ein-
schränken zu müssen.

Im besten Sinne erwachsen
Iris Berben

Als Iris Berben im Jahr 1971 mit einundzwanzig Jahren ihren Sohn zur Welt brachte, war sie selbst für diese Zeit eine eher junge Mutter. Das war jedoch nicht das Problem. Viel gravierender war die Tatsache, dass sie nicht mit dem Vater ihres Kindes verheiratet war, und das hatte damals sehr wohl noch Skandalpotenzial. Skandal mit Ausrufungszeichen. Nicht mit Medienrummel und öffentlich ausgetragenen Dramen, sondern im Sinne von sozialem Fehlverhalten, was ledigen Müttern, ob prominent oder nicht prominent, jederzeit von unbeteiligten Personen, Behörden oder der Gesellschaft vorgehalten wurde.

Aus dem »frühreifen Mädchen« Iris war eine alleinerziehende Mutter geworden. »Frühreif«, sagt Iris Berben, »ist ein negatives Wort, das kaum noch benutzt wird. Heute würde man aufgeweckt sagen oder interessiert.« Was besorgte Eltern ihren Töchtern noch vor nicht so langer Zeit als mahnendes Beispiel mit auf den Weg gaben – Da siehst du mal, wo das hinführen kann! –, geht im Fall von Iris Berben nicht auf. Denn dort, wo »es« Iris Berben hingeführt hat, kommen die meisten Menschen weder mit noch ohne Kinder hin – an die Spitze der deutschen Filmbranche mit bis heute ungebrochenem Erfolg.

Iris Berben selbst hatte das Gefühl, mit der Geburt ihres Sohnes dem Erwachsensein ein ganzes Stück nähergekom-

men zu sein: »Ich habe in jungen Jahren nicht oft Verantwortung für mich übernommen, aber ein Kind zu bekommen, das stößt einen auf die Verantwortung und fordert
festere Strukturen. Das zu erfahren tat mir gut.«

Doch was sind die nächsten Schritte, wie tastet man sich
im Laufe eines Lebens an das Erwachsensein heran? Über
Umwege und Irrtümer zum Beispiel – eine Einsicht, die
einem knietief im Irrtum steckend wie ein schlechter Witz
vorkommt, mit gebührend Abstand aber das Potenzial zum
Kassenschlager des Lebens hat. Es kommt darauf an, wie
man mit Umwegen und Irrtümern umgeht und wo man
danach landet. Zum Beispiel weg von der Vorstellung, dass
es so etwas wie die besten Jahre gibt. Was aufmuntern soll,
schießt bei genauer Betrachtung in die entgegengesetzte
Richtung, denn wer denkt, dass er die besten Jahre noch vor
sich hat, fühlt sich vermutlich in der Gegenwart nicht wohl,
wer behauptet, mitten in den besten Jahren zu stecken,
muss darum bangen, dass sie bald vorbei sind, und wer sie
hinter sich hat, befindet sich demnach auf dem absteigen-
den Ast. Bei Frauen und Männern ist dieser vage Zeitraum
»beste Jahre« im kollektiven Bewusstsein zudem unterschiedlich angelegt. Ist damit bei Frauen wohl unterschwellig die Zeit vor dem ungefähren Ende der Fruchtbarkeit
gemeint, so haben Männer ab Mitte vierzig große Chancen,
in der Hitparade der besten Jahre noch in den Top Ten aufzutauchen.

Iris Berben teilt weder diese Sichtweise noch diese Erfahrung: »Zwischen dreißig und vierzig Jahren war ich am
faulsten und sehr angepasst. Nicht beruflich, sondern privat. Die Frage ist doch: Definierst du dich über deinen
Beruf oder dich selbst? Je älter man wird, desto dringender
wird diese Frage. Ich bin dann durch Ereignisse und Men-

schen, die mich geschüttelt haben, aufgewacht. Ab Mitte vierzig ist es dann nur noch aufwärts gegangen.« Aufwärts bedeutete auch die Wiederentdeckung eines originär jungen Gefühls, nämlich des Gefühls der Verweigerung, des Gefühls, nicht alles mitmachen zu wollen. Eine Einsicht, die auch jeder nicht öffentlichen Person Erleichterung verschafft, die sich aber bei dauerhaft medial exponierten Menschen zu einer Frage der psychischen Gesundheit entwickeln kann. Dazu kommt das öffentliche Älterwerden. Was bei jungen berufstätigen Frauen die nett gemeinte Frage nach den Kindern und wie man denn das alles so hinkriegt ist, lautet mit fortschreitendem Alter, wie man es denn schafft, in diesem Alter noch so gut und attraktiv auszusehen. Für Iris Berben ist das eine »ungezogene Frage«, weil sie impliziert, dass man in ihrem Alter schlecht auszusehen hat.

Trotzdem, oder vielleicht aufgrund ihres öffentlichen Bildes der attraktiv alternden Frau, hat Iris Berben vor ein paar Jahren ein Buch mit dem Titel *Älter werde ich später* geschrieben, in dem sie Schönheitstipps gibt. Sicherlich ist sie prädestiniert dafür, aber gerade deshalb ist man fast erleichtert, wenn sie erzählt, dass sie weder Sport mag noch konsequente Nichtraucherin ist. Es unterstützt allerdings auch die These, dass manche Leute mit ihrem Aussehen einfach Glück haben und andere weniger.

Eine Frage, nämlich die, wie man sich mit fünfzig, sechzig oder darüber fühlt, ertönt plötzlich von allen Seiten. Sie könnte auch mit »Geht's noch?« übersetzt werden. Auf jeden Fall tut sich damit eine Falle auf, beschreibt Iris Berben. Die Falle, sich in einen öffentlichen Wettbewerb zu begeben, an dessen Ende nicht mehr das zählt, was geleistet wird, sondern die Leistung lediglich gekoppelt an das möglichst junge Aussehen zählt. Dieser Wettbewerb ist nur zu verlieren, oder er endet in körperlicher Skurrilität.

Der Gedanke, dass alt oder jung sein auf keinen Fall ausschließlich, aber auch eine Geisteshaltung ist, die sich über Neugierde, Flexibilität, Humor und Schlagfertigkeit ausdrückt, macht die Altersfrage nicht irrelevant, aber das Leben weniger statisch. Und hindert uns daran, am geistigen Endpunkt anzugelangen. Iris Berben stellt fest: »Ich habe den kompletten Zustand des Erwachsenseins an mir noch nicht festgestellt, aber ich beobachte immer wieder Leute, die so beschäftigt damit sind, erwachsen zu sein, dass für wenig anderes Platz bleibt – für Unangepasstes, Wildes, Peinliches oder Erschreckendes. Da möchte ich nicht hinkommen.«

Es geht voran

Die Arbeit ändert sich

Der angestaubte Stoßseufzer »Arbeit ist das halbe Leben« ist generationsübergreifend geläufig. Witzbolde ergänzen ihn gern durch ein »Dann nehm ich die andere Hälfte«. Die Arbeit nehme einen lästigen und zu hohen Stellenwert im Leben eines Menschen ein, sagen viele. Die Hälfte der Zeit, so die Aussage, sei man damit okkupiert zu lernen, etwas zu leisten, sich zu plagen oder zu entfalten, um den Lebensunterhalt zu verdienen, sich selbst zu verwirklichen oder alles zusammen. Alle anderen Interessen und Verpflichtungen müssen demnach um die verbleibenden 50 % Lebenszeit buhlen. Zieht man davon noch die Schlafenszeit ab, erscheint die Arbeit wie ein zeit- und kraftraubender Tyrann, dem sich alles andere zu unterwerfen hat.

Die Wahrheit ist jedoch: Arbeit war noch nie das halbe Leben, sondern viel, viel mehr. Geht man von einer durchschnittlichen Arbeitszeit vom zwanzigsten bis zum fünfundsechzigsten Lebensjahr aus, so ist man fünfundvierzig Jahre berufstätig. Bisher war nicht davon auszugehen, dass sich um die berufstätigen Jahre noch weitere fünfundvierzig nicht berufstätige gruppieren. Im Gegenteil, das Ende der Arbeitszeit läutete recht unmissverständlich, in der eigenen und der Außenwahrnehmung, den Lebensabend ein. So sahen die meisten Menschen früher am Ende ihres Berufslebens aus wie am Ende und fühlten sich auch so.

Mal abgesehen davon, dass die Realität sich heute auf der zeitlichen wie der inhaltlichen Ebene verändert hat, besteht zum ersten Mal in der Geschichte der Menschheit tatsächlich die Möglichkeit, dass Arbeit nur das halbe Leben ausfüllt und die restliche Zeit offiziell arbeitsfrei ist. Allerdings ist davon auszugehen, dass sich in Zukunft viele Menschen in ihrem vorletzten und letzten Lebensabschnitt damit nicht zufriedengeben werden oder es sich nicht leisten können, ein Vierteljahrhundert auf Reisen, beim Seniorensport oder vor dem Fernseher zu verbringen. Kurz: Nicht weniger als alles ist im Umbruch.

Wer heute jung ist, der wächst in eine Arbeitswelt hinein, die mit der der Eltern oder gar Großeltern sehr wenig gemeinsam hat. Noch nie gab es eine Zeit, in der die Bedingungen und die Art und Weise, wie junge Menschen arbeiten und alte Menschen gearbeitet haben, so weit auseinanderliegen. Das klingt erst mal per se vielversprechend und aufregend in einer Zeit, in der die Grenze zwischen jung und alt immer mehr zu verwischen scheint. Wenn sich die Altersgruppen schon kulturell und geschmacklich immer weniger unterscheiden, dann ist die Arbeit einer der wenigen Bereiche, in denen man getrost jung und anders sein kann und Eltern verständnislos aus der Wäsche gucken. Die Autoren Holm Friebe und Sascha Lobo prägten in ihrem vielbeachteten Buch *Wir nennen es Arbeit* den Begriff der »digitalen Bohème« und sehen die Chance, mit Laptop und vor allem ohne Festanstellung endlich den Traum vom selbst bestimmten Leben zu verwirklichen. Friebe und

Lobo haben das Lebensgefühl und den Aufbruch treffend beschrieben. Schade nur, dass nicht jeder bei ihrer »mutigen Alternative« mitmachen will, selbst viele Junge nicht. Ein bisschen ist das wie bei den Hippies, die die freie Liebe predigten, um sich von Verklemmungen aller Art und herrschaftlichen Strukturen zu befreien: Man kann zwar alle auffordern, ständig und überall hierarchiefrei miteinander zu schlafen und dabei Spaß zu haben. Wer das aber nicht sexy findet und lieber mit seiner Ehefrau kuschelt, den wird man auch mit allen Verlockungen auf eine bessere Welt nicht dazu bewegen können, durch die Betten der anderen zu springen.

Was ist also mit den jungen Menschen auf der Suche nach einer Festanstellung, die an den Bausparvertrag glauben und die beim Gedanken an die Rente nervös an den Fingernägeln kauen? Sind sie die Dummen oder doch die Schlauen von morgen? Fakt ist, dass es immer weniger unbefristete Arbeitsverträge gibt. Das führt zu vielen sorgenvollen Debatten, deren Tonfall suggeriert, unbefristete Arbeitsverträge wären so etwas wie die Weltmeere: Wenn die sterben, ist es vorbei. Das zeigt, wie positiv die Vorstellung von der einen Arbeitsstelle, möglichst arbeitslebenslang ausgeübt in ein und derselben Firma, immer noch besetzt ist.

Auf den Kopf gestellt werden zudem Arbeitsstrukturen, die Art der Arbeit, aber auch, welche Perspektiven sich aus einer Beschäftigung ergeben – und das nicht nur in modernen Berufen. Ob jemand Bäcker, Professor, Pilot oder Programmierer ist, sagt heute nicht mehr unbedingt etwas über die Sicherheit seines Jobs aus und auch nicht über sein Gehalt. Entwicklungsmöglichkeiten gibt es so viele wie Gehaltsstufen. Theoretisch zumindest, denn die neue Dynamik befördert nicht alle automatisch nach oben und manchmal sogar schneller nach unten. Gleichzeitig sind ehemals verwegene Nischenberufe, gerade im Kreativbereich, mehr und mehr erschlossen, und Arbeit, die über Jahre als Hort der ehrenwerten Stabilität galt, wie zum Beispiel der Beruf des Lehrers oder Arztes, sind heute unter Umständen unsicherer und aufreibender als früher, tragen aber noch ihren alten Ruf mit sich herum. Das hat zur Folge, dass viele Leute nach wie vor glauben, alle Lehrer wären Beamte mit unangemessen viel Urlaub, und alle Ärzte würden sich von der Praxisgebühr Zweitpools in ihren Gärten ausheben lassen. Andere Berufe, die einst der Inbegriff der Weltläufigkeit waren, zum Beispiel Stewardess, heißen heute Flugbegleiterin und sind nur noch so irdisch wie ihr neuer Titel.

Fest steht lediglich: Irgendwann muss man sich entscheiden. Doch wofür? Die monogame oder die Lebensabschnittsbeschäftigung? Und was, wenn es gar keinen Entscheidungsspielraum gibt, sondern man dazu gezwungen ist, schlicht und einfach Geld zu verdienen? Dass Arbeit Spaß machen soll, ist eine relativ neue Erfindung, die auch dazu geführt hat, dass manche Arbeit zwar wahnsinnig viel Spaß macht, aber mehr auch nicht.

Was sich nicht verändert hat, ist die Tatsache, dass wir durch das, was wir beruflich machen oder nicht machen, von anderen beurteilt werden. Wer eine erwachsene Person neu kennen lernt, wird bald danach fragen, was er oder sie arbeitet. Und auch wenn die meisten Menschen beipflichten würden, dass die Arbeit eigentlich wenig über den Charakter eines Menschen aussagt, so ist es vor allem die Vorstellung davon, womit sich jemand tagein, tagaus beschäftigt, die uns ein inneres Bild von der Bildung, den Fähigkeiten, den Interessen und dem Status dieser Person vermittelt. Mehr noch als jede Äußerlichkeit gibt uns der Beruf des anderen eine Orientierungshilfe oder auch eine bequeme Schublade zur vorläufigen Klassifizierung.

Und dann sind da noch die, die auch ohne zu arbeiten gut leben können. Ein Amerikaner wirft mit der Aussage »I'm in between jobs« ein interessanteres Licht auf eine vorübergehende Untätigkeit. Wer seine Gesprächspartner tatsächlich verunsichern will, der sollte es einmal mit Antworten wie »Ich bin Privatier« oder ganz einfach »Ich will nicht arbeiten« auf die Berufsfrage versuchen. Ein Filmheld wie der Big Lebowski, der bowlt, raucht und nur eins will, nämlich seinen Teppich zurück, wurde mit seinem konsequenten Freizeitanspruch zum Rumhänger der Herzen. Im wirklichen Leben verstört die meisten die Idee von keinerlei Berufsambition.

Die Arbeit beschäftigt uns also ein Leben lang, ähnlich wie eine oder keine Partnerschaft: Selten ist alles perfekt, vieles läuft nach Routine. Manchmal ist schlicht zu viel, oft aber auch zu wenig von ihr da, und die anfängliche Begeisterung kann schnell in Langeweile oder sogar Abscheu umschlagen. Wer auf Dauer an seiner Arbeit wächst, in ihr aufgeht und Erfüllung findet, wird nicht weniger bewundert oder bestaunt wie jemand, der kontinuierlich in einer glücklichen Beziehung lebt. Selbst die, die nicht arbeiten müssen, sind von dem Gedanken besessen, etwas zu tun und über Beschäftigung Bestätigung zu finden. Das erklärt unter anderem die zahlreichen Schmuckdesignerinnen dieser Welt, die hauptberuflich sonst Ehefrau, Exfrau oder Tochter wären. Immerhin: Das Hobby zum Beruf zu machen, kann auch der beruflichen Entspannungspolitik dienen. Viele Angestellte würden sich freuen, wenn sich auch die Partner ihrer Chefs in einem Schmuckstudio statt in einer angeheirateten Entscheiderposition verwirklichen würden.

Gut für diejenigen, die sich keine Sorgen mehr ums Geld machen müssen, scheint es. Doch selbst wer beim Lotto im Millionenbereich abräumt, bei dem klingelt ein Spielverderber in Gestalt eines Psychologen an der Tür, dessen wichtigster Tipp darin besteht, jetzt bloß nicht durchzudrehen, sondern am besten brav weiter zur Arbeit zu gehen und dem Impuls, den ganzen Scheiß hinzuschmeißen, auf gar keinen Fall nachzugeben.

Zeit also, was zu tun. Nur was?

Wenn ich einmal groß bin ...
Arbeit für Anfänger

»Und, was möchtest du später einmal werden?« Diese Frage, gerichtet an jemand sehr Junges, sagt ähnlich wie die Feststellung, dass ein Kind wieder wahnsinnig gewachsen sei, mehr über den Fragenden beziehungsweise Feststellenden aus als die darauf gegebene Antwort über die kleine, angesprochene Person. Die Berufsfrage an Kinder und Kleinkinder dient vor allem der Erbauung der Erwachsenen, denn von wenigen Ausnahmen abgesehen, fühlt sich kaum ein Kind zu irgendetwas unmissverständlich berufen. Die Hitliste der kindlichen Wunschberufe ist von daher überschaubar und beinhaltet die volle Packung Kinder-Glamour: besiegen und retten, gut und böse, schön und hässlich. Am Anfang ist das Leben noch herrlich dual. In einer 2008 durchgeführten repräsentativen Umfrage der Zeitschrift *medizini* unter Sechs- bis Zwölfjährigen ist der Tierarzt der Superstar unter den Berufen. Es folgen Fußballspieler, Polizist, Lehrer, Arzt und Pilot. Bei Mädchen stehen zudem Sängerin und Krankenschwester hoch im Kurs. Und jetzt neu: Model (Platz 8 der Hitliste).

Arbeit, die nicht mit Blaulicht, Blitzlicht, Hubschraubern oder verletzten Pferden zu tun hat, ist für Kinder etwas sehr Rätselhaftes, obwohl sie in den meisten Familien omnipräsent ist. Mindestens ein Elternteil verlässt täglich das Haus und kehrt erst abends wieder zurück. Was in dieser Zeit passiert und warum, ist für Kinder nebulös. Befragt man Kinder im Kindergartenalter, was ihre Eltern arbeiten, kommt häufig die Antwort, dass sie ins Büro gehen oder am Computer sitzen. Was sie da dann genau machen, ist mit ihren Worten nicht zu beschreiben. Nicht unbedingt, weil der Beruf so komplex ist, sondern weil er einfach nicht vorstellbar ist. Wie auch die Tatsache, dass diese Tätigkeit unter anderem deswegen ausgeübt wird, damit die Eltern lebensnotwendige und weniger lebensnotwendige Güter heranschaffen können, das Vorstellungsvermögen eines kleinen Kindes übersteigt. Außer es ist kein Geld da. Kinder, deren Eltern sich in finanziellen Notlagen befinden oder arbeitslos sind, entwickeln früher das Gefühl, dass etwas fehlt und dass das eine mit dem anderen untrennbar verknüpft ist.

Und Kinder entwickeln schon früh ein Gefühl für persönliche Leistungen. Wenn sie einen Turm bauen, der zweimal umfällt und beim dritten Mal stehen bleibt, dann haben sie das Gefühl, etwas geschafft zu haben. Wer sein Kind lobt, schaut in ein stolzes kleines Gesicht und spornt es so an, beim nächsten Versuch noch einen Klotz draufzusetzen.

Spätestens in der Schulzeit, wenn die Erwachsenen das Kind nicht mehr bei jedem Kringel im Heft anstrahlen und »toll« schreien und ihm ganz im Gegenteil täglich vor Augen geführt wird, was es alles noch nicht kann, sickert nach und nach die Erkenntnis durch, was Leistungsdruck bedeutet. Genauso wie Motivation, Erfolg und all die anderen Attribute, die das Berufsleben bestimmen.

Auf die Kurzstrecke schauen
Der Start ins Berufsleben

Wer heute klein ist, soll am besten schon in der Grundschule den Grundstein für seine spätere Karriere legen. Wer nicht mindestens dreisprachig und hochbegabt ist, geht karrieremäßig später unter, wird uns suggeriert. Glaubt man den Eltern, ist die Zahl der hochbegabten Kinder heute höher als die derer, die Blockflöte lernen. Chinesischunterricht ab der ersten Klasse, zweisprachiger Unterricht trotz einsprachigen Elternhauses und Wirtschafts-AG von Anfang an bedeuten allerdings nicht, dass sich die künftigen Überflieger auch für diese Fächer begeistern. Die Kinder sind nicht ehrgeiziger geworden, die Eltern, die selbst noch aus einer eher gemütlichen Bildungs- und Karrierewelt kommen, schon. Sie blicken aus dem Gestern aufs Morgen und bekommen Panikattacken, die in der Gegenwart durch bildende Maßnahmen am Kind gelindert werden sollen.

Ob sich in zehn bis fünfzehn Jahren dann kleine Bildungsmonster im Kampf um die besten Studienplätze die Ellenbogen abstoßen oder ausgepowerte Leistungsverweigerer sich den Plänen der Eltern widersetzen werden, bleibt abzuwarten. Vielleicht beruhigt sich die Situation ja auch wieder.

Die Studenten von heute wurden auf jeden Fall von ihren Eltern noch nicht so vorausschauend getriezt, sind aber die ersten, die am Beginn ihres beruflichen Werdegangs im

Zeichen einer neuen Bildungspolitik und veränderten Arbeitslandschaft stehen.

Zur Erinnerung: Die Mehrheit aller Schüler und Studenten entschied sich vor zwanzig, dreißig oder vierzig Jahren für einen recht absehbaren und vorbestimmten Berufsweg. Und auch heute noch ist der beliebteste Studiengang in Deutschland bei Männern und Frauen nach einer Umfrage der Zeitschrift *Unicum* aus dem Jahr 2009 kein futuristischer Burner, sondern BWL. Es folgen bei Frauen Germanistik und Medizin und bei Männern Maschinenbau und Informatik.

Die Studienwahl, von Informatik einmal abgesehen, lässt sich keinem Jahrgang zuordnen. Natürlich haben sich die Inhalte verändert, aber der größte Unterschied zur Elterngeneration besteht darin, dass die Planung, auch in konventionellen Berufen, schwieriger geworden ist. Was ihren Vorgängern aber noch den Angstschweiß auf die Stirn treibt, haben viele junge Menschen bereits als Wunsch verinnerlicht: Flexibilität, Mobilität und projektbezogenes Arbeiten. Es ist vielleicht anstrengend, aber selten eintönig. So sagt der vierundzwanzigjährige Matthias, Student der Gesellschafts- und Wirtschaftskommunikation: »Ich glaube, ein Job, den man zwanzig Jahre macht, ist irgendwann langweilig, so wie alles irgendwann langweilig wird. Durch Unsicherheit bekommt man halt auch einen Drive, der das Ganze spannend hält.« Der gleichaltrige BWL-Student Mehran spitzt dieses Gefühl noch weiter zu: »Ich denke auch manchmal, ja, ein Job, wo man viel rumkommt, das wär's. Geld verdient man eh keins, da sieht man wenigstens was von der Welt.«

An der Uni wird den Neueinsteigern sowieso erst einmal erzählt, was in ihrem Berufsleben später wohl nicht klappen

wird oder worauf sie sich keine Hoffnungen machen sollen. Thomas, dreiundzwanzig Jahre alt und Student der
Medienwissenschaften, erinnert sich an sein erstes Seminar
im Fachbereich Politologie: »Da waren hundertvierzig Stu-
dienanfänger im Raum, und uns wurde nur gesagt, wie
schwierig es gerade auf dem Arbeitsmarkt für uns aussieht.«

Bei so viel erwachsenen Miesepetern ist es erstaunlich,
wie gelassen und unerschrocken die Mehrheit der Studenten daherkommt. Auf die Kurzstrecke schauen, scheint die
vornehmliche Geisteshaltung zu sein. Darin liegt der entscheidende Paradigmenwechsel zur Elterngeneration.

Mehr Stress scheinen junge Frauen heute mit ihrer
Lebensplanung zu haben. Es geht um einen Sinneswandel,
der sich leise vollzieht, unter Freundinnen, am WG-Tisch
mit den Mitbewohnern. Unter gut ausgebildeten und selbst-
bewussten jungen Frauen ist eine Art Identitäts-Backlash zu
beobachten. Oder wie Marie, die Journalismus und Unter-
nehmenskommunikation studiert, sagt: »Unsere biologi-
sche Uhr tickt lauter.« Aus dem Mund einer Einundzwan-
zigjährigen klingt das wie ein schlecht nacherzählter Witz,
der noch dazu keine Pointe hat, aber viele Studentinnen
wünschen sich nicht nur bis dreißig einen tollen Job, sondern auch den Mann fürs Leben und mindestens ein Kind,
denn danach, glauben sie, sei der Höhepunkt von so ziemlich allem überschritten. Marie sagt dazu: »Meine Mitbe-
wohner sind Ende zwanzig. Sie hämmern mir ein, dass ich
als Frau meinen Weg planen müsse, denn ab Mitte, Ende
zwanzig ginge es nur noch bergab. Deshalb solle ich mir
auch schon mal meinen Ehemann suchen, sagen sie. Das ist
wirklich gängig. Mir ist das aber nicht so wichtig. Dreißig
kann ich mir noch gar nicht vorstellen.«

Kommen nach Bachelor- und Masterstudiengängen jetzt

amerikanische Beziehungsmodelle nach Deutschland? In den USA ist es durchaus üblich, in der ersten Hälfte der Zwanziger zu heiraten, um dann mit größter Wahrscheinlichkeit schon wieder geschieden zu sein, wenn in Deutschland gerade ernsthaft in den Beruf eingestiegen wird, ein Zeitpunkt also, zu dem Heiraten bisher so wichtig erschien wie Arthroseprävention.

Der amerikanische College-Heiratsmarkt begibt sich allerdings seit längerem in eine Schräglage: Das viel diskutierte Phänomen der Strebermädchen, die auf Jungmänner mit eher überschaubaren Ambitionen und Talenten treffen, hat zur Folge, dass aufgrund weniger Immatrikulierter bei gleichzeitig mehr vorzeitig abgehenden männlichen Studenten das Geschlechterverhältnis an den amerikanischen Unis nicht mehr ausgewogen ist. Die *New York Times* stellte kürzlich fest, dass sich statistisch gesehen hundertfünfundachtzig Studentinnen um hundert Studenten streiten müssten.

Der beliebte Zeitplan, kurz anstudieren, den künftigen Ernährer kennen lernen und dann zur kompetenten Gesprächspartnerin und Mutter werden, wird zum Auslaufmodell. Zum einen, weil es immer weniger junge Erfolgsmänner gibt, die ihre ehemalige Kommilitonin plus die gemeinsamen Erben finanzieren wollen, zum anderen, weil junge Männer bei der Partnersuche seltener an die ferne Zukunft denken, dafür aber öfter an – wir erraten es – Spaß! Wer also schon sehr jung seine Partnerwahl angeht wie einen Ausverkauf, bei dem man möglichst schnell zuschlagen sollte, muss sich nicht wundern, wenn er oder sie dann mit einem Kompromiss oder gar Fehlkauf nach Hause geht.

Die Prognosen vieler Sozialwissenschaftler seit Mitte des 20. Jahrhunderts, dass gut ausgebildete und damit unabhängige Frauen künftig nicht mehr heiraten müssten und nun endlich machen könnten, was sie wollen, scheint nicht eingetroffen zu sein. Denn offenbar wollen viele trotz oder gerade aufgrund aller Veränderungen eines nach wie vor ganz besonders, nämlich heiraten.

Männliche Studenten freuen sich also über die große Auswahl an Bewerberinnen, für die sie noch weniger tun müssen als für die Uni, weibliche müssen umdenken. Ein Studium in China anstreben zum Beispiel, denn dort wird aufgrund der jahrzehntelangen Ein-Kind-Doktrin ein besorgniserregender Überschuss an Männern vorausgesagt. Und da das Erlernen von Mandarin im Kindergarten bereits von zukunftsorientierten Eltern gefördert wird, kann es mit dem Akademikerinnen-Braindrain Richtung Osten ja bald losgehen.

Ade oder a.D.
Schluss machen im Beruf

Würde man sich seinen Beruf danach aussuchen, wie lange man ihn ausüben kann, wäre Profisportler, Tänzer oder Model als Wahl eher unbeliebt. Sehr gute Karten haben Künstler und Wissenschaftler: Das gefeierte Alterswerk, die Ehrung für das Lebenswerk, Retrospektiven, Abschiedstourneen, Comebacks und irgendwann die Erhabenheit über jede Kritik – alles das sind Stationen der Karriere, die in Lebensläufen von Angestellten seltener auftauchen. Allerdings ist eine Künstlerkarriere auch schlechter planbar, und so kann es sein, dass man mit fast achtzig in einem Interview sagt: Ich höre erst auf, wenn mich jemand aus dem Verkehr zieht, nämlich dann, wenn man zum Beispiel Clint Eastwood ist. Es kann aber auch sein, dass einen niemals jemand um ein Interview bitten wird und man in Clint Eastwoods heutigem Alter monatlich 243,87 € Rente von der Künstlersozialkasse bezieht.

Leistungssportler und Profitänzer wissen, dass sie, verglichen mit anderen Karrieren, recht früh umdenken müssen. Dafür mussten sie verglichen mit ihren Altersgenossen sehr früh wissen, was sie wollen, und ihre besten Leistungen genau in den Jahren erbringen, die andere später als ihre Abhängphase bezeichnen. So kommt es, dass für weniger Sportinteressierte der Eindruck entsteht, coachende oder moderierende Exprofis wären mindestens so lange dabei wie Uraltpolitiker, was sie in Jahren gerechnet ja häufig auch sind. Sportler aus weniger lukrativen Sportarten haben meist parallel eine Ausbildung absolviert. Berufstänzer mit festen Verträgen sind dagegen nach vierzehn Jahren am gleichen Haus unkündbar und haben dann das Recht auf einen anderen Job dort, beispielsweise auf den der Ankleiderin. Das hört sich weniger aufregend an als Ballettmeister oder Choreograph, aber auch nicht jeder ehemalige Profisportler wird Trainer, Sportjournalist oder Funktionär. In der DDR gab es eine Rente für Tänzer ab achtunddreißig Jahren, die mindestens fünfzehn Jahre professionell getanzt hatten.

Erschwerend hinzu kommt für viele Sportler und auch Künstler allerdings noch etwas anderes. Diejenigen, so erklärt die Berliner Tänzerin Miriam Wolf, die aufhörten, stünden nicht nur vor der Frage der Neuorientierung, sie müssten sich auch daran gewöhnen, mit einer geringeren Endorphinausschüttung zu leben, ein Problem, das man zu Zeiten täglichen Trainings nicht hatte. Eine vermehrte Ausschüttung von euphorisierenden Botenstoffen findet auch durch Machtausübung und beim Genuss von Beifall statt, und hier stoßen wir auf eine einleuchtende Begründung, warum es in einigen Berufsgruppen so viel schwerer fällt, aufzuhören als in anderen.

Ob es sich bei der gesetzlichen Altersbegrenzung einiger Berufsgruppen um Diskriminierung handelt, entscheiden hohe Instanzen wie der Europäische Gerichtshof. So durften Ärzte und Zahnärzte trotz Freiberuflichkeit bis Oktober 2008 nur bis zum achtundsechzigsten Lebensjahr Kassenpatienten behandeln. Dieser Beschluss wurde von vielen Ärzten als »Demenzerlass« kritisiert und wieder aufgehoben. Unter anderem auch aufgrund des Ärztemangels in ländlichen Gegenden. Außerdem begibt man sich als Patient freiwillig zu einem niedergelassenen Arzt. Die Frage, ob man diesen für kompetent und fähig hält, stellt sich auch, wenn er jünger ist. Piloten der Lufthansa müssen mit sechzig aufhören, bei anderen Fluggesellschaften und in anderen Ländern mit fünfundsechzig Jahren. Begründet werden diese Urteile mit dem notwendigen Schutz der Crew, der Passagiere und der Menschen, die in den überflogenen Gebieten leben. Das hört sich plausibel an, plausibel hören sich aber auch die Argumente der klagenden Piloten an: Wer sich fit fühlt, die vorgegebenen Voraussetzungen erfüllt und seinen Job liebt, stellt mit sechzig kein größeres Sicherheitsrisiko dar als mit neunundfünfzig oder jünger. Das ist vergleichbar mit der Fragestellung, ob Autofahrer ab einem bestimmten Alter ihren Führerschein abgeben oder sich einem Test unterziehen sollten, was sie in vielen anderen EU-Ländern teilweise schon ab fünfundvierzig Jahren in regelmäßigen Abständen tun müssen. Beim Anblick eines greisen Geisterfahrers wäre diese Regelung zu begrüßen, selbst alt, jedoch topfit und vor dieselbe Frage gestellt, würde man entgegenhalten, dass fahrlässiges Fahren ein Problem in jeder Altersgruppe darstellen kann.

Altersdiskriminierung wird mit der steigenden Anzahl alter Menschen mehr und mehr zum Thema, und so wird derzeit auch in mehreren Ländern diskutiert, ob die Zwangspensionierung nicht generell gekippt werden sollte.

Die Pflicht, künftig länger zu arbeiten, steht auf einem anderen Blatt als das Recht, seinen Beruf so lange ausüben zu dürfen, wie man kann und mag. In den meisten EU-Ländern liegt das Renteneintrittsalter bei fünfundsechzig Jahren, Frankreich steht im Moment vor der Frage, ob es von sechzig auf zweiundsechzig Jahre angehoben werden soll. In einigen Ländern wird auch noch die Tatsache berücksichtigt, dass viele Leute bereits seit ihrem vierzehnten Lebensjahr im Berufsleben standen und sich damit einen früheren Eintritt ins Rentenalter erarbeitet haben. Dieses mit einer frühen Lehre beginnende Modell eines Berufslebens findet man bei Schulabgängern in Deutschland aber kaum noch, eher gibt es mehr Menschen, die erst sehr spät in ihren Beruf eingestiegen sind. Sollten diese dann länger arbeiten als andere?

Und »Ich arbeite, also bin ich« gilt nicht nur für diejenigen, die in ihrem Traumberuf arbeiten und für Freiberufler. Zwar ist der Anteil der Selbstständigen in der Altersgruppe über fünfundsechzig Jahren doppelt so hoch wie in den anderen Altersgruppen, aber unter anderem auch deshalb, weil das Weitergeben des Betriebes an die Kinder heute weniger selbstverständlich ist als noch vor ein paar Jahrzehnten.

Arbeit kann neben dem Verdienst sehr viel bedeuten: Einfluss, Anerkennung, aber auch Kreativität und Sozialkontakte, geregelte Strukturen oder schlicht Zeitvertreib. Nicht jeder hat schillernde Pläne für seinen Ruhestand. Etwas, das sehr viel Zeit und Energie in Anspruch genommen hat, fällt weg. Mach doch was Ehrenamtliches, kümmer dich endlich mal um mich, dich, den Garten, die Enkel, sind Vorschläge, die inspirieren, aber auch abschrecken können.

Hinzu kommen zwei gegensätzliche, aber landläufige Meinungen über die Arbeit: Für die einen ist sie der Jungbrunnen schlechthin, für die anderen der ultimative Altmacher oder sogar Sargnagel. Neben allen Meinungen und Gesetzgebungen von außen, muss man sich die entscheidende Frage wie immer selbst beantworten: Wann habe ich genug? Wenn's am schönsten ist, wenn sich meine Fehler-quote häuft, wenn ich einen würdigen Nachfolger gefun-den habe oder wenn ich umfalle?

Dat is so nich mehr
Bergbau

Ein Merkmal etlicher moderner Beschäftigungen ist, dass ein Gespräch darüber weitschweifig werden kann. Es gibt heute viele Berufe, die nicht mehr mit einem Wort zu erklären sind, die lange Zusätze oder Nachsätze erfordern. Wo das Gegenüber, auch nach einem fünfminütigen Vortrag, immer noch nicht verstanden hat, was der andere denn jetzt eigentlich so macht. Vor allem viele ältere Menschen verstehen nicht mehr, womit die Kinder und Enkel ihren Unterhalt verdienen.

Und dann gibt es Berufe wie Bergmann, die es genau genommen so bei uns nicht mehr gibt. Ausbildungsberufe im Bereich Bergbau sind heute hoch spezialisiert. Vom Chemikanten bis zum Kfz-Mechatroniker ist vieles dabei, nur kein klassischer Bergmann. Und dennoch, unter Bergmann können sich selbst Leute etwas vorstellen, die nicht mehr wissen, wie man einen Ofen anmacht, und die bei Kohle und Koks an ganz andere Dinge denken. Die Vorstellungen, was Bergmänner so sind und machen, ist allerdings nach wie vor eher vom düster romantischen Bild vergangener Jahrzehnte, wenn nicht gar Jahrhunderte geprägt beziehungsweise durch nach wie vor erschreckend viele Meldungen über Grubenunglücke in anderen Ländern. Ein hiesiger Bergmann alter Schule, also jemand, der noch vor der Mechanisierung in den frühen Siebzigerjahren Kohle manuell abgebaut hat, der Streiks und die Schließungen der Zechen im Ruhrgebiet miterlebt hat, der in Feuer, Hitze und ohne Tageslicht malochte, scheint in der neuen technisierten, paradoxerweise isolierten und gleichzeitig vernetzten, verkopften, körperlich oft bewegungsarmen Arbeitswelt ein genauso bestaunenswertes Urgestein zu sein wie das Produkt, das er einst an die Oberfläche beförderte. Diese Art zu arbeiten war höchst gefährlich. Seit der Aufzeichnung von Bergarbeiterunfällen im Ruhrgebiet, die Mitte des 18. Jahrhunderts begann, kamen bis heute hunderttausend Menschen bei der Arbeit im Steinkohlebergbau ums Leben. Bis Ende der Sechzigerjahre starben in Deutschland in einer Zeche jedes Jahr immer noch mehrere Arbeiter, zahlreiche wurden verletzt. Dazu kam, dass die Arbeit ungeheuer kräftezehrend war. Wer es bis zum fünfzigsten Lebensjahr unter Tage durchhielt, um dann über Tage noch zehn weitere Jahre leichtere Arbeit zu verrichten, der war spätestens dann alt und morsch. Richtig alt und morsch, verbraucht und am Ende, kein Silver Surfer, kein Best Ager, sondern Worst Ager. Bereits ab vierzig Jahren gehörte man unter Kumpels zum alten Eisen.

Arbeit ganz alter Schule also, aber dennoch mit einem Identifikationspotenzial, von dem jedes moderne Start-up-Unternehmen nur träumen kann. Die Generation der ehemaligen Bergarbeiter um die sechzig und aufwärts, die nun schon seit einiger Zeit in Rente sind, vorher aber bis zu vierzig Jahre gearbeitet hat, hat die letzte Blütezeit des Bergbaus und dessen Niedergang in die relative Bedeutungslosigkeit selbst erlebt. Wie schaut ein Bergarbeiter in diesem Alter auf seine Arbeitszeit zurück, wie blickt er auf die Gegenwart, und welchen Stellenwert hat Arbeit für ihn?

Michael Rost aus Hamm/Westfalen, geboren 1951 im

Ruhrgebiet, als es allein dort noch hundertvierundvierzig Zechen gab – heute sind es bundesweit fünf –, wirkt alles andere als von gestern. Rosts Berufsweg als Bergmann ist eine einzige Erfolgsstory, wie man heute sagen würde. Sie begann mit einer Lehre im Jahr 1967, aber im Sinne der Vorbestimmung schon früher, denn sein Vater, Jahrgang 1914, und die meisten seiner fünf Geschwister waren ebenfalls Bergmänner. Das Leben der Bergarbeiterfamilien spielte sich rund um das Bergwerk ab. Es wurde aus finanziellen Gründen meist in Doppelschichten gearbeitet, Brieftauben und Fußball waren die einzigen nennenswerten Hobbys, denn für die Freizeit war man zu kaputt.

Ende der Sechzigerjahre wurde die Kohle noch mit Hacke und Schippe aus den Schächten befördert. Als Rosts Vater das einzige Mal in seinem Leben mit seiner Frau zwei Wochen auf einem hessischen Bauernhof Urlaub machen soll, überfällt ihn nach zwei Tagen der Untätigkeitskoller. So fährt er an dem nächsten Tag mit dem Bauern morgens aufs Feld und arbeitet dort bis zum Ende seines Urlaubs. Danach beschließen die Eltern, dass es sich bei Urlaub um ein sinnloses Unterfangen handelt und bleiben fortan lieber zu Hause. Rost junior beobachtete seinen Vater genau: »Ich wollte zwar Bergmann werden, aber ich wusste, dass ich es nicht so machen wollte wie mein Vater, der sich ohne Perspektive krummmalocht hat. Außerdem war man damals mit sechzig Jahren alt, weil man auch geistig ausgelaugt war. Viele hatten kaum Schulbildung, es gab kein Fernsehen, man schaute nicht über den Tellerrand. Gereist wurde natürlich auch nicht. Die Kleidung tat ihr Übriges, weil sie immer nur zweckmäßig war. Mein Vater besaß in seinem ganzen Leben nur einen Anzug, der zu allen feierlichen Anlässen angezogen wurde.«

Rost junior steigt in der strengen Bergarbeiterhierarchie, die er als militärisch bezeichnet, schon in jungen Jahren rasant auf. Mit dreiundzwanzig ist er nach einer Weiterbildung der jüngste Steiger der Ruhrkohle AG und hat eine Gruppe von Arbeitern unter sich, die zum Teil wesentlich älter sind als er: »Das Wort Team gab es ja damals noch nicht, wir nannten es Arbeitsgruppen, aber es war unerlässlich, dass man im Team arbeitete. Zudem musste man sehr flexibel und belastbar sein. Wochenendschichten und Mehrarbeit waren die Regel, nicht die Ausnahme.«

Als Nächstes wird er Reviersteiger, dann macht er sein Fachabitur, wird Fachsteiger und leitet zwei Betriebe, bis er schließlich der oberste Grubenchef nach dem Bergwerksdirektor wird. Nicht nur, dass sein Aufstieg vom einfachen Bergmann in eine hohe Führungsposition so gut wie einmalig ist, außergewöhnlich ist auch, dass Rost nie einer Partei oder einer Gewerkschaft angehörte: »Gewerkschaften sind absolut notwendig, um die Interessen der Arbeitnehmer im Bergbau zu vertreten, und ich habe sie immer unterstützt. Ohne die Gewerkschaften gäbe es heute überhaupt keinen Bergbau mehr. Was mich aber immer gestört hat, war ihr Alleinvertretungsanspruch und auch die Arbeit der Funktionäre vor Ort. Das sind halt auch nur Menschen.« Mit dieser Einstellung eckte er an. Von seinen Vorgesetzten wurden Fragen gestellt: War er wirklich der Beste? Gäbe es nicht Funktionäre, die man anstatt seiner hätte einstellen können? Doch am Ende bekam Rost alle Posten.

Auf dem Höhepunkt seiner Laufbahn wurde Rost dann mit Anfang fünfzig aus politischen und wirtschaftlichen Gründen in den Vorruhestand versetzt. Es war ein Abschied, den er kommen sehen und auf den er sich deshalb so gut es ging vorbereiten konnte. Heute sitzt der große, starke Mann, dem auch ein Rückenleiden nichts von seiner Imposanz nimmt, in seinem akkurat gepflegten Haus auf einem Sofa im Wohnzimmer mit blitzbankem, gekacheltem Fußboden und sagt: »Ohne Arbeit würde ich wahrscheinlich eingehen. Sie ist unabdingbar für ein erfülltes Leben. Erfolg im Beruf macht glücklich.« Nach zwei Wochen Ausschlafen und danach einsetzender Schocklangeweile trat Rost dem örtlichen Fußballverein bei, nur um dort den ganzen Betrieb auf den Kopf zu stellen. Er sorgte ehrenamtlich für die Fusion mit einem zweiten örtlichen, ebenfalls vor sich hin dümpelnden, mit dem ersten rivalisierenden Verein und leitete den Bau einer neuen, modernen Sportbegegnungsstätte. Heute engagiert er sich unter anderem als Geschäftsführer im Stadtmarketing von Hamm/Westfalen.

Rost sagt Sachen, die man zurzeit in der Kann-man-so-aber-auch-so-sehen-Welt selten hört. Zum Beispiel, dass zählbarer Erfolg wichtig ist oder dass ein Merkmal fürs Erwachsensein ist, dass man Entscheidungen trifft und die Verantwortung dafür übernimmt. Und was wäre der ehemalige Bergmann Rost wohl heute von Beruf? »Wenn ich jung wäre, würde ich die höchstqualifizierte Ausbildung, die möglich ist, machen, aber ich würde heute nicht mehr in den Bergbau gehen. Dieser Beruf ist in Deutschland am Ende.«

Rosts Sohn arbeitet in einem der modernen Berufe, die nicht so schnell zu erklären sind. Er hat eine Special-Effects-Firma im Filmbereich, und der Vater ist erleichtert. Denn dem vorweg ging ein Studium der Film- und Theaterwissenschaften, und das strapazierte Rost seniors Toleranz zeitweise: »Hinterher rennt der in so 'ner Strumpfhose rum«, hat er sich gesorgt. Und das wäre eins zu viel gewesen für den modernen (Berg)mann.

Stocknüchtern durchmachen
Andrea Nahles und Florian Bernschneider

Andrea Nahles und Florian Bernschneider sind beide Bundestagsabgeordnete und haben ansonsten auf den ersten Blick wenig weitere Gemeinsamkeiten. Sie ist ein prominentes SPD-Mitglied aus der Eifel, außerdem Generalsekretärin ihrer Partei und 1970 geboren. Er ist 1986 (kein Zahlendreher) geboren, kommt aus Braunschweig, ist im Vorstand der Jungliberalen und seit September 2009 Deutschlands jüngster Bundestagsabgeordneter. Seitdem haben sich mehr Mikrofone und Scheinwerfer auf ihn gerichtet als auf manch anderen Abgeordneten, der über Jahre, manchmal Jahrzehnte seine Fleißkärtchen im Parlament sammelte. Auch Nahles ist ein Medienliebling, allerdings nicht im Sinne von *everybody's darling*, sondern als mächtige und kontroverse Frau, die Einfluss hat und es offensichtlich auch genießt. Das fällt auf und polarisiert.

Noch ist Bernschneider weit davon entfernt, ein politisches Schwergewicht wie Nahles zu sein, und ob er es jemals werden wird, steht in den Sternen. Was die beiden jedoch verbindet, ist ein rasanter Aufstieg innerhalb ihrer Partei in sehr jungen Jahren und die Übernahme von hohen politischen Mandaten in untypischem Alter. Während sich die Jugend tendenziell aus der Politik verabschiedet und die Zahl der jungen Mitglieder in den Parteien abnimmt, tauchen mehr junge Menschen auf hohen Partei-

posten auf. Jugend ist auch hier ein USP, ein Unique Sel-
ling Point, wie es im Marketing heißt.

Bernschneider steht am Anfang seiner Karriere, Nahles
ist mit vierzig Jahren auf einem vorläufigen Höhepunkt
ihrer Karriere angelangt. Hinter ihr liegen rund fünfzehn
Jahre Politik und Parteiarbeit, und das bedeutet vor allem:
Alles andere tritt in den Hintergrund. Erst in jüngster Zeit
konnte man durch diverse Medienberichte über ihre Hochzeit, Schwangerschaft und Geburt eines Kindes erahnen,
dass es neben dem virilen Politprofi Nahles auch noch eine
Privatperson Andrea gibt. Die Schwerpunkte scheinen dennoch eindeutig verteilt. Nahles selbst bringt das folgender-
maßen auf den Punkt: »Die meiste Zeit meines Lebens verbringe ich in der Eifel. Die meiste Zeit meiner Arbeit, also
wochentags von morgens sieben bis abends dreiundzwanzig
Uhr, verbringe ich in Berlin.« Fünf bis sechs Tage Arbeit,
sechzehn Stunden am Tag in Berlin, ein bis zwei Tage in der
Woche Leben in der Heimat, das sind Arbeitsumstände,
gegen die SPD-Politiker und sogar Neoliberale wahrscheinlich sofort ein Gesetz erlassen würden, beträfe es nicht sie
selbst. Und auch wenn Spitzenpolitiker die Tatsache gerne
erwähnen, wie viel sie arbeiten, scheint es sie nicht sonderlich zu stören.

Auch Florian Bernschneider hat sich freiwillig in diesen
Arbeitssog begeben. Alle spaßlastigen Gründe, aus denen
Leute seines Alters nach Berlin pilgern, sind für ihn irrelevant. Als Arbeitswohnort hat er sich Wilmersdorf ausge-
wählt, früher bekannt für seine Witwen, wo er vermutlich
auf eklatante Weise den Altersdurchschnitt hebt, denn
Wilmersdorf ist das ZDF unter den Berliner Bezirken und
praktisch frei von Hippness und Krawall: »Von Berlin sehe
ich nur den Bundestag, den Bahnhof, meine Wohnung und

manchmal Edeka«, sagt er von seinen ersten Monaten in der Hauptstadt. Ein erster Exkurs in das Nachtleben der Stadt zusammen mit anderen jungen Abgeordneten seines Alters ist genauso geplant wie alle anderen Termine auch. Ausgehen ist für Bernschneider nicht sonderlich reizvoll, und überhaupt findet er es viel interessanter, über seine Heimatstadt Braunschweig zu sprechen: »Braunschweig ist groß genug, um alle Möglichkeiten einer modernen Groß-stadt zu bieten. Man findet alles, um glücklich zu sein. Gleichzeitig ist sie klein genug, um mit anderen in Kontakt zu sein«, sagt er und lächelt sehr freundlich.

Nahles, die, wie sie sagt, eigentlich aus Versehen in eine Wohnung am Prenzlauer Berg geriet und erst hinterher herausfand, dass das ein »In-Viertel« ist, findet Berlin auch eher anstrengend: »Wenn ich ehrlich bin, nervt mich eine Großstadt wie Berlin. Ich weiß, das ist nicht politically cor-rect, aber sie interessiert mich einfach nicht. Das hat nichts mit Berlin selbst zu tun, das würde mir in einer Großstadt wie Hamburg auch so gehen.« Für sie ist es das normale Fremdeln des durchschnittlichen Abgeordneten, der ihrer Meinung nach ja vor allem deswegen gewählt wurde, weil er die Interessen seines Wahlkreises am besten vertreten kann, und nicht, weil er so gut nach Berlin passt. Während Bernschneider sich noch im politischen Kleinkindalter be-findet, arbeitet Nahles allerdings seit 1999 in Berlin. Da müsste man Fremdeln dann Heimweh nennen, das schein-bar nur durch sehr viel Arbeit betäubt werden kann.

Professionelle politische Arbeit schaut von außen tenden-ziell unattraktiv aus: Unfassbar viel Arbeit für vergleichs-weise wenig Beliebtheit oder Anerkennung. Langweilige Gremienarbeit, die nur von strategischen Ränkespielen unterbrochen wird, Händeschütteln auf dem Schützenfest, und neben dem Verlust des Privatlebens kommt mit steigenden Posten auch noch der Verlust der Privatsphäre dazu. Man ist ständig unter Beobachtung, Leute auf der Straße erkennen einen, nur dass sie nicht vor Begeisterung kreischen, sich Poster mit dem Konterfei an die Wände kleben oder wahnsinnig scharf auf Autogramme sind. Es wird eher nur geguckt. Oder geredet. Und vor allem berichtet. Die Abgeordnetendiät, die im Vergleich zum Durchschnittsverdiener und für Berufseinsteiger allemal mehr als üppig ausfällt, schrumpft bei der geleisteten Arbeit schnell auf Normalmaß. Und dass Politiker *in it for the money* sind, rechnet sich finanziell erst dann, wenn man sich viele schöne Aufsichtsratsposten und sonstige Nebenbeschäftigungen gönnt. Beides ist bei Nahles und Bernschneider nicht der Fall. Nahles arbeitet zusätzlich als Generalsekretärin ihrer Partei, Bernschneider absolviert nebenher noch ein duales Fernstudium bei der Norddeutschen Landesbank. Wobei man sich fragt, was »nebenher« in diesen Fällen eigentlich genau bedeutet.

Was also veranlasst junge Leute, sich in einem Beruf zu engagieren, der alle Interessen, die zwischen zwanzig und vierzig Jahren in mehr oder weniger starker Ausprägung für die persönliche Entwicklung maßgeblich sind, auf die Seite schiebt?

Genau wie viele Altersgenossen etwas ratlos auf die jungen Politikstars blicken, blicken Politiker wie Nahles und Bernschneider etwas ratlos auf ihre Altersgenossen. Nahles nennt sie gar »machtvergessen«. Als sie für fünf Jahre in einem Studentenheim lebte, sei sie dort ein »wohlgelittener Exot« gewesen. In Diskussionen mit ihren Kommilitonen stellte sie stets die Machtfrage: »Wer soll denn die Demokratie für euch erledigen?« Von allein ginge das nun einmal nicht. Demokratie ist demnach für Nahles vor allem das parteipolitische Engagement, und erfolgreiches Gestalten ist demnach einflussreiches parteipolitisches Engagement. Für viele ist der Politik- und Demokratiebegriff aber viel weiter gefasst.

Auch Bernschneider ist von der Wichtigkeit seines parteipolitischen Engagements überzeugt, weil er als junger Mensch frischen Wind in den Politikbetrieb bringen möchte. Er stellt die Generationenfrage: »Ich bin gerade als junger Mensch politisch aktiv, weil ich das Gefühl habe, dass Politik zu häufig an das nächste Wahlergebnis und zu selten an zukünftige Generationen denkt. Und natürlich mache ich mir bei jeder Ausgabe auf Pump meine Gedanken, wie wir jungen Menschen das in dreißig bis vierzig Jahren auch noch mal abzahlen sollen; vielleicht manchmal mehr Gedanken als ältere Abgeordnete.«

Besonders radikal wirkt Bernschneider im Plädoyer für mehr Generationengerechtigkeit dennoch nicht. Und radikal ist sowieso von Bernschneider so weit entfernt wie Wilmersdorf vom Berliner Nachtleben. Schon jetzt beherrscht der freundliche junge Mann mit dem hübschen Gesicht die große politische Einerseits-Andererseits-Rhetorik routinierter als so mancher alter Politfuchs in einer TV-Talkrunde. Würde man die Augen schließen, wäre es schwer zu erraten, wie alt der Mann ist, der da gerade spricht. Dass zu seinen Fans viele ältere Damen gehören, ist sofort nachzuvollziehen. Bernschneider selbst empfindet den Eintritt in die Politik im Übrigen überhaupt nicht als beengend. Im Gegenteil: »Parteiarbeit hat mir geholfen, über den Tellerrand zu schauen.« Skeptisch steht er derzeit nur einem dauerhaften Politikerdasein gegenüber: »Wenn man vierzig Jahre nichts als Politik gemacht hat – ich bin skeptisch, dass man dann noch mitkriegt, was die Menschen draußen bewegt.« Wobei jemand, der von den »Menschen draußen« spricht, sich immer so anhört, als wäre er lange nicht mehr draußen gewesen.

Nahles ist in ihrer Laufbahn schon ein entscheidendes Stück weiter. Und auch wenn sie den Eindruck macht, als wäre sie noch lange nicht am Ziel, so kann sie die Schattenseiten des Politikerjobs ganz klar benennen: »Der Kampf meines Lebens ist es, jede Woche einen Tag frei zu haben.« Körperliche Zeichen des Alterns wie zum Beispiel Falten interessieren sie gar nicht. Auch über die so genannte Bioklippe ist sie längst gesprungen. Diese hat nichts mit Fortpflanzungsbiologie zu tun, sondern mit der Mitgliedschaft beziehungsweise dem Ausscheiden bei den Jusos, denn ab fünfunddreißig ist man offiziell nicht mehr Jungsozialist, sondern Sozialdemokrat.

Aber wie es ist, mit fast nicht vorhandenem Privatleben ein solches aufzubauen? Darüber hat Nahles auch nachgedacht: »Mein größter Traum ist dauerhaftes Glück mit einem Partner«, sagt sie und fügt hinzu, dass sie das für sich gefunden hat. Die Gefahr des Scheiterns sei immer da, aber sie wolle keinen »demütigen Versuch« auslassen.

Spricht's und startet durch – in einem geliebten Job im ungeliebten Berlin.

Abgelaufen
Künstlernamen mit Verfallsdatum

Die young, stay pretty ist ein Song von Blondie aus dem Jahr 1976. Gesungen von Debbie Harry, die sich glücklicherweise nicht an ihren eigenen Song gehalten hat. Weit in ihren Sechzigern macht sie noch eine gute Figur, und das sogar in einer Band, deren Name auch nicht vor Zeitlosigkeit strotzt. Jung sterben gehört zum erhöhten Berufsrisiko von Pop- und Rockstars und ist die radikalste Möglichkeit, *forever young* zu bleiben. Wer sich zu den zahlreichen jungen Vorgängern in die Gruft legt, bleibt in seiner Musik unsterblich, aber ebenso in einem Meer von Merchandising-Kitsch, Bergen von unautorisierten Biografien und den immer nachwachsenden pickligen Teenagern, die eine auf ewig erstarrte Pose von vor fünf, fünfzehn oder fünfzig Jahren anhimmeln.

Es lohnt sich, beim Rock-'n'-Roll-Lifestyle Maß zu halten – eigentlich ein Widerspruch in sich, aber heute darf in Pop- und Rockstarkarrieren ruhig langfristig gedacht werden.

Was allerdings in puncto Namensgebung bei Karrierestart noch ungemein witzig und rasend originell erscheint, ist morgen schon out, unpassend und peinlich. Wer nicht nur ein kurz glühendes beziehungsweise verglühendes Sternchen sein möchte, sollte sich den Künstlernamen mit Bedacht zulegen. Die Sache ist ganz einfach. Referenzen an die Jugend und das Alter sollten grundsätzlich weggelassen werden, denn aus dem einen wächst man zwangsläufig heraus und in das andere zwangsläufig hinein. Bandnamen wie Angefahrene Schulkinder mögen sich lustig, anarchistisch und radikal anhören, Pogo in mittleren Jahren sieht aber nicht mehr danach aus. Ein legendärer Lacher unter Schulfreunden ist oft schon außerhalb der Spaßgruppe nur ein Grinser. Und Jahre danach wird er vielleicht sogar zum Gähner. Namen wie Farin Urlaub sind zugegeben genauso lustig wie Claire Grube, Anne Wand oder Gert Nerei. Endlos könnte man neue dieser Art erfinden. Man könnte auch endlos weiter im Schneidersitz sitzen und Tränen lachen, macht man aber in der Regel nicht. Im Falle von Herrn Urlaub, Herrn Campino, Herrn Bargeld, Herrn Hawaii oder auch Herrn Dr. Motte wurden allerdings auch sehr große Geschäfte unter diesen Namen gemacht, so dass der kurze Spaß zwar nicht witziger, jedoch irgendwann zur bekannten Marke wurde. Und gesetzte Erfolgsmarkennamen ändert man nicht.

Genauso problematisch sind explizit junge Namen. Jeder Hip Hopper, der vor seinen Namen ein *Lil*, also *little* im Sinne von »klein« setzt, wird dem Attribut schneller entwachsen, als ihm lieb ist. Auch Stevie Wonder hat mit siebzehn als Little Stevie Wonder seine Karriere begonnen, das *Little* aber klugerweise irgendwann unters Piano fallen lassen. Namen, die explizit auf die Jugend hinweisen, wie zum Beispiel The Young Gods, Youth of Today, Young People, Fine Young Cannibals oder The Youngsters bergen ebenfalls ein hoch gepokertes Risiko – das Risiko, schneller, als man je geahnt hat, die Youth of Yesterday zu sein.

Entweder man rechnet also damit, als ergraute Gestalt einen anderen Job zu haben als Popstar, oder man rechnet damit, gar nicht erst zu ergrauen. Dann und nur dann ist es auch einfach, qua seines Künstlernamens mit dem Tod zu kokettieren. Aber wer will Leuten über vierzig beim Musizieren zuschauen, die Dead by Sunrise, Dead can Dance, Final Breath, Human Decay oder gar The End heißen? Was einst einen subversiven Schauer hervorrufen sollte, kann in der zweiten Lebenshälfte zum Depressionsauslöser werden.

Bei den Beach-, Pet Shop- oder Beastie Boys denkt niemand mehr darüber nach, warum sich ältere Gentlemen Boys nennen. Von den Backstreet Boys weiß man nur, dass sie mittlerweile keine Boys mehr sind und auch nicht mehr da. Genauso wie die New Kids On The Block. Die Weather Girls waren nie Girls, sondern immer ältere Matronen, und die Spice Girls probieren einmal pro Jahr erfolglos eine Wiedervereinigung, während die Urbesetzung der Sugarbabes von ihrer Plattenfirma komplett durch neue, frischere Babes ersetzt wurde. Dass die von heute morgen out sind, ist schließlich die Idee von Pop.

Wie lange kann man als Girl, Babe, *sweet or lil Kid* sein durchgehen? Besser wäre etwas Altersloses wie zum Beispiel der eigene Vor- und/oder Nachname. In den Neunzigern stach damit das DJ-Duo Kruder & Dorfmeister sehr erfolgreich aus dem Meer anderer Projekte hervor, deren Namen häufig gewollt kryptisch waren und weder entschlüsselt noch von irgendwem behalten wurden. Besonders beliebt waren obskure Abkürzungen und das Triple-x, mit dem Hinweis auf den Konsum der Droge X-tasy, auf den man in späteren Jahren meist auch nicht mehr so stolz ist, dass man ihn im Künstlernamen mit sich herumtragen muss. Ein Bandname, in dem der bürgerliche Name vorkommt, garantiert außerdem ein Fortbestehen desselben, falls der Betreffende selbst aufgrund seines unerträglichen Sozialverhaltens aus der Band fliegen sollte, diese aber weiterhin erfolgreich ist. Nachteil wäre, dass sich Band- und Künstlernamen nicht mehr von den Namen von Werbeagenturen oder Anwaltskanzleien unterscheiden würden.

Wer zur Tausendsassahaftigkeit neigt, muss auch darüber nachdenken, wie sich der eigene Name auf Kinderbüchern, Zahnbürsten, Weinflaschen oder Straßenschildern macht. Die Namensideen aus dem Reich der Drogen, der Verdammnis und der Pubertät fallen dann automatisch weg.

Verschlüsselte Botschaften

Der Style

Jedes Alter hatte lange Zeit seinen eigenen, festgelegten Look. Unterschiede gab es vor allem innerhalb der gesellschaftlichen Schichten – also Kittelschürze oder Pelzmantel, immer Anzug oder nur Sonntagsanzug. Wie man sich im Laufe seines Lebens kleidete, hatte klare Regeln, die sich an den Eckpfeilern Geschlecht, Beruf, Herkunft und vor allem dem jeweiligen Alter festmachte. Jungen waren Jungen, Mädchen Mädchen, Teenager tendenziell aufmüpfig, modischer und in einer mal mehr, mal weniger anstrengenden Suchphase nach dem eigenen Stil, den die Erwachsenen zwangsläufig als anmaßend oder zu freizügig empfanden.

Mit den Jahren schliff sich der persönliche Gestaltungswille in der Regel jedoch ab, und was blieb, war eine Masse latent uniform gekleideter alter Menschen. Ein aktueller Blick in deutsche Fußgängerzonen zeigt die vielleicht letzten Relikte des über Jahrzehnte üblichen Naturgesetzes der demographischen Stilentwicklung.

Dieses Naturgesetz wird durch das Erdbeben der Individualisierung und des fortschreitenden Jugendkults derzeit zu Fall gebracht. Modisch drückt sich das im so genannten

Casual Wear aus, dem notorischen Tragen von gemütlichen Shirts, Jeans und Turnschuhen, die jetzt Sneakers, Chucks oder Portofino Shoes heißen.

Heute tragen schon Babys T-Shirts mit AC/DC-Aufdruck, weil ihre Eltern das witzig finden. Die 40-plus-Väter kramen derweil ihre alten Joy-Division-, Open-Air-Rave- oder Konzert-T-Shirts aus Teenagerzeiten wieder heraus, während Mutter und Tochter beide auf Hello Kitty stehen. Und inzwischen gibt es sogar Großeltern, die nicht zur See gefahren sind, auch nicht im Gefängnis saßen, jedoch trotzdem tätowiert sind.

Im Berufsleben und in der Politik hält man sich weiterhin an gewisse Dresscodes, aber auch hier weichen vormals starre Grenzen auf. Vor nicht allzu langer Zeit war ein pullover- oder strickjackentragender Bundeskanzler Helmut Kohl noch ein berichtenswertes öffentliches Ereignis, und das nicht nur ob der zeltartigen Dimension des wollenen Kleidungsstücks. Die Strickjacke ließ eine Aura von Privatheit durchblitzen, Strickjackenbegegnungen, zum Beispiel mit dem damaligen russischen Präsidenten Jelzin, wurden auf höchster politischer Ebene inszeniert.

Bewusst kalkulierten in den Anfangstagen ihrer parlamentarischen Präsenz auch Politiker der Grünen den Stilbruch. Ausgetretene Turnschuhe, Wollpullover, lange Haare und Bärte erschienen damals skandalös und wurden mit Misstrauen beäugt, was voll und ganz im Interesse der Träger lag. Rückblickend lässt sich heute feststellen, dass das einzig Skandalöse an diesem Look war, dass er wirklich bestürzend unattraktiv war.

Mittlerweile durfte sogar US-Präsident Barack Obama in einer so genannten Mom-Jeans vor Volk und Presse treten. Das Thema der Empörung war dann nicht die Jeans

per se, sondern kritisiert wurde die uncoolste Jeanspassform aller Zeiten – gedacht für aus der Form geratene Vor-
stadtmütter – am zu diesem Zeitpunkt coolsten Mann der
Welt.

Zum Piepen!
Niedliches für kleine und alte Mädchen

Eltern von Mädchen kennen das: Irgendwann überfällt die Tochter scheinbar aus dem Nichts der Rosa-Virus. Selbst die Kinder von immer Schwarz tragenden Galeristen und Bauhausfanatikern scheinen vor diesem Phänomen nicht gefeit. Was genau der Auslöser dafür ist, bleibt umstritten. Es gibt Studien, die behaupten, dass Mädchen per se Rosa immer besser gefällt, während Jungens mehrheitlich auf Blau setzen. Allerdings waren bis in die Anfänge des 20. Jahrhunderts die Farben Rosa und Hellblau noch genau umgekehrt kodiert.

Am wahrscheinlichsten scheint, dass kleine Mädchen dasselbe tun wie die meisten Erwachsenen: Sie lassen sich von ihrer Umwelt inspirieren oder beeinflussen, und wenn es nicht die Eltern sind, die sie in geschlechtsstereotypen Tüllwolken ausstaffieren, dann sind es vielleicht die größeren Freundinnen im Kindergarten, die gerade den Prinzessinnen-Look für sich entdeckt haben, die Werbung, das Fernsehen oder Kinderbücher, die die rosa Saat säen. Zwei Schwestern in England haben derart rosa gesehen, dass sie die Kampagne »Pinkstinks« gegründet haben. Sie wollen eine Veränderung im Rollenverhalten bei Mädchen bewirken, indem sie die Eltern auffordern, ihren Töchtern keine rosa Kleidchen oder Spielzeuge aus dem Segment Prinzessin & Co. zu kaufen. Wer je vor einem Regal in den Spielzeugabteilungen großer Kaufhäuser vor Mädchenkitsch, Plastikungetümen, Kinderwagen und Staffage für die kleine Hausfrau fast erblindet ist, dem scheint dieser Gedanke nachvollziehbar.

Doch allerspätestens im frühen Grundschulalter ist der Spuk meistens sowieso vorbei. Der präferierte Look schlägt bei vielen Mädchen dann oft ins Gegenteil um: Kleider? Uncool! Bitte nur noch Jeans und gedeckte Farben. Wie feminin, klassisch oder burschikos sich eine Frau dann im Erwachsenenalter kleidet, hängt zudem weniger mit der ersten Fashionphase zusammen. Und glücklicherweise ist die Emanzipation der Frau von Haus und Herd durch diese Spielzeugrelikte nicht mehr zurückzudrehen, es sei denn, die Eltern liefern die passende Ideologie dazu. Ein rosa Puppenwagen wird nicht der Grund dafür sein, dass die Tochter als Teenager ungewollt schwanger wird – und dass eine Frau ein Kleid trägt, bedeutet bekanntlich nicht, dass sie auch kochen kann.

Doch warum ist beispielsweise der Konzern Sanrio, der Hello Kitty, dieses Püppchen/Wesen mit seltsam ausdrucks-, weil mundlosem Katzengesicht herausbringt, ein weltum-spannendes Unternehmen, wenn sich die Vorliebe für Nied-lichkeitskitsch auf die Jahre drei bis sieben beschränkt? Ver-mutlich, weil sie genau das nicht immer tut, weil es Frauen gibt, die die rosa Brille nicht absetzen wollen. Sie können genauso kätzchen-, mäuschen- und püppchenverliebt wie ihre Töchter sein.

In Japan hat alles Niedliche oder auch Kindliche einen Namen. Es heißt Kawaii und ist ein anerkanntes, ästheti-sches Konzept, das sich im japanischen Alltag zum Beispiel auf Illustrationen und Gebrauchsanweisungen wiederfindet und in der Mode- und Spielzeugindustrie seinen festen Platz hat. Damit aber nicht genug. Mädchen und Frauen können sich auch Kawaii verhalten, also den Look auf die Persönlichkeit ausweiten. Sie tragen Kleidchen, die man guten Gewissens nicht als Kleider bezeichnen kann, sie schminken sich wie ihre virtuellen Vorbilder und benutzen unter Umständen sogar eine eigene kindliche Intonation oder eine Kawaii-Handschrift.

Letzteres gibt es in Deutschland auch, zum Beispiel unter Frauen, die sich freuen, wenn in ihren Namen viele »i«s oder »j«s vorkommen, weil man dann dekorative Kreise und Herzen über die Buchstaben malen kann. Trost findet die kindliche Frau im fortgeschrittenen Alter aber ebenso bei ihren Kuscheltieren, allerlei Gebimsel am Rucksack oder in der Bestückung des Setzkastens. Töchter liefern die perfekte Tarnung für Niedlichkeitswahn – aber die meisten Frauen wollen sich gar nicht verstecken, weil sie ihn nämlich »supi« finden.

Ein anderer Typus schöpft eher aus der Pipi-Langstrumpf-Romantik: Erwachsene Frauen tragen als ernst gemeinte Frisur zwei geflochtene Zöpfe und wollen damit zeigen, dass sie »wild und gefährlich« leben. So stellt man ein Mädchen dar, dass man sich erst im Erwachsenenalter ausgedacht hat. Ob das jetzt zum Pferdestehlen oder zum Davongaloppieren ist, sollen andere entscheiden. Vielleicht Männer, deren stilistisches Vorbild Karlsson vom Dach ist.

Witzig!
Lockeres für kleine und alte Jungs

Männer, so heißt es immer wieder, hätten es bei der Wahl ihrer Kleidung viel einfacher. Die Regeln und Variationsmöglichkeiten seien überschaubarer, und überhaupt könne man als Mann einfach weniger verkehrt machen. Doch wieso immer alles nur positiv sehen? Wo der stilistische Handlungsspielraum beschränkter ist, kann man auch weniger richtig machen, und einfacher ist nicht der männliche Kleidungsstil, sondern Männer machen es sich oft einfach zu einfach.

Jeans, so scheint es, sind das neue Synonym für Hose, und wer sich als Mann geschickt anstellt, könnte zumindest im Privatleben und ohne Gewichtszunahme für immer aus dem Studentenkleiderschrank leben, ohne dass es als großer stilistischer Fauxpas angesehen würde. Ist der ewige Student vom Karrierestandpunkt aus gesehen heute total unmodern, so ist es doch relativ akzeptiert, diesen Look nach außen hin zu kultivieren. Web-2.0-Milliardäre führen es uns vor Augen: Amerikaner liegen mit ihrem Casual Look auch nicht immer richtig, aber es scheint, dass sie sich auf der feinen Grenze zwischen Lässigkeit und Schluffigkeit sicherer bewegen. Den Web-2.0-Gewinnern könnte man zudem zugutehalten, dass viele in dem Alter sind, in dem in Deutschland gerne noch studiert wird.

Tatsächlich möchten hierzulande etliche in die Jahre gekommene Männer ohne Milliarden auf dem Konto ebenfalls nicht auf diesen Look verzichten. Denn wer sich nicht entscheiden kann, wie Erwachsensein denn nun wirklich aussieht, der kann sich in Kleidung flüchten aus der Zeit, als er ganz offiziell noch nicht als vollwertiger Erwachsener galt. Betroffene Männer erinnern mit ihren geringelten T-Shirts und Strubbelfrisuren optisch an Kinderseriendarsteller aus den Siebzigerjahren. Ist das vielleicht männliches deutsches Kawaii? Oder wollen sie nur die sehr große verlebtere Version ihrer Söhne darstellen?

Andere Männer möchten nicht begreifen, dass es zwar völlig in Ordnung ist, auch außerhalb sportlicher Aktivitäten Turnschuhe zu tragen, dies jedoch nicht bedeutet, dass man immer Turnschuhe anhaben sollte. Aus irgendeinem Grund sind für Männer Turnschuhe so etwas wie die letzten Trophäen aus den Jagdgründen der Freiheit, die sie in das angepasstere Leben mit hinüberretten durften, um sich hier und da aus der Routine des Alltags davonschleichen zu können. Es sind Symbole, die signalisieren sollen, dass man weniger etabliert ist, als es scheint – Symbole der Kreativität und des Nonkonformismus, stoisch zum Anzug getragen von Männern, die sehr gerne zum Establishment dazugehören wie früher Joschka Fischer, schon immer Cherno Jobatey oder die Besucher jeder x-beliebigen Werberparty. Jenen ach so unangepassten Männern um die vierzig, die einen Nervenzusammenbruch bekommen, wenn jemand Kaffee auf die Polster ihres Range Rovers verschüttet.

Das kann nur noch von einer Sache getoppt werden: der berüchtigten Sammel- und Archivierungsleidenschaft! Männliche Sneakersammlungen sind die Stofftiere auf dem Bett von erwachsenen Frauen.

Der befreite Mann
Die Anti-Anzugsfraktion

Und dann gibt es noch den Anzug als Politikum: Eine mittlerweile schon längst in die Jahre gekommene Generation
von Männern hat sich entschieden, Anzug und Krawatte als
Tracht des Feindes anzusehen. Establishment trägt Anzug,
ich nicht. So weit, so provokant. Nur: Wie lange ist das her?
Die Feinde von damals sind tot, Rentner tragen Jeans, und
die Krawatte ist längst wieder das, was sie immer war: ein
Accessoire. Die politische Aussage des Nichtanzugtragens
ist längst vergessen. Frauen, die einst ihre BHs verbrannten
oder verbannten, sahen dies von vornherein als symboli-
schen Akt, der meist nur von denjenigen konsequent weiter-
verfolgt wurde, bei denen es auch gut aussah, also von nicht
so vielen. Im Anzug kann und konnte man konservativ,
rebellisch, links, Arbeiter, Student oder Gewerkschaftsfüh-
rer sein – so mieden ihn Männer anderer Länder auch nie
mit einem derart heiligen Ernst, wie deutsche es tun. Und
während viele Ältere immer noch behaupten, der Anzugs-
protest wäre ein Statement, haben einige jüngere Männer
wie Jan Delay Statements und gut sitzende Anzüge.

Tatsächlich hat sich in Deutschland die Gruppe der Männer, die stolz darauf sind, keine Krawatte binden zu können
und selbst auf einer Hochzeit oder Beerdigung in einer
Windjacke erscheinen, nicht nur gehalten, sondern sogar
fortgepflanzt. Die später Geborenen sehen aber auf keinen

Fall mehr ein Politikum in der Anzugsverweigerung, sondern denken sich dabei ... schätzungsweise gar nichts. Diejenigen, die in ihrem Nonkonformismus-Look alt geworden sind, wirken nicht einmal mehr in der Oper unangepasst. Graue, licht gewordene Zöpfe, enge Lederhosen und antiquierte Jeansjacken betonen nur, dass sie sich offensichtlich seit sehr langer Zeit so kleiden. So kann eine einstige Kampfansage später auch zur Alltagskluft und damit zum Zeichen der Bequemlichkeit werden. Zu einer Ausgelatschtheit, die sich durch das ganze Leben zieht, unabhängig vom Anlass.

Auch Kleider und Röcke sind nie verschwunden, was kein Mensch je reaktionär oder spießig fand. Und somit sind die einzigen programmatischen Kleidungsextremisten, die noch Beachtung finden, die aktiven Pelzgegner und die FKK-Anhänger.

Die neuen Waltons
Wenn Eltern und Kinder das Gleiche tragen

Es hat sicher Spaß gemacht, mit nur einem Klacks Pomade, einer abgeschnittenen Jeans, gefärbten Stachelhaaren, einer halb transparenten Bluse oder einem Nasenring bei den Eltern und einem Großteil der Gesellschaft das Gefühl auszulösen, dass der Untergang des Abendlandes unmittelbar bevorstünde. Zudem ist es noch gar nicht so lange her, dass es Magazine gab, in denen Styles verhandelt wurden, von denen Erwachsene nicht im Entferntesten ahnten, dass es sie überhaupt gibt, geschweige denn, was sie zu bedeuten hatten. Es ist heute fast unvorstellbar, dass sogar die adretten frühen Beatles bei den damals älteren Leuten als optische Zumutung galten. Heute sorgt man selbst in der Provinz durch auffällige Kleidung kaum noch für Gerede: Die Dorfjugend ist wie die Teenies in den Städten durchgepiercet, bunt gesträhnt und tätowiert. Vielleicht spielen heute politische Ansichten oder sexuelle Orientierung eine größere Rolle in der Definition, wer in und wer out, wer auffällig und wer unauffällig ist – und wer unter Umständen sogar gefährlich lebt – im wahrsten Sinne des Wortes. Anders als früher gehen jugendlicher äußerer und innerer Nonkonformismus nicht mehr notwendigerweise Hand in Hand.

In den Städten sehen Teenager, Studenten und junge

Erwachsene fast genauso aus wie die meisten jung gebliebenen Erwachsenen, die ihre Eltern sein könnten. Dieser
Wille zur Angleichung ist nicht nur den ideenlosen Teenagern zuzuschreiben. Es gibt einfach keine Kleidungscodes
für Erwachsene mehr, und der Nachwuchs ist so stark Teil
des Eltern-Lifestyles, dass Eltern und Kinder sich optisch
immer mehr angleichen. An Klein- und Kleinstkindern ist
schon zu beobachten, dass die Eltern sie gerne mehr und
mehr als Spiegelbild ihrer selbst kleiden, im schlimmeren
Fall inszenieren, und nicht in einem von der Erwachsenenwelt losgelösten Kinderlook. Andere Eltern entwickeln sich
in ihrem Look zurück, indem sie nach erfolgreicher Fami-
liengründung öffentlich nur noch in Anoraks, Fleecemüt-
zen und mit praktischen Rucksäcken ausgestattet durch die
Straße wandern. Sie sehen aus wie die eigenen Kinder auf
Klassenfahrt. Es ist auch noch nicht lange her, da fanden
frischgebackene Eltern es lustig und ungewöhnlich, wenn
man ihnen aus den USA eine winzige Levi's-Jeans mit-
brachte. Heute haben die großen Erwachsenenmarken fast
alle ihre Minikollektionen, bei denen die dazugehörigen
Symbole und Labels genauso exponiert zu sehen sind – vor
allem zu sehen sein sollen. Wer sich darüber beschwert,
dass Teenager so markenverrückt sind, sollte sich die von
den Eltern – je nach Einkommensgruppe – ausstaffierten
Kinder in Designerjeans, Ralph-Lauren-Hemdchen, Wool-
rich-Jacken, Ed-Hardy-T-Shirts oder adidas-Jogginganzü-
zügen anschauen. Große Bekleidungsketten helfen weniger
betuchten Eltern, mithilfe unbekannter Großdrucksymbole
und sinnfreier Slogans zumindest Branding zu suggerieren. Es ist leichter, ein T-Shirt mit echtem oder vermeint-
lichem Labeldruck oder Spruch zu bekommen als etwas
Einfarbiges.

Wie sehr Marken- und Designerkleidung für Heran-
wachsende von Bedeutung sind, liegt also auch am Verhal-
ten der Eltern in den frühen Jahren. Eine ausgewogene
Herangehensweise stünde Letzteren deshalb in jeglicher
Hinsicht gut zu Gesicht: Bei den kleinen Kindern in puncto
Markenklamotten nicht durchzudrehen und sich bei den
Teenagern später ehrlich erinnern, wie wichtig es für das
eigene Selbstbewusstsein war, genau die eine Sorte Jeans,
Schuhe oder Jacke zu haben und nicht die andere.

Der Look, den der Jugendliche in der Pubertät wählt, hat
vor allem mit seinem Freundeskreis zu tun. Hier gilt wie eh
und je, sich bloß nicht zu sehr von den anderen zu unterscheiden, sondern mit ihnen stilistisch symbiotisch zu ver-
schmelzen. Ein satanischer Death-Metal-Fan möchte sich
auf jeden Fall als am Rande der Gesellschaft stehender Stil-
extremist darstellen, innerhalb seiner Peergroup will er
jedoch so wenig aus dem Rahmen fallen wie ein Rentner
im Schrebergartenverein. Diese Tendenz in jeweils abge-
schwächter Form gilt auch für entspanntere Subkulturen
oder für einfache Teenagermode, und man nimmt sie am
besten mit heimlichem Humor. Da das Selbstbewusstsein
junger Menschen noch wachsen muss, könnte es helfen,
sich einfach mit anderen Eltern über den Look des Nach-
wuchses liebevoll lustig zu machen, statt am Kind nörgelige
Stilkritik zu üben.

Mit welchem Look also können Kinder ihre Eltern heute
noch schocken? Punks, Raver, Hip Hopper, Ökos, Mods
und Teds gab es zu ihren Zeiten auch schon. Die Wieder-
gänger der einstigen Grufties heißen Gothics, und es gibt
Emos anstatt New Romantics – na und? Diese Jugendkulturen kommen teilweise ins Rentenalter, und bei vielen
Nachkommen wirkt die einst subkulturelle Uniform unge-

wollt konservativ und unflexibel. Man könnte die Kids fast für ihren Mangel an Schockmöglichkeiten bemitleiden. Wer wirklich Lust hat, seine Kinder zu nerven, kann bei jeder neuen Fashionidee kichernd kreischen: »Genau das gab's bei uns auch schon, erinnerst du dich, Volker? Wie bescheuert wir aussahen!« Und das tun nicht wenige Eltern. Manche beabsichtigen nicht einmal zu nerven. Sie tun es, liebe Kinder, weil es ihr Job ist.

Ein paar Looks sind doch noch neu hinzugekommen: solche, die von der japanischen Manga-Kultur geprägt sind oder von Bands wie Tokio Hotel. Die finden vielleicht ein paar Eltern noch skurril, allerhöchstens albern, aber nicht im Geringsten bedrohlich. Andere Eltern mögen diesen Style sogar oder erzählen ihren Kindern von David Bowie oder Duran Duran. Denn Androgynität und Spaß an Make-up und Frisuren bei Männern gibt es schon sehr lange. Viel länger als Klingeltöne!

Provokation durch Look ist also zu einer fast unlösbaren Aufgabe geworden – falls überhaupt noch jemand seine Aufgabe darin sehen sollte. Kein Wunder, wenn die entspannte Antwort der Eltern »Mach doch, was du willst, hört ja eh wieder auf, war bei mir genauso« lautet, egal, wie sehr man sich ins Zeug legt. Und das mit der Subkultur wird sowieso immer schwieriger, denn mittlerweile dehnt auch der Mann von der Versicherung seine Ohrläppchen mit einem Plug aus. Tattoos, Piercings und Brandings und auf der Frisurenseite die guten, alten Dreadlocks und der Iro stehen nicht nur nicht mehr für Subkultur, sondern nicht einmal mehr für Jugendkultur. Liegt man an einem Strand voller nackter Körper mit Tribal-Mustern, hat man nicht automatisch den Jugendtreff der Urlaubsinsel gefunden. Im Gegenteil, bestimmte Arten von Körperschmuck werden mehr und mehr zur Erinnerung an vergangene Partys und verraten damit das fortgeschrittene Alter ihrer Besitzer – und das nicht erst, wenn die Haut welkt, auf der er sich befindet.

Ich will so sein wie du
Stilikonen

Was macht den Style einer bestimmten Person heraus-ragend? Als sicher gilt: Vieles kann man kaufen, einiges nicht, und den entscheidenden Twist auf gar keinen Fall. Zweitens handelt Mode viel vom Abgucken und nicht nur von Originalität. Wer aber nur kopiert, hat bereits verloren, sieht aus wie verkleidet und ist damit total out. Aber auch Lapo Elkann, italienischer Unternehmer, Fiat-Erbe und von der *Vanity Fair* zu einem der bestangezogenen Männer des Jahres 2009 ernannt, liegt falsch, wenn er das Geheim-nis des guten Stils mit *always be yourself* beschreibt. Wer diesen Wahlspruch beherzigt, läuft Gefahr, die Hälfte der Zeit uninspiriert, schlecht gelaunt und schnell ideenfrei durch die Gegend zu laufen. Der Spaß an einem guten Look kann auch der sein, sich für einen Tag, Abend oder eine Saison neu zu erfinden, von außen nach innen anstatt umgekehrt.

Hier kommen die echten und vermeintlichen Stilikonen ins Spiel. Mit ihnen ist es ähnlich wie mit den Klassikern: Erst mit den Jahren und manchmal erst nach ihrem Tod zeigt sich, wie einflussreich und stilprägend die Person tatsächlich war. Coco Chanel, Audrey Hepburn, Grace Kelly und Jackie Kennedy können als gesetzt gelten. Ob Madonna, Carla Bruni, Kate Moss und seit neuestem Lady Gaga je zu Stilikonen erhoben werden oder nur die Leuchtfeuer einer Dekade oder eines Moments waren, werden diejenigen entscheiden dürfen, die heute nur »gaga« sagen können.

Stilikone ist kein geschützter Begriff. Deshalb wird er sehr gerne und oft benutzt. Wer Victoria Beckham nicht »die Frau von David Beckham« oder »das Ex-Spicegirl« nennen möchte, greift gerne zu »Stilikone«. Richtiger wäre, »die Frau, bei der mir absolut nicht einfällt, was ich schreiben könnte, außer was sie auf diesem Foto gerade anhat«. Dass ihr Aussehen im Vordergrund steht, wenn man über sie schreibt, ist wahr. Dass nichts im Hintergrund steht, kommt erschwerend hinzu. Und genau das macht alle Victoria Beckhams und Co. austauschbar. Denn die Frauen und Männer, die uns auch in Zukunft noch mit ihrem Stil beeindrucken werden, sollen dem Betrachter weit mehr bieten als ein paar elegante oder schräge Fummel. Sie sind schöne Gefäße, in die Träume und Projektionen von ganzen Lebensentwürfen und Lebenswelten passen, die wir uns dazu imaginieren und in die wir für kurze Zeit hineinschlüpfen dürfen, wenn auch nur in Form einer Jacke.

Nach demselben Prinzip funktionieren Modenschauen oder Modekampagnen. Wer sagt, dass es deprimierend ist, immer nur junge und gut aussehende Menschen auf den Laufstegen und in den Magazinen betrachten zu müssen, der unterschätzt die Kraft der Illusion und der Träume, die solche Bilder beim Betrachter auslösen, ohne dass dieser Gefahr läuft, sofort magersüchtig zu werden oder sich zu überschulden. Dass das angesagte Supermodel sehr wenig mit ihnen selbst zu tun hat, begreifen die meisten Menschen von allein. Sich aber in dessen konstruiertem Glanz ein wenig zu sonnen, ist eine völlig legitime Form der Zerstreuung.

Für mode- und stilbewusste Menschen jeglichen Alters sind die fünfzig immer selben Leute, die durch die Magazine spazieren, sowieso mehr Unterhaltung als Vorbild. Die ergiebigeren Stilikonen des Alltags sind in der Regel die Leute aus dem direkten Umfeld: Freunde, Nachbarn, Menschen, die man kurz auf der Straße sieht, und verstärkt und freiwillig auch wieder die Eltern. Unbeeinflusst von den stilistischen und modischen Vorlieben seiner Eltern bleibt niemand. In uniformeren Zeiten war jungen Menschen klar, dass sie einmal genauso aussehen würden wie ihre Vorgänger, später führte der Einfluss dann oft zum festen Vorsatz: Bloß anders aussehen! Heute geht die Tendenz eher zur Aufhebung des Generationen-Looks zwischen Eltern, Kindern und manchmal sogar Großeltern. Im Extremfall führen plastische Chirurgie und andere kosmetische Eingriffe dazu, dass man auf manchen Fotos nicht mehr weiß, wer Tochter, Schwester oder Mutter ist. Zwischen Anti- und Klonlook gibt es zum Glück charmantere Alternativen.

In dem Blog »My Mom, The Style Icon« laden Frauen Bilder ihrer meist jungen, schicken, eleganten, verwegenen oder auch sexy Mütter, bevor diese Mütter wurden, hoch. Liebevoll werden einzelne Outfits rekonstruiert und kommentiert. Die Bloggerin Piper Weiss schreibt: »Es ist üblich, dass Mütter mit den Bildern ihrer Töchter angeben. Erlauben Sie mir, das Gegenteil zu tun.« Ein ähnlicher Blog trägt zwar den noch euphorischeren Titel: »My parents were totally awesome« (Meine Eltern waren total abgefahren), aber bei näherer Betrachtung schwingt hier eher der resignative Unterton mit: »Bevor es Hüfttaschen und Andrea-Bocelli-Konzerte gab, waren deine Eltern (und Großeltern) einst Freigeister, Trendsetter und total abgefahren.«

Kein Grund für die Kinder, die Flinte ins Korn zu werfen, sondern die Aufforderung, sich aus dem Momentum im Leben der Eltern, bevor sie in ihren Augen verglühten, visuell zu bedienen.

Grau in grau
Das Alter trägt Tarn

Sexyness, im Sinne von Frische und Knackigkeit, die aus jeder Pore quillt, ist allein jungen Menschen vorbehalten. Zumindest denen, die hübsch aussehen und wissen, wie man sich beim Geschlecht seiner Wahl als begehrenswert inszeniert. Dass es einem im jugendlichen Alter nicht wirklich klar ist, welche Wirkung genau der eigene Körper und die eigene Ausstrahlung auf andere Menschen haben, kann sehr sexy sein. Erst kurz nachdem diese Lebensphase vorbei ist, also so um die Anfang, Mitte dreißig dämmert es den meisten, dass sie soeben ihren Jugendlichkeitszenit überschritten haben.

Auch wenn sich bereits früh gestylt und vermutlich nie wieder im Leben so häufig Sexualität an wechselnden Partnern ausprobiert wird, ist vieles noch von einer experimentellen Leichtigkeit beseelt, die einfach aufregend ist. Diese Art von Leichtigkeit ist kaum zurück- oder nachzuholen. An ihre Stelle treten häufig die Raffinesse und Attribute wie Attraktivität, Eloquenz, Erfahrung und Stilbewusstsein. Sie können zwar nicht Sexyness im jugendlichen Sinne wieder herzaubern, sind aber mindestens genauso interessant. Im Wettlauf um die Gunst potenzieller Partner wurde mithilfe dieser Eigenschaften schon mancher vor Hormonen strotzende Jüngling oder manches süße Früchtchen auf der Strecke der Balz abgehängt. Im Unterschied zu den naturgegebenen jugendlichen Körpervorteilen müssen wir uns diese Eigenschaften jedoch erarbeiten und sie kultivieren, dafür können wir sie in der Regel unser Leben lang halten.

Liest man, was einige Amerikaner über den Kleidungsstil in Europa schreiben, könnte man fast meinen, auf unseren Straßen hätten sich Starstylisten um die Fußgänger gekümmert. Von den großen Leitmedien bis zum unbekannten Blogger sickert aus den USA immer mal wieder durch, Europäer hätten es besser drauf mit Stil und Outfit. »European Style« gilt als gutes Verkaufsargument. Verglichen mit Kleinstadtbewohnern im Mittleren Westen ist das vielleicht keine große Kunst. Auch muss man genauer eingrenzen, welche Europäer die Amerikaner so begeistert haben, dass gleich der gesamte Kontinent als better dressed bezeichnet wird. Frankreich und Italien halten sich als Nationen der Gutangezogenen jeder Altersgruppe ungeschlagen an der Spitze, Klischee hin oder her. Natürlich sehen nicht alle in die Jahre gekommenen Italiener aus wie Sophia Loren oder Giorgio Armani, aber der Blick über die Cappuccino-Tasse beweist selbst im kleinstädtischen italienischen Straßencafé, dass viele Damen und Herren Wert auf Eleganz und geschlechtliche Zuordnung legen. An normalen Tagen und sogar im Urlaub, beim Sightseeing und Wandern. Zu den Gelegenheiten nämlich, zu denen sich die Deutschen den Ruf erarbeitet haben, schlechter angezogen zu sein als viele andere Nationen. Ein Klischee, das sich beim Blick über die Tchibo-Kaffeetasse in einer x-beliebigen deutschen Kleinstadt und sogar Großstadt bestätigt. Im Übrigen nicht nur bei alten Menschen – hier fällt es lediglich noch mehr auf. Es regiert das Diktat des Praktischen. Hauptsache bequem. Hauptsache unauffällig. Mimikry in Grau, Steingrau, Mausgrau und – o là, là! – Senf. Die Zweckmäßigkeit heiligt die Auswahl.

Welches explosive Geheimnis verbergen Rentner in den vielen Taschen ihrer Multifunktionswesten, die sonst nur von Krisengebietsreportern getragen werden? Vielleicht wissen es ja deren Frauen. Denn so wie es häufig aussieht lautet eins der Komplimente unter älteren deutschen Paaren: »Toll, du siehst heute mal wieder genauso aus wie ich. Man kann uns kaum auseinanderhalten!« Aktiv unterstützen diesen Effekt viele ältere Frauen mit praktischen Unisex-Haarschnitten.

Die Werbung zeigt ältere Leute gern in hellen Farben und sagt damit jüngeren Leuten Dinge wie: Wer richtig vorsorgt, wird sich im Alter ganz in strahlendem Weiß auf einer Yacht wiederfinden. Wird sich nicht jeder, das wissen wir, doch was jüngere Leute bei der Auswahl ihrer Kleidung von den unsichtbaren Älteren unterscheidet, ist ihre Vision. Sie orientieren sich an Lebensentwürfen, die ihnen gefallen, auch wenn ihre Realität völlig anders aussieht und es mit der Umsetzung des Vorbildstils nicht immer klappt. Die Älteren scheinen zu meinen, dass gut gelauntes Styling oder elegante Kleidung nichts in ihrem Alltag verloren haben, vielleicht auch, dass sie so unter dem Verdacht der Hochstapelei stehen: Um Gottes willen – die Leute denken, ich hätte im Lotto gewonnen, oder denken, ich dächte, ich wäre Alain Delon.

Auf den unroutinierten Beobachter von außen muss das ältliche Gewimmel ununterscheidbar wirken. Doch damit es nicht so weit kommt, legen sich besonders die Brillendesigner ins Zeug. Gestelle, die man fast als Installationen feiern könnte, kommen auch bei Leuten, die sich ansonsten eher bedeckt geben, gut an. Friseure kämpfen ebenfalls für eine buntere Seniorenwelt, indem sie immer mehr älteren Frauen die Haarfarben ihrer Azubis empfehlen.

Doch egal, ob grau in grau oder grau mit schrillem Akzent, das Urteilsvermögen am Stil bekannter Leute, von der Kanzlerin bis zu Karl Theodor zu Guttenberg, bleibt im Einsatz. Nur ist bei vielen Hobbykritikern mit den Jahren offenbar das Gefühl entstanden, man selbst wäre, was Modefragen angeht, außen vor und unantastbar. So, als wäre das Verschönern durch Kleidung per se etwas für jüngere Leute oder die, die in der Öffentlichkeit stehen.

Kein Wunder, dass sich viele Jüngere schwören, niemals als optische Rentnermasse zu enden.

Grau in bunt
Der Blog »advancedstyle.blogspot.com«

Der Blog advancedstyle.blogspot.com ist eine kleine Offen-
barung, ein Fenster in eine Welt, von der wir uns oft fragen,
wie es dahinter aussehen könnte. Die Welt der attraktiven
und stilbewussten alten Menschen. Seine Entstehung ist
eine Verkettung von Umständen, die einem Drehbuchautor
ausreichend Momente der Rührseligkeit liefern würde.

Ari Cohen, US-Amerikaner und selbst noch keine dreißig, zog vor wenigen Jahren von Seattle nach New York.
Im Gepäck hatte er nichts als Neugierde und die übergroße
Liebe zu seiner verstorbenen Großmutter. Die Großmutter
war einst Bibliothekarin gewesen und hatte lange Zeit zuvor
in New York studiert. Sie war eine schöne, kultivierte Frau,
und der kleine und später der große Ari verehrte sie über
alles. Ja, er hatte seit Kindesbeinen fast seine gesamte Zeit
bei ihr verbracht, um in die Geschichten, Bilder und Erfahrungen der Vergangenheit einzutauchen. Als seine Großmutter krank wurde, pflegte er sie bis zu ihrem Ende.

Nach ihrem Tod beschloss Cohen, nach New York zu
ziehen, die Stadt, von deren Energie und Kultur Cohens
Großmutter zeitlebens geschwärmt hatte. Dort startete er
den Blog advancedstyle.blogspot.com. Doch was erwartet
man von einem Twentysomething mit einem Faible für
Fotografie, Kunst, Indie-Rock und Mode, der sein Geld im
Museumsshop von New Yorks jüngstem Neuzugang, dem

New Museum auf der Bowery, verdient? Naheliegend wäre ein weiterer Blog über junge, hippe Leute für junge, hippe Leute, der aktuelle Styles und Trends darstellt und reflektiert.

Aber Cohen inspirieren in New York nicht die Kolonnen immer neuer junger Enthusiasten, die sich von der Stadt ihren Stempel aufdrücken lassen und alles daransetzen, zumindest eine kleine Spur dort zu hinterlassen. Zu ihnen gehört er ja selbst. Cohen ist vielmehr fasziniert von den New Yorker »Ureinwohnern«, den älteren Menschen, die schon lange dort leben, von der Art, wie sie aussehen, sich kleiden und welchen Lebensweg sie zurückgelegt haben. Deshalb fängt er an, ältere Menschen, die ihm auf den Straßen New Yorks ins Auge fallen, zu fotografieren und sie zusammen mit einem Kommentar oder einer kleinen Geschichte ins Internet zu stellen.

»Mein Blog handelt von Haltung und Selbstbewusstsein. Die Leute, die ich fotografiere, sind stolz darauf, wo sie im Leben stehen. Sie erzählen mir, dass sie mehr Weisheit in sich tragen als früher und das Gefühl haben, dass sie sein können, wer sie wollen«, sagt Cohen. Das Alter ab siebzig Jahren interessiert ihn am meisten, manchmal sind aber auch jüngere Menschen ab fünfzig dabei. Das Spektrum an Individualität und Stilbewusstsein löst beim Betrachter eine große Anziehungskraft aus. Während man in den meisten gängigen Mode- und Lifestyle-Magazinen die immer gleichen Posen, Darstellungen und Outfits rasch überblättert, möchte man sich hier in jedem Detail verlieren. Man kann sich an den älteren Damen und Herren gar nicht sattsehen. Cohen porträtiert sie über alle New Yorker Stadtteile und alle gesellschaftlichen Schichten hinweg. Die steinalte amerikanische Socialite von der Upper East Side findet sich in

seinem Blog genauso wie eine Lower-Eastside-Bewoh-
nerin, bei der die wilden Tage dieses Stadtteils Spuren in
Habitus und Kleidung hinterlassen haben. Ein Gentleman
aus Harlem mit Stock und Anzug gehört in sein Sammel-
surium genauso wie das Bild einer alten Dame mit Dutt
und bezauberndem Blümchenkleid aus Köln, das eine Lese-
rin einschickte. Jeder sieht anders und dennoch fantastisch
aus, niemand sieht aus wie von gestern, und doch versucht
auch niemand, sich der aktuellen Mode anzupassen. Mit
jedem dieser Leute möchte man sofort einen Nachmittags-
tee trinken und Geschichten aus ihrem Leben hören. Ein
Privileg, das Cohen manchmal genießen darf und von dem
er dann auf seiner Website berichtet.

»Das Geheimnis für guten Stil im Alter«, sagt Cohen,
»liegt darin, wie Menschen ihre Garderobe kuratieren. Es
hat nichts mit Geld zu tun, sondern damit, Sorgfalt walten
zu lassen und früh anzufangen, seinen Stil zu kultivieren.
Menschen, die im Alter herausragend aussehen, tragen
Kleidung aus fast allen Jahrzehnten ihres Lebens, weil sie
stets Wert auf Qualität und das Besondere gelegt haben. Sie
kaufen lieber einen sehr guten Mantel, den sie dann vierzig
Jahre tragen, als alle paar Jahre einen neuen.« Klassiker,
Vintage und zeitgenössische Mode mixen sich so bei den
Porträtierten auf selbstverständliche und immer neue Weise.
»Ältere Menschen, die sich sorgfältig kleiden«, sagt Cohen,
»sind in der Regel auch an vielen anderen Aspekten des gesellschaftlichen, politischen oder kulturellen Lebens interessiert, und das macht sie zu so spannenden Gesprächspart-
nern.« Die meisten seiner Porträtierten leben in New York.
Sie sind gezwungen, viele Dinge selbst zu erledigen, sie
müssen mit anderen Menschen kommunizieren und können aus einem reichen Kulturangebot schöpfen. »Es heißt

immer, dass alte Menschen nach Florida ziehen sollen. Ich halte das für Quatsch. Sie gehören hierher. Mitten ins Leben«, so Cohen.

Und so eröffnet advancedstyle.blogspot.com Möglichkeiten, Perspektiven und vor allem viel Platz für Träume, Vorstellungskraft und Fragen. Wie möchte ich aussehen, wenn ich älter bin? Wie stellt sich Attraktivität und Individualität im Alter dar? Was verleiht Ausstrahlung? Der Blog zeigt, wie vielschichtig und persönlich die Antworten hierauf sein können, wenn wir uns vom Diktat des Gemütlichen und Praktischen wegbewegen. Das gilt im übertragenen Sinne auch für die Lebensführung. Ein gemütliches, praktisches Leben taugt vor allem für Hauskatzen.

Ari Cohen in seinem Blog zu den Begegnungen mit den alten Menschen: »Die Leute, die ich treffe, haben so viel mitzuteilen und sind so voller Leben. Oft nachdem ich jemanden getroffen und die Person über ihr Leben und ihren Stil reflektiert hat, muss ich kurz innehalten. Ich fühle mich dann atemlos, mein Herz schlägt schneller, und ich freue mich darauf, die Herausforderungen des Tages mit einer neuen Perspektive angehen zu können.«

Material Man
Dries van Noten

Welches Wissen jemanden zum Modekenner oder Insider macht, ist eine schwer zu beantwortende Frage. Wer nicht mit Tunnelblick durchs Leben geht, kennt auf jeden Fall einige Designernamen und Labels. Wer in Magazinen blättert, kennt die Leute, die man als Modezar, als Enfant terrible, Topmodel oder Nachwuchshoffnung bezeichnet.

Bei den Informationen, die aus der Modewelt auf die Masse treffen, handelt es sich weder um Fachwissen noch um Botschaften für die Ewigkeit, denn hier haben wir es mit dem so genannten Modezirkus zu tun: einer Mischung aus Kleidung, Gossip und auffälligem Personal. Eine Entourage, zu der auch ältere exzentrische Bonmotlieferanten mit Fächer oder im Piratenlook sowie sorgfältig ausstaffierte und behangene Damen in den reiferen Jahren gezählt werden. Ohne die Jugend jedoch, an deren Ästhetik sie sich berauschen, würden sie zu Staub zerfallen wie Vampire in der Sonne.

So weit das Klischee. Doch mit dem Hinweis, dass Mode oberflächlich und einige ihrer Protagonisten nervensägende, unlustige Clowns in der Manege sind, liegt man zwar manchmal richtig, aber andererseits wieder völlig daneben. Denn Mode, die schnellste Designdisziplin, macht vor allem Spaß, ist bei näherem Hinsehen ein faszinierendes Zusammenspiel von Können und Intuition und ist individueller anwendbar als zum Beispiel Architektur. Nicht zuletzt hat Mode einen nachhaltigen Einfluss auf den Gesamtanblick einer Epoche.

Der belgische Designer Dries van Noten sitzt weder in Talkshows, noch umgibt er sich öffentlichkeitswirksam mit wechselnden Musen und kommt auch sonst recht irdisch daher. Dennoch ist er einer der angesehensten Designer weltweit. Seine Art, Mode zu entwerfen, und sein sehr großer, vergleichsweise leiser Erfolg prädestinieren ihn vor vielen anderen dazu, nach dem Wechselspiel von Mode und Alter, Qualität und der Nachhaltigkeit von Material und Design zu fragen, ohne schlecht gelaunte Antworten zu erhalten oder mit Phrasen abgefertigt zu werden. Denn bevor überhaupt über die Sekundärtugenden von wirklich guter Mode sinniert werden kann, beweist die Kollektion von van Noten, dass das, worum es in der Mode auch, sogar vor allem geht, nämlich freudiges und aufregendes Erstaunen hervorzurufen, den Betrachter herauszufordern und aufzuwecken, von ihm en passant erfüllt wird: »Ich gebe mein Bestes, um die Essenz der Dinge zu durchdringen. Dadurch erhalte ich wahrscheinlich viel Aufmerksamkeit«, sagt van Noten. »Das kann natürlich sehr schmeichelhaft sein, ist aber dennoch nicht die Hauptmotivation meiner Arbeit.«

Der zweiundfünfzigjährige van Noten gehört zu den »Antwerp Six«, einem halben Dutzend damals junger Designer, die Anfang der Achtzigerjahre Antwerpen als Modestadt mit einem Schlag auf die internationale Bühne brachten. Von dort ist er seitdem nicht mehr weggegangen, vielmehr hat er seinen Erfolg immer weiter ausgebaut. Er gehört zu den sehr wenigen Global Playern im Modegeschäft, deren Label nicht Teil eines der großen Luxuskonzerne ist – und er zieht die Strippen weiterhin von seiner

Heimatstadt Antwerpen aus. Sein Büro hat einen Blick auf den Hafen, seine Mitarbeiterinnen sind nicht jung, keine Models und auch kein Modezarenhofstaat, sondern verbreiten vielmehr eine freundliche und kompetente Profiatmosphäre. Auch der Designer selbst erscheint bar jeder Exzentrik im geschmackssicheren Understatement zum Gespräch. Hier sitzt alles. Von den Arbeitsläufen bis hin zum eigenen Pullover.

Van Notens Kollektionen sind demnach nichts für Leute, die selbst etwas herausschreien möchten. Logodrucke, Buchstaben als Gürtelschnallen, Abzeichen auf der Brust? Passen in dieses Stilkonzept nicht. Ins Auge fallen die Sachen trotzdem. Wenn es etwas gibt, worauf man sich bei van Noten verlassen kann, ist es die kompromisslose Qualität der Materialien, eine lässige Konzeptionierung und eine wiederkehrende Begeisterung für ethnische und folkloristische Elemente, die im weitesten Sinne aus der frühen Punkbewegung stammen können.

Ethnische Bekleidung ist das Gegenteil von Mode, wie wir sie verstehen, gefertigt und getragen nach strengen Regeln, oft geprägt von hoher Kunstfertigkeit und von Generation zu Generation überliefert. Van Noten ist nicht nur Dekonstrukteur ethnischer Stoffe und Muster aus der ganzen Welt in der Praxis, sondern auch Konservator auf der theoretischen Ebene: »Ethnische Mode gibt es seit sehr langer Zeit, aber sie verschwindet in rasendem Tempo. Wenn ich Kleidung entwerfe, überarbeite ich in der Regel die ethnische Botschaft. Ich mixe zum Beispiel japanische, marokkanische und türkische Einflüsse.« Dazu gesellt sich dann ein zeitgenössisches Thema wie »Pariser Chic«, und voilà, schon ergeben sich die spannendsten Konstellationen. Wenn er ethnisch inspiriert arbeitet, bedient van

Noten sich moderner Technologien. Die alten Stoffe und Muster werden abfotografiert und digital reproduziert. Ausgewählte Stücke werden aber auch vor Ort in Indien von alten Webern produziert, Stoffe aus Usbekistan werden mit Eseln über die Berge zum nächsten Flughafen transportiert.

Was van Noten liebt, ist Erfahrung und Expertise und Menschen, die auf ihr Können stolz sind: »Ich bin bei weitem nicht so nostalgisch wie einige andere Leute, die ich kenne. Aber ich habe Respekt vor bestimmten traditionellen Fähigkeiten.« Reine Reproduktion oder der Versuch, etwas so aussehen zu lassen wie früher, ist für van Noten von daher der Weg ins Retro, in die Nostalgie und damit in die künstlerische Langeweile.

1986 bringt van Noten seine erste Kollektion auf den Markt, und es passiert das, wovon alle Jungdesigner heimlich träumen: Boutiquen und große Kaufhäuser wie Barneys in New York ordern mit Begeisterung. Zu dieser Zeit ist der elitäre Designermarkt schon auf dem Weg zum Massenphänomen, das gerade ansetzt, die ganze Welt zu erobern. Das liegt unter anderem an der einsetzenden Globalisierung – viele Jahrzehnte gab es Boutiquen bestimmter Designer nur in Paris, New York, London oder Mailand, heute gibt es sie von München über Peking bis Sydney auf allen Kontinenten –, andererseits gleicht sich der Geschmack von jüngeren und älteren Menschen immer mehr an. »Früher haben junge Menschen bis vierzig Mode eingekauft, ältere Menschen griffen zu den Klassikern. Heute sind Vierzig- bis Fünfundsiebzigjährige die wichtigste Käufergruppe«, so van Noten. »Junge Menschen in Designerkleidung können auch schnell etwas bemüht oder verkleidet wirken«, fügt er hinzu. »Wenn man jung ist, braucht man keine teuren

Kleider, um gut auszusehen. Man kann in einer Jeans und einem T-Shirt garantiert fantastisch aussehen. Meistens lässt das mit dem Alter jedoch nach, und ein bisschen mehr Raffinesse tut der Erscheinung dann gut.«

Trotzdem entwerfe er, fügt van Noten hinzu, nie Kleidung mit einer bestimmten Altersgruppe oder einem bestimmten Typ im Hinterkopf. Die meisten Menschen hätten sowieso eine äußerst romantische Vorstellung von Modedesignern. Als sei ein Designer jemand, der ein paar geniale Linien aufs Papier strichle und die eilfertigen Näherinnen zauberten daraus dann eine atemberaubende Robe. Er selbst kommt immer erst abends oder am Wochenende dazu zu zeichnen. Den Rest der Zeit verbringt er mit technischen Detailfragen zur Fertigung und den geschäftlichen Aspekten seines Unternehmens.

Trotzdem begeistert sein Label wie kaum ein anderes die Sorte von Modeliebhabern, die im Modezirkus zwar wissen, welches Programm gerade läuft, aber nicht mehr bei jeder Verrenkung und jeder Konfettibombe in frenetischen Applaus ausbrechen. Es sind Männer und Frauen mit Erfahrung, einem über Jahre geschulten Blick und Gespür für Schnitte, Stoffe und den eigenen Stil.

Van Noten wurde der Sinn für feines Tuch und fürs Geschäft in die Wiege gelegt. Als er 1958 zur Welt kam, war er sicherlich auch auf feines Tuch gebettet, denn seine Familie ist seit Generationen im Bekleidungshandel tätig. Sein Großvater hatte den ersten Prêt-à-porter-Herrenladen in Antwerpen zwischen den Weltkriegen, sein Vater spezialisierte sich auf den Verkauf von Designermode, als diese noch nicht so hieß, sondern einfach nur aus glamourösen Kostbarkeiten edler Modemanufakturen wie Ungaro oder Zegna bestand. Diese Art von tradierter Stilsicherheit sieht man ihm nicht nur persönlich an, sondern neben den Kollektionen auch seinem Büro, seiner Boutique in Antwerpen und seinen Kassenzetteln.

Also bitte: Was macht den guten Stil denn nun aus, möchte man von jemandem wie ihm wissen. »Guter Stil, gut angezogen sein, das ist vor allem eine Frage des persönlichen Ausdrucks«, so van Noten. »Sobald man versucht, irgendwelchen Regeln zu folgen, liegt man schnell daneben. Mode als Statussymbol hat auch meistens etwas ungewollt Trauriges, obwohl wohlhabende Menschen sich schon in grauer Vorzeit durch viel Schmuck und bestimmte Kleidung von weniger begüterten unterscheiden wollten, von daher ist das kein neues Konzept.« Eine Sache ist ihm dann noch ganz wichtig: »Man sollte niemals zögern, einmal Dinge auszuprobieren, die einem albern erscheinen, denn am Ende des Tages ist es auch einfach nur Mode und mehr nicht.«

Tendenz
steigend

Der Konsum

Viele von uns erkennen eher am erhöhten Komfort- und Luxusbedürfnis, dass sie älter geworden sind, als am Blick in den Spiegel. Kaufsehnsüchte und Begehrlichkeiten ändern sich mit den Jahren und sind eine wichtige Triebfeder dafür, dass wir morgens überhaupt das Haus verlassen.

Konsumkritiker bringen gerne an, dass es reicht, nur eine Hose zu tragen, und dass man auch auf einem rostigen Fahrrad von A nach B kommt. Man könnte ebenso sein ganzes Leben lang nur Leitungswasser trinken und die Wand anstarren – diese Diskussion ist überflüssig. So überflüssig und nervig, wie im Gegenzug die so genannte Überflussgesellschaft sein kann, wie alle immer wieder unisono an Weihnachten feststellen, sich dann darüber aufregen und beschließen, im nächsten Jahr endlich nicht mehr mitzumachen.

Beobachtet man Kinder beim Konsumieren, stellt man sehr starke Schwankungen zwischen grenzenloser Gier und absoluter Genügsamkeit fest. Ein Kind kann innerhalb kürzester Zeit einen Tobsuchtsanfall bekommen, weil es etwas nicht bekommt, und anschließend sehr zufrieden mit nichts spielen. Entschließen Erwachsene sich für »nichts«, hat das meist System. So ist der Verzicht auf ein Auto zur Aussage geworden, während es vor gar nicht langer Zeit einfach nur bedeutet hätte, dass es an Geld fehlt.

Die Konsumwelt hat sich nicht nur extrem vergrößert, sie ist auch weniger übersichtlich in ihrer Einteilung nach Produkten für Männer, Frauen, Jugendliche und Kinder geworden. Beschenkt man heute Vater, Mutter und zwei Kinder mit einem Sushi-Messer, einem Springseil, einem Parfum und einem Computerspiel, steht nicht mehr fest, wer kocht oder hüpft, wer der Kosmetikfreund oder der Spiele-Nerd ist. Nach der kurzen anfänglichen Bauklötzchenzeit machen sehr viele Produkte Kinder froh und Erwachsene ebenso.

Auch beim illegalen Konsum haben sich die Altersgrenzen verschoben. So teilte Ende 2010 die EU-Drogenbeobachtungsstelle mit, dass die Zahl der Drogenkonsumenten über vierzig stetig steigt, und jeder fünfte Konsument, der sich in Behandlung begibt, mittlerweile über vierzig ist, was mit der Alterung der Gesamtbevölkerung erklärt wird, aber auch ein weiterer Hinweis darauf ist, dass es heute viel mehr Leute gibt, die die Lebensgewohnheiten ihrer jüngeren Jahre nicht mit dem Eintritt in den Beruf, der Gründung einer Familie oder spätestens mit Mitte dreißig ablegen.

Abgesehen von unseren Budgets müssen wir uns ständig fragen, was in welcher Lebensphase dazugehört, was wir ab jetzt lassen können oder durch neue Bedürfnisse ersetzen. Der eine würde ohne Zusatz-Versicherungen durchdrehen, der andere ohne Bücher, der nächste bei weniger als drei Autos in der Garage. Was wir wollen oder brauchen, bestimmen allerdings in den meisten Fällen nicht nur wir selbst, sondern auch die Lebensumstände, das Umfeld, manchmal sogar die Nachbarn und nicht zuletzt diejenigen, die uns das verkaufen wollen, was wir wollen oder zu wollen glauben.

Easy Reifer
Werbung und Alter

Obwohl ein Merkmal der heutigen Zeit ist, dass sich die Zielgruppen in der Werbung bis ins Absurde aufspalten lassen, gibt es eine äußerst schwammige Zielgruppe, die seit langer Zeit in Stein gemeißelt scheint: Es sind die Menschen von vierzehn bis neunundvierzig Jahren. In dieser Zeitspanne ist man sehr viel Unterschiedliches, aber nicht mehr Kind und noch nicht alt.

Der Ursprung jener Altersgruppe geht auf den Quotendruck des US-Fernsehens zurück, den es dort schon Jahrzehnte früher als in unserer TV-Landschaft gab. Beim Sender ABC stellte man Ende der Fünfzigerjahre fest, dass die Zuschauerquote im Vergleich zu den Konkurrenten CBS und NBC besser ausfiel, wenn man nicht die Reichweite aller Menschen zugrunde legte, sondern ebendiese Altersgrenze einführte. Übernommen wurde das Konzept in Deutschland dann Anfang der Neunziger von RTL, damals unter der Führung von Helmut Thoma, der seinen Sender mit dieser Strategie jünger gegenüber den Öffentlich-Rechtlichen positionierte. Allerdings konnte man in den USA tatsächlich davon ausgehen, dass die Generation der Babyboomer über eine höhere Kaufkraft verfügte als die aufgrund des amerikanischen Sozialversicherungssystems häufig schlechter gestellten Rentner.

In Deutschland stand und steht diese künstlich erschaffene Zielgruppe immer in der Kritik, obwohl sich Werbung und Marketing auch schon lange vor RTL an die Käufergruppe der Jungen wendete. So stellte der *Spiegel* schon 1969 besorgt fest:

> *Die Generation der Fünfzehn- bis Fünfunddreißigjährigen ist Konsumleitbild für Zahnpasta, Kognak, Fußbodenreiniger, Käse, Banken, Waschmaschinen. Selbst für Pfandbriefe, Kopfwehtabletten und Gebisshaftcreme muss heute jugendlicher Charme herhalten. Ältere Westdeutsche hingegen werden in Anzeigen, Plakaten, Fernsehen und Kinospots ebenso schlecht repräsentiert wie Neger, Indianer und Puertoricaner in der amerikanischen Werbung.*

Und weiter:

> *In der Zigarettenindustrie rasseln die Alarmglocken, wenn bei einer Marke das Durchschnittsalter der Raucher auf fünfunddreißig Jahre gestiegen ist … Um dem Alterungsprozess entgegenzuwirken, lassen die Branchenwerber vor allem in Fernseh- und Kinospots gern beschwingte Partymenschen mit dem Flair des internationalen Jetsets agieren.*

Ein paar Absätze weiter erfährt man, wie die jungen Testimonials auszusehen hatten:

> *Freilich müssen Deutschlands Reklamebosse bei der Auswahl ihrer Teens und Twens sehr sorgfältig vorgehen. Aus zahlreichen Untersuchungen wissen sie genau, dass weder Gammler noch APO-Typen als Konsumvorbilder gefragt sind. Am besten kommen »gutbürgerliche, gutgekleidete, wohlanständige und biedere Jugendtypen« an.*

Mittlerweile heißt es Afroamerikaner und indigene Bevölkerung Amerikas, und auch sonst hat sich vieles geändert. Mit vermeintlicher und echter Dissidenz vom Mainstream werden heute Käufergruppen nicht mehr erschreckt, sondern erschlossen. Das heißt dann Guerilla-Marketing, und die schmuddeligen APO-Typen von damals sind derweil die viel umworbenen Best Ager von heute. Qualmende Jetsetter hingegen gibt es nur noch in der Realität, nicht mehr in der Werbung.

Die fröhlichen und hübschen Menschen in den Werbespots sind jedoch nach wie vor jünger als der durchschnittliche TV-Zuschauer. Dieser war in den USA 2008 erstmals fünfzig Jahre alt, in Deutschland ist er einundfünfzig. Und er, der mystifizierte Konsument über fünfzig, ist gar nicht scharf darauf, von seinen Altersgenossen und Älteren umworben zu werden. Die Anpassung der Werbung an die demografische Entwicklung bleibt also bisher aus, außer im Produktsegment »rezeptfreie Medikamente«. Die kaufkräftigen Alten empfinden sich nicht als alt, wollen nicht als Alte eingeordnet und schon gar nicht angesprochen werden, so Holger Jung, Mitbegründer und Geschäftsführer der Werbeagentur Jung von Matt. Jung, geboren 1953, erklärt dies anhand eines Gefühls, das die meisten Fünfunddreißigjährigen auch schon kennen: »Man schaut in den Spiegel, ist manchmal zwar erschrocken, doch fühlt man sich immer noch als der gleiche Mensch.« Auf das höhere Alter zugeschnittene Werbung oder Produkte sprechen deshalb den Kunden nicht persönlicher und emotionaler an. Im Gegenteil. Beim Zeichnen seines Selbstbildes orientiert sich der Konsument mit steigendem Alter lieber nach unten, Richtung jünger.

Die Kosmetikmarke *Dove* fiel durch ihre Kampagne mit

»echten« älteren und »normal dicken« Frauen zwar positiv auf und gewann zahlreiche Preise, doch wird sie schätzungsweise, so Jung, eine Ausnahme bleiben. Eine gelungene und sympathische Ausnahme zwar, aber kein Vorläufer für einen Trend. Die potenzielle Käuferin mag zwar anerkennend registrieren, dass hier Frauen gehuldigt wird, die älter und runder sind als das konventionelle Model, trotzdem schaut sie immer auch wohlwollend auf Marken, deren Werbefiguren sehr viel jünger und dünner sind als sie. Es geht in der Werbung eben vorrangig darum, wer man gerne sein möchte, und nicht, wer man ist. Andernfalls wäre es ja auch nicht Werbung, sondern Dokumentarfilm.

Wer also um die sechzig Jahre alt ist und einen Werbespot für Kosmetik sieht, fühlt sich von einer attraktiven Vierzig- oder Fünfundvierzigjährigen perfekt vertreten, sagt Holger Jung. Wer noch jung ist und das nicht nachvollziehen kann, sollte eine Feldstudie auf einer Ü30-Party betreiben und wird feststellen, dass die Besucher dort alle zehn bis zwanzig Jahre älter als dreißig sind. Und wer als Frau vierzig und knapp darüber ist, sollte zum Spaß mal Magazine für die Frau ab vierzig durchblättern. Vieles, was darin verhandelt wird, betrifft sie so wenig wie Menstruationsbeschwerden eine Sechzigjährige.

Sich selbst als alt empfinden Menschen frühestens ab siebzig, häufig noch später, so das Ergebnis einer Studie, die Jung von Matt für BMW durchführte. Aber auch diese Gruppe ist deswegen noch lange keine gleichartige graue Masse, die mit dem Treppenlift fährt und Bücher von Rosamunde Pilcher liest. Heerscharen aktiver Individualisten sind oder werden demnächst alt. Ob deren Konsumbegehren weiterhin mit Doppelherz, Corega Tabs und Heizkissen zu erfüllen ist, ist mehr als fraglich. Heute wird offenbar noch von vielen angenommen, dass die Wunschlisten der ganz Alten so kurz sind wie 1946. Euphorische Zukunfts-prognosen erwarten jedoch eine offene, sportliche, flexible und höchst aktive Generation von Alten. Sie sind die neue Traumzielgruppe: Leute, die Wert auf Qualität legen. Leute, die Premiumprodukte kaufen und Marken treu blei-ben. Leute, die gebildet, wohlhabend und unternehmungs-lustig sind. Leute, die ihre Häuser und Wohnungen abbe-zahlt haben und deren Kinder bereits selbst Geld verdienen. Kurz: die perfekten Konsumenten.

Werbung und Marketing standen deshalb lange aufgeregt in den Startlöchern, bereit für das Rennen um eine Ziel-gruppe, der man zuvor viel zu wenig Beachtung geschenkt hatte. Passend dazu wurden für die Konsumenten über fünf-zig gleich noch Namen wie Best-, Silver-, Golden-, Mid- oder Third Ager und Master Consumer erbrainstormt, von denen Best Ager am häufigsten benutzt wird. Die Best Ager fangen genau ein Jahr über der so genannten werberelevan-ten Zielgruppe zwischen vierzehn bis neunundvierzig Jah-ren an. Ab 2010 sind es also die 1960 und davor Geborenen, die in vielerlei Hinsicht Pioniere waren. In der Gesellschaft und häufig auch innerhalb ihrer Familien: die Ersten, die Fernreisen unternommen, studiert, in einer WG gewohnt, mehrmals oder gar nicht geheiratet haben oder Jeans tru-gen. Außerdem sind sie mit Rock und Pop groß geworden, haben Selbstverwirklichung und -findung betrieben und gegen starre Normen rebelliert. Nicht alle, aber signifikant viele. Und aufgrund ihrer Biografien gibt es unter ihnen nun die vorher so nicht da gewesenen Senioren wie den Heavy-Metal-Veteranen und die New-Age-Elfe, aber parallel auch unzählige andere Varianten. Einen unverwüst-lichen Wanderer oder Bergsteiger konnte man auch schon früher zum Großvater haben, nur dass der sich nicht als Powerwalker oder Extremsportler bezeichnet hätte. Alt muss weder konservativ noch bieder noch verknöchert bedeuten, kann es aber nach wie vor. Genauso wie jung im Übrigen auch.

So kommt es, dass sich viele Zielgruppen kaum noch über das Alter, sondern über ganz andere Gemeinsamkeiten wie das Einkommen oder bestimmte Interessen verknüpfen. Als anschauliches Beispiel für eine Marke einer Lebensgefühl-Community nennt Holger Jung Harley Davidson. Die Hersteller dieses Motorrads müssen sich keine Gedanken darüber machen, wie alt, einkommensstark oder gebildet ihre Zielgruppe ist. Der eine spart sich die Maschine zusammen oder nimmt einen Kredit auf, der andere bezahlt sie mit links, einer lebt auf dem Dorf, der andere in der Stadt, aber alle wollen am Wochenende das Gefühl unendlicher Freiheit erleben, das Gefühl, ein Rebell, Jack Nicholson oder Peter Fonda zu sein.

Ganz grundsätzlich unterscheiden sich die neuen Alten von den alten Alten in ihrem gefühlten Selbstverständnis von zirka zehn Jahren unterhalb ihres echten Alters, sagt Holger Jung. Die Werber sind sich in diesem Punkt also mit den Frauenzeitschriften einig, die ebenfalls verkünden, dass ein Sechzigjähriger heute mit einem Fünfzigjährigen von früher, unabhängig vom Geschlecht, vergleichbar ist. Oder auch sechzig ist die neue fünfzig, vierzig die neue dreißig und dreißig die neue zwanzig. Darunter ist dann aber wirklich Schluss mit der neuen Altersrechnung!

Auch dieser Trend kann mit dem Argument Jugendkult kritisch betrachtet werden – man sollte aber respektvoll davon ausgehen, dass sich der Konsument weder veralbern noch so bedingungslos manipulieren lässt, wie es Werbe-

und Medienkritiker gerne annehmen. Und die Tatsache, dass die meisten von uns gerne jünger, schöner und perfekter wären, als sie es sind, ist viel älter als die Werbung.

Sehr alt ist auch die Tatsache, dass alles, was die Menschheit sich bisher gemerkt hat, in guten Geschichten transportiert werden musste – die Werbung sollte also eine gute Geschichte parat haben, um anzukommen. Bei den Alten genauso wie bei den Jungen.

Der kleine Konsumfreund
Die Zielgruppe unter zwanzig

Kleine Kinder und Teenager zeichnet im Gegensatz zu Erwachsenen aus, dass sie sich an Älteren orientieren. Das ist kein Marketingmythos oder Umfrageergebnis, sondern eine Art Naturgesetz. Schon Zweijährige fühlen sich ihrem ein Jahr jüngeren Bruder so weit überlegen, dass sie auf keinen Fall mehr in seine Babykategorie eingeordnet werden möchten. Kinder wollen wachsen. Teenager wissen oft nicht so genau, was sie wollen, auf jeden Fall aber nicht als Kinder angesprochen werden.

Holger Jung beschreibt dieses bekannte Phänomen aus Werbersicht: »Der Capri-Sonne-Trinker ist sechs, die Capri-Sonne-Kinder in der Werbung sind zehn, finden daher in Wirklichkeit Capri-Sonne schon längst doof und hätten gern Cola, während für Dreizehnjährige Cola schon normal ist und sich die Frage auftut, womit man Cola toppen könnte.« Hoffentlich nicht mit Bier.

Erwachsene, die sich gut an ihre Kindheit erinnern, wissen, welche Faszination von Büchern, Filmen und Fernsehsendungen für Ältere ausging. Wenn man nicht alles verstand, erhöhte das die Spannung nur noch. Ältere zeigen Lebenswelten, die den Jungen noch bevorstehen und auf die sie sich freuen. Kindern gefallen Teenager, Teenagern gefallen junge Erwachsene. Stars wie Hannah Montana, Rihanna oder Hillary Duff lassen Eltern besorgt oder genervt mit den Augen rollen: Die kleine liebe Tochter will nichts mehr mit Ronja, Zora, Pippi und Bibi zu tun haben, sondern beobachtet begeistert ludrige Fastfrauen, die man niemals als Au-Pair in seiner Wohnung sehen wollen würde. Auch Formate wie SpongeBob werden, obwohl voll mit Ironie und Zitaten aus der Erwachsenenwelt, von Kindern geliebt.

Sind denn die Leonie, die Mia oder der Karl dafür nicht noch viel zu klein?, fragen sich viele Eltern. Ist das nicht alles viel zu kommerziell, randvoll mit schlechtem Geschmack, latent gewalttätig und, o Graus, subtil sexualisiert? Ja, das ist es, aber genau deswegen finden es Kinder im Grundschulalter ja so faszinierend. So wie sie früher schon Tom & Jerry besser fanden als die Rappelkiste, eben weil es bei Katz und Maus tatsächlich die ganze Zeit rappelte, knallte und explodierte. Kinder erkennen das Witzpotenzial des Brutalen und des Underdog-Daseins sehr gut. Und auch die lehrreiche Sesamstraße wurde anfangs wegen Freaks wie Oscar aus der Mülltonne von Erwachsenen nicht so gut gefunden wie später, als Spießercharaktere wie Tiffy und der unangenehme und trotzdem nie amüsante Herr von Bödefeld ins deutsche Ensemble genommen wurden. All die schrägen und beliebten Gestalten bildeten das Gegenmodell zu Sendungen wie der mit der Maus oder Peter Lustig, die ihre Lorbeeren in jedem Fall verdient haben und von denen sich manche Eltern heimlich wünschen, ihre Kinder würden sie bis zur Pubertät sehen, um dann nahtlos auf Arte umzuschalten. Denn so erträumen sich Erwachsene die pädagogisch wertvolle Kindheit: eine Mischung aus Kita, Jugend forscht und Latzhose. Nur dass dieser Erwachsenentraum selten erfüllt wird.

Was Kinder außerdem lieben, die Hersteller noch viel

mehr, Eltern jedoch weniger, sind ganze Welten, die sich um ein Produkt oder eine Produktidee ranken. Eltern kann das theoretisch in den Ruin, praktisch in die Verzweiflung treiben. Begonnen hat die Entwicklung mit der unersättlichen Barbie, heute reicht die Spanne von Playmobil über Prinzessin Lillifee bis zur drögen Diddl-Maus und ist knallhart darauf ausgelegt, aus den Eltern auch noch den letzten Bleistift, Notizblock oder Regenschirm herauszupressen. Eine Rechnung, die meist aufgeht und bei der der Gewinn der Eltern darin besteht, dass das Kind Ruhe gibt und sich nicht auf den Boden schmeißt. Langfristig tröstlich ist, dass diese Form der Sucht – egal welcher MerchandiseMaschine das Kind zum Opfer gefallen ist – sich auf jeden Fall von allein erledigt. Es braucht keinen Entzug, es muss nur älter werden, und das tut es von allein. Mit Konsumticks in späteren Jahren wird das schwieriger, so wie es auch schwieriger scheint, von der Zigarette als vom Schnuller wegzukommen.

Teenager zeichnet aus, dass sie sich mit großer Ernsthaftigkeit in Extremen einrichten können: Das dauershoppende H&M-Girlie ist eine genauso typische Alterserscheinung wie der aufrechte, alles durchschauende System- und Konsumverweigerer zum Wohle der gesamten Menschheit. Erwachsen wäre man demnach dann, wenn man sich, was den Konsum angeht, zumindest etwas beruhigt hat, wenn man nicht mehr hysterisch jede neue Jeanspassform am eigenen Leib tragen muss und sich trotzdem gut gelaunt in einen unvernünftigen Wahnsinnskauf stürzen kann – nicht zum Wohle der Menschheit, sondern zum Wohle eines einzigen Menschen – nämlich einem selbst.

Von Omas und LOHAS
Alte und junge Nachhaltigkeit

Unsere Großeltern oder Urgroßeltern waren fundamenta-listische LOHAS der ersten Stunde. LOHAS steht für Life-style of Health and Sustainability, was übersetzt »Lebensstil der Gesundheit und Nachhaltigkeit« bedeutet. Und weil es wenige Menschen gibt, die gerne krank werden, Tiere und Natur mies behandeln und es gut finden, wenn andere Menschen ausgebeutet werden, und noch weniger, die das auch zugeben würden, ist davon auszugehen, dass der Pro-zentsatz der LOHAS-Anhänger von Umfrage zu Umfrage steigen wird. Im Moment wird er jedenfalls in Deutschland auf 20 bis 25 % geschätzt. Außerdem ist »nachhaltig« das neue Lieblingswort aller geworden. Es ersetzt das unmo-derne Wort »vernünftig«, obwohl es ursprünglich aus der Forstwirtschaft kommt und für Abholzungen stand, die nachwachsen, und nicht für Politik, Fußballtraining oder Urlaub in Dänemark.

Die Ur-LOHAS, also unsere Großeltern und Urgroß-eltern, sprachen nicht von Nachhaltigkeit, kauften aber an-sonsten auch schon am liebsten für die Ewigkeit, benutzten alles so oft wie möglich, ernährten sich regional und saisonal, putzten und heilten mit Hausmitteln wie Zwiebeln, Essig, Quark oder Bier, verbrauchten insgesamt weniger, verur-sachten weniger Müll und wechselten nicht ständig den Ort. Allerdings taten sie das nicht, um ihren bescheidenen Beitrag zur Weltenrettung zu leisten, sondern einfach, weil für die meisten von ihnen kein anderer Lebensstil möglich war.

Heute sind die Anhänger der LOHAS-Bewegung mehrheitlich besser bis sehr gut verdienend, und nachhaltig wollen sie vor allem dann sein, wenn es in ihrem Leben trotzdem gemütlich, aufregend oder kulinarisch anspruchsvoll bleibt. Mehrfach benutztes Badewasser, nie in den Urlaub fahren und drei Monate lang im Jahr nur Kohl essen, kämen von daher eher nicht in Frage. Bio-Läden, Solarzellen, Bahnreisen und Slow Food schon. Manche LOHAS-Produkte ähneln dennoch Omas Sachen mehr als die Konsumgüter, mit denen man sich sonst so Anfang des 21. Jahrhunderts umgibt. Sehr LOHAS-typisch sind zum Beispiel die guten Dinge von Manufactum, der Ladenkette, über die Max Goldt schreibt, sie würde alles verkaufen, das so aussieht, als wäre es vor mindestens fünfzig Jahren hergestellt worden, vorausgesetzt, es sei schwer und unhandlich.

So hat die Großmutter, damals junge Mutter, schwere Pullover in Tannengrün und Marineblau gestrickt, die die Kinder dann nacheinander zum Leidwesen der Jüngsten auftragen mussten. »Nachhaltig« hat damals niemand dazu gesagt, »unverwüstlich« oder »noch gut« schon eher. Heute werden diese Produkte bewusst gewählt und heben sich von dem ab, was auf schlechten Geschmack und schlechtes Informationsniveau hinweist: Plastik, Synthetik, alles, was schadstoffbelastet sein könnte, von einer unsympathischen Firma produziert wird und obendrein noch zu bunt ist. Nun ist Rückbesinnung nichts Neues. Im Falle des bewussten Lebensstils sieht es aber so aus, als würde er in nächster Zeit kaum durch ein Konsumrevival der Sechziger- bis Achtzigerjahre abgelöst. Denn hier geht es nicht nur um Design oder das, was man Retrokult nennt, sondern auch um die giftigen Dinge des Lebens wie FCKW-Haarspray und Ausschlag verursachende Süßigkeiten. Wunderschöne katalysatorfreie Autos könnten wiederum LOHAS in Gewissenskonflikte stürzen, weil sie zwar lange in Gebrauch waren, meisterhaft verarbeitet und ästhetisch herausragend sind, dafür aber Ruß ausspucken wie zu Großvaters Zeiten.

Trotz der vielen wiederentdeckten wundervollen und guten Sachen wie Lodenmäntel und Kännchen aus Emaille, existiert die Wegwerfgesellschaft natürlich parallel dazu weiter. Darin und in der Tatsache, dass das Sendungsbewusstsein zahlreicher Promi-LOHAS geradezu radioaktive Ausmaße angenommen hat, liegt der Unterschied zwischen LOHAS und Omas.

Im Gegensatz zu den Leuten, die man früher Ökos nannte, macht sich niemand über die LOHAS lustig, denn sie sind weniger homogen und taugen nicht zum Stereotyp. Sie stehen nicht für Politik und Ideologie, nicht für unrasierte Beine und unvorteilhafte Pullover und nicht für Verzicht, sondern für das Wohlfühlen mit gutem Gewissen und häufig auch für Chic, Modernität und Freude am Konsum, aber eben bitte am richtigen.

Vom Lebensstil der Ökos unterscheidet sich der der LOHAS auch in der beträchtlichen Anzahl an Stars, die ihn leben. Auch hier mit steigender Tendenz, denn die A-Riege der Stars kommt aus den USA, dem Land, in dem Klimawandel und Umweltschutz noch als frische Trendthemen gehandelt werden. So fahren sie gerne Hybridautos, posieren nackt gegen Pelze, retten Bäume und sind generell so selbstverständlich neogrün, wie sie auch in der Mehrzahl Demokraten statt Republikaner wählen und Privatjet statt Linie fliegen, was wiederum kein so nachhaltiger Beitrag zum Klimaschutz ist.

Das teure Auge
Eine Erscheinung der mittleren Jahre

Das teure Auge gehört zu den unsichtbaren Alterserscheinungen. Und es betrifft Leute, die nicht per se alles immer teuer gekauft haben. Wer das nämlich tut, ist oft einfallslos oder hatte aufgrund von sehr viel Geld nie eine andere Wahl.

Nicht jeder bemerkt den schleichenden Prozess, mit dem sich das teure Auge über die Jahre immer wichtiger macht. Wichtiger als die ebenfalls sich anschleichende Altersweitsichtigkeit, denn das teure Auge ist kein Zipperlein oder Problem. Es schaut vorerst überhaupt nicht nach dem Preis, sondern begutachtet eine Auswahl von Konsumgütern, lässt sich beraten, vergleicht und wägt ab, um dann immer öfter festzustellen, dass das stimmigste Fabrikat sehr viel kostet.

Egal wie groß der Schock anfangs auch sein mag, das teure Auge weiß jetzt, dass es genau dieses Produkt sein muss, und kann mit günstigeren Alternativen nicht mehr viel anfangen. Es hat sich verliebt, könnte man sagen – es hat Erfahrung, trifft es noch besser. Da es sich bei den Zielobjekten nicht um Prestigeobjekte, sondern um für bessere Qualität befundene Ware handelt, kann das teure Auge sich auch nicht einreden, dass es sich hierbei um einen kindischen Anfall von Kaufwahn handelt – es vertraut sich selbst und kauft bewusst. Die schlagenden Argumente für den Qualitätskauf sind bekannt und bewährt, wenn man sich selbst vor einer Anschaffung überzeugen möchte, die in Zahlen unvernünftig bis beängstigend klingt: Ich kann es mir nicht leisten, billig zu kaufen, denn das ist auf lange Sicht teurer, sagen viele, oder dass sie lieber ein wirklich schönes Stück hätten als mehrere schlechtere, die sie dann nie benutzen oder tragen. Manchen geht es auch um die eigene Belohnung: Sie arbeiten hart, deshalb möchten sie sich etwas Gutes gönnen.

Das teure Auge wird bei den meisten Menschen erst mit über dreißig geweckt und beginnt bei den Dingen des Lebens, die aktuell die höchste Priorität besitzen. Manchmal sind auch schon Jüngere betroffen. Männliche Teenager stellen sich zum Beispiel gerne ein Soundsystem für ihr Jugendzimmer zusammen, das problemlos eine Großraum-disco beschallen könnte. Viele von ihnen behalten dieses dann tatsächlich ein Leben lang, was dem Begriff »Anlage«, wie die Stereoanlage verkürzt genannt wird, eine völlig neue Bedeutung verleiht. Für derlei Dinge werden dann andere Begehrlichkeiten zurückgestellt, es wird gespart und nach dem Kauf dann wie besessen gepflegt und geliebt. Später schleicht sich das teure Auge dann auch in weniger emotional besetzte Lebensbereiche wie den Haushalt ein, weil man praktischer denkt, Zeit sparen möchte oder sich ungeliebte Tätigkeiten versüßen will. Außerdem bleibt man immer öfter zu Hause, und deshalb sollte es zu Hause schöner sein als anderswo. Hier kann das teure Auge das Couch-potatoe-Dasein indirekt unterstützen: das italienische Sofa, der Kelim, der Läufer und gleichzeitig ein Kunstwerk ist, die Designerküche nebst Steinguttöpfen hatte alles seinen Preis, und schon lohnt es sich nicht mehr, den Fuß vor die Tür zu setzen. Denn wozu hat man das ganze Zeug ange-schafft, wenn es nicht genutzt wird?

Eine schöne Erscheinung des Älterwerdens ist, dass die immer hochwertigeren Produkte, die uns vorher kaum interessierten, nun das Leben bereichern und uns zum Fachmann auf neuen Gebieten machen. Daraus ergeben sich Gesprächsthemen, die man mit zwanzig nicht hatte, die aber der viel informativere Smalltalk sind als der ewige Mietpreis. Weil ständig etwas gekürt werden muss, wird man zum permanenten Juror: Wo und von wem gibt es denn nun das beste Messer, den besten Koffer, die beste Bettwäsche und die besten Laufschuhe? Das teure Auge weiß natürlich, dass das Beste oft nicht das Allerteuerste ist, das Billigste ist es jedoch fast nie. Das teure Auge weiß auch die Stiftungen Waren- und Ökotest zu schätzen, überblickt aber gleichzeitig, dass hier nicht alle Bewertungskriterien mit den eigenen konform gehen und somit die persönliche Gesamtnote häufig eine andere ist. Und auf jeden Fall weiß das teure Auge, dass es viele dieser Dinge früher nicht gebraucht hätte.

Junge Leute, die keinen Spaß in billigen Hotels, bei billiger Verpflegung und in billigen Laken haben, sind bemitleidenswert. Der Fusel macht keinen zweitägigen Kater, Schmuck und Make-up sollten in erster Linie auffallen, im Nachtbus und nicht im Taxi lernt man neue Leute kennen, Bücher und Musik werden geliehen und gebrannt, die Einrichtung ist toller Schrott. Herrlich. Natürlich gibt es Leute, bei denen dieser Lebensstil niemals aufhört. Nur gehört er eindeutig in die Kategorie sexy, wenn jung, fragwürdig, wenn alt. Zu vergleichen ist das mit Aussagen wie: »Ich trage generell keine Unterwäsche«, was man auch nicht von Menschen jeden Alters hören möchte.

Das teure Auge befällt also nicht jeden und vor allem befällt es uns nicht quer durch alle Konsumbereiche, denn

dann wären wir nicht marken- oder qualitätsbewusst, sondern kaufsüchtig und bald pleite. Es ist auch nicht ausschließlich an ein steigendes Einkommen und Familien-
gründung gekoppelt. Es wird geprägt durch empirische
Privatstudien und bleibt mehr und mehr an Dingen hängen,
die sich der eigenen Erfahrung nach als gut bewährt haben.
Und es ist nicht nur symptomatisch für Häuslebauer und
Sicherheitsfanatiker – nomadisch veranlagte Menschen stecken ihr Geld eben in qualitativ hochwertige Koffer, Ruck-
säcke oder Schuhe.

Das Internet beweist, wie wichtig diese Dinge offenbar
vielen Menschen sind. Das extrem detaillierte Gelobe, Nie-
dergemache und die teilweise erschreckend emotional ge-
schriebenen Testberichte bestätigen: Das Richtige zu finden beflügelt die Fantasie fast so stark, wie den oder die
Richtige zu finden. Und da das Leben nicht stehen bleibt,
tun sich ständig neue Bereiche auf, in denen nur das Richtige und nichts anderes als Option in Frage kommt.

Je älter die Schachtel, desto teurer der Tiegel
Luxuskosmetik

Welcher Ort der Welt ist der beste, um in ihn zu investieren? Der Ort, zu dem man ein sehr emotionales Verhältnis pflegt, mit dem man täglich in Verbindung steht und der unbedingt vor dem Niedergang bewahrt werden soll, ist das eigene Gesicht. Der riesige und heiß umkämpfte Markt der Anti-Age-Kosmetik zeigt, wie viel Geld die Menschen in die Pflege ihrer Gesichtshaut fließen lassen, krisensicher kommen jährlich neue Anbieter und Marken hinzu, bei steigender Lebensdauer und Konsumfreude der älteren Kunden. Und das, obwohl regelmäßig von vielen, auch seriösen Seiten behauptet wird, dass Hightech-Kosmetik nicht mehr oder sogar weniger gegen die Alterung der Gesichtshaut ausrichten könne als wahlweise Melkfett, Gurkenscheiben, gar nichts oder die gute, alte Nivea.

»Nivea«, so Dr. Sven Gohla, Chefentwickler der Luxusmarke La Prairie, die genauso wie die Mutter aller Cremes zum Baiersdorf-Konzern gehört, »ist auf jeden Fall zu Recht so beliebt.« Dank ihrer hundertjährigen Geschichte ist sie nicht nur eine der am besten erforschten Cremes, fettet und schützt anständig, sondern weckt mit ihrem bekannten Geruch auch ein Vertrauen, das nur wenig anderen Kosmetikprodukten entgegengebracht wird, erklärt er.

Bei den Cremes, die das xx-Fache und xxx-Fache kosten, ist Psychologie jedoch genauso wichtig. Nur dass es im Gegensatz zur guten, alten Familiencreme nicht um positive Erinnerungen geht, sondern um den Wunsch, der Haut die bestmögliche Hilfestellung zu bieten bei gleichzeitigem Gefühl, sich etwas Besonderes zu gönnen. Die Suche nach der verjüngenden Formel zum Auftragen ist eine jahrtausendealte Herausforderung und nach wie vor aktuell. Wer die Zutaten der alten Tinkturen (Exkremente, Schwermetalle, aber auch Evergreens wie Eselsmilch, Fette und Kräuter) fragwürdig findet, kann davon ausgehen, dass man in der Zukunft vielleicht auch über unseren derzeitigen Stand der Dinge lächeln oder die Stirn runzeln wird.

Bei La Prairie basierte die Forschung von Anfang an auf der Zelltherapie. In den Dreißigerjahren begann der Schweizer Chirurg Paul Niehans mit den ersten Anwendungen auf der Basis von Schafszellen, die man unter die Haut spritzte. Die Idee, den alternden Organismus mit Frischzellen anderer Lebewesen zu versorgen, ist ungefähr so alt wie das Wissen, dass der Mensch aus Zellen besteht, und damit ein alter Gedanke des Anti-Ageing, der heute auch in der Stammzellentherapie seine Fortsetzung findet. Später verabschiedete man sich von den Schafen und entwickelte einen Zellextrakt aus Plazentagewebe. Die Plazenta ist die menschliche oder tierische Nachgeburt oder auch der Mutterkuchen, wobei Kuchen hier eher eine euphemistische Umschreibung ist.

Heute bildet ein im Labor hergestellter Zellularextrakt, dessen genauer Inhalt natürlich nicht preisgegeben wird, das Rückgrat der La-Prairie-Produkte. Grundlage war und ist die Idee, dass es bestimmte Zelltypen gibt, die die Haut so stimulieren können, dass sie sich regeneriert. Neben diesem medizinisch-klinischen Hintergrund setzt La Prairie auf Zutaten wie Gold, Platin, Diamanten und Kaviar, die man sonst eher im Tresor, sichtbar am Körper oder auf Porzellan vermutet denn im Gesicht. Edelmetallen und -steinen werden seit jeher verjüngende Kräfte zugeschrieben wie auch dem Meer, auf dessen Wirkstoff die Konkurrenz mit der Kosmetikserie »La Mer« setzt. Ob dem tatsächlich so ist, darüber lässt sich streiten, auf jeden Fall können sie als eine Art Klunker oder Segelyacht fürs Gesicht den enormen Preis rechtfertigen.

Bei der Wahl für eine Marke innerhalb der Luxuskosmetiklinien entscheiden die Käufer, von welchem Luxusgefühl sie sich angesprochen fühlen. Der maritime Aspekt steht bei der Crème de La Mer oder der Meeresluxuslinie der deutschen Firma Barbor im Vordergrund, das Vertrauen in das große Haus bei Namen wie Chanel oder Dior, Sachlichkeit bei Clinique und das Zählen auf Schweizer Präzision gepaart mit Bling-Bling bei La Prairie. Außerdem spielen olfaktorische und sensorische Fragen eine große Rolle, es existiert sogar das nicht bestätigte Gerücht, dass Geruch, Konsistenz und Verpackung wichtiger für die Kaufentscheidung seien als die Formel selbst. Die Trends und Neuentdeckungen werden in den Laboren der Hightech-Marken gesetzt und finden irgendwann – und das immer schneller – den Weg in die mittleren und unteren Preiskategorien.

Bestimmte Stoffe sind seit langem als Feuchtigkeitsspender bekannt, heute kommt die Forschung an Transportsystemen hinzu, die die Wirkstoffe an die richtigen Stellen leiten sollen. Es geht ferner um Stimulierungsmethoden und um Hormone und Enzyme für das komplexe Organ Haut. Mittlerweile wird in dieser Liga auch anstelle von Pflege oder Kosmetik von Dermaceuticals gesprochen.

Bei allem Marktkampf tut sich das Hochpreissegment jedoch durch Zurückhaltung in der Werbung hervor, was wiederum ein interessanter Schachzug beim Werben um das Kundenvertrauen ist. Denn hört man ein prominentes Werbegesicht sagen, es vertraue einer Creme aus der Drogerie an der Ecke, ist das schon fast rührend und genauso überzeugend wie Topmodels, die behaupten, sie würden privat ausschließlich mit alten Jogginghosen und fettigen Haaren herumlaufen und sich passend dazu von Schokolade ernähren. Subtiler wirkt die verschwiegene Strategie der Kosmetikhersteller, die auf die Kraft ihrer Marke setzen und natürlich auf Mundpropaganda und die Lobpreisungen im redaktionellen Teil der Magazine, die, das muss fairerweise erwähnt werden, nicht selten das Resultat von schicken Reisen und schwelgerischen Produkttests auf Kosten des Hauses sind, nach denen vermutlich fast jede Frau eine Ode der Glückseligkeit in Schriftform absondern würde. Beauty- und People-Abteilung der Magazine sind als Publikationsort dabei von gleichrangiger Bedeutung. Madonna cremt sich täglich von Kopf bis Fuß erst mit der Crème de La Mer ein und packt sich danach in Zellophanfolie, während Karl Lagerfeld und Brad Pitt angeblich »Skin Caviar Luxe« von La Prairie benutzen. Was in den Badezimmern dieser Leute tatsächlich steht, kann nur gemutmaßt werden, aber Gerüchte helfen viel.

Und ständige Neuentwicklungen schüren nicht nur Erwartungen, sondern öffnen auch das Preisfeld nach oben. So hat die Firma MBR (Medical Beauty Research) aus Bad Schlema in Sachsen eine Dreimonatsanwendung mit dem verheißungsvollen Namen »Liquid Surgery Serum« entwickelt, die sich mit einem Preis zwischen viertausendzweihundert und sechstausend Euro zumindest finanziell in Richtung Schönheitsoperation bewegt. Von dieser Linie wird behauptet, dass sie der Renner in einigen arabischen

Ländern ist, was beweist, dass auch ein traditionelles Verhüllungsgewand nichts an dem Wunsch nach einem perfekten Gesicht ändert.

Auch zur Crème de la Mer gibt es die Luxusanwendung »The Essence«, eine Kur, die aus drei Glasphiolen für rund zweitausend Euro besteht, und auch bei Kanebo und La Prairie kann man für die Luxuseditionen vierstellige statt der üblichen dreistelligen Beträge ausgeben. Bleibt die Frage, ob man damit seinem Gesicht einen vielfach größeren Gefallen tut als mit einem günstigeren Kauf. Für alle unter dreißig ist sie relativ einfach zu beantworten: Pflege für reifere Haut schadet entgegen einer populären These der jungen Haut nicht, nutzt ihr aber auch nichts. Und ein Markt für Kosmetika, die kleine Milchgesichter in bemerkenswert verlebte Charakterköpfe verwandelt, existiert nicht. In diesem Fall heißt es, abwarten und sich währenddessen dem Kampf gegen unreine Haut widmen, der viel preisgünstiger ist als alles, was mit Anti-Ageing zu tun hat.

Wer sich für den teuren oder sehr teuren Weg der Pflege entscheidet, zahlt für deren aufwändige Entwicklung, für Studien, in denen Methoden aus der Raumfahrt angewendet werden, hochwertige Zutaten und komplexe Formeln. Er zahlt indirekt auch dafür, dass sehr viele dieser Entwicklungen nicht auf den Markt kommen. Er zahlt außerdem für den Claim Support – also das Versprechen auf dem Tiegel, das nicht nur von hoffnungsvollen Käufern, sondern vor allem durch den Gesetzgeber beobachtet wird. Der Käufer erhält kein Garantiezertifikat für die tatsächliche Wirkung, muss andererseits aber auch nicht fürchten, aus seinem Gesicht ein Endlager für Sondermüll zu machen, dafür haben sich die Hersteller an viel zu strenge Vorgaben zu halten. Proklamiert der Produzent eine Liste an Wirkstoffen und den Beweis für deren Wirksamkeit durch wissenschaftliche Studien, kann er dazu aufgefordert werden, innerhalb von drei Tagen seine Unterlagen der zuständigen Behörde offenzulegen. Hinzu kommt, dass ein Produkt der höheren Preisklasse, das gar nichts bewirkt oder im schlimmsten Fall den Hautzustand verschlechtert, den Ruf einer Marke vernichten würde. Die Basisversprechen sind aber rechtlich gesehen relativ einfach einzuhalten: Um den Begriff Anti-Age nutzen zu dürfen, reicht zum Beispiel schon ein Lichtschutzfaktor.

Auch Feuchtigkeitsverlust ist ein Hauptproblem älter werdender Haut, weswegen tiefenwirksame Hydration eine weitere Anti-Age-Komponente in jeder Preisklasse ist. Je effektiver die Durchfeuchtung tatsächlich funktioniert, desto sichtbarer und messbarer ist das Ergebnis auf der Haut. Sie erscheint, wenn auch nur kurzfristig, tatsächlich praller, was viele begeisterte Kunden zur Folge hat. Die vielversprechend klingenden Detox- und Destress-Systeme bedeuten dagegen nicht, dass die tägliche Umweltbelastung inklusive eigenverantwortlichem Raubbau mit einer Nachtcreme komplett ungeschehen gemacht werden kann, sie weisen nur darauf hin, dass Stoffe zur Neutralisierung der freien Radikale hinzugefügt wurden – häufig in Form von Vitamin E. Dass der Begriff »Lifting« auf einem Cremetiegel nicht ganz so ernst genommen werden sollte, weiß jeder. Nichtsdestotrotz wird kein Anwender im hohen Alter wissen, ob er besser oder schlechter aussehen würde, wenn er mehr oder weniger Geld in seine Gesichtspflege investiert hätte. Die Creme ist niemals der einzige Faktor, und wie Dr. Gohla es sehr einprägsam formuliert: »Eine Creme ist kein Bügeleisen.«

Tempo 40-plus-Zone
Der Sportwagen

Der Luxusbegriff hat sich gewandelt. Nach wie vor sind kostspielige Besitztümer sehr gefragt, aber in Zeiten, in denen viel über die Kunst des Weglassens und der Reduktion gesprochen wird, lautet eine beliebte Antwort auf die Frage, was denn wahrer Luxus sei: Zeit.

Natürlich kommt diese Antwort fast nur von Leuten, die vermutlich die Schränke und Garagen schon voll haben mit Luxusgütern aller Art, von denen viele wiederum in einem direkten Zusammenhang zur Zeit stehen. So wird sehr viel Geld für das Kaschieren der Spuren der Zeit ausgegeben – sei es über Kosmetik, Mode oder Körpertraining oder für die imposante Darstellung von Zeit auf Uhren. Echte Patina bei Antiquitäten hat ihren Preis, gut abgehangene und gereifte Lebens- und Genussmittel ebenfalls, und auch der Kauf eines Luxussportwagens oder einer Limousine hat nicht zuletzt etwas mit Geschwindigkeit zu tun.

Der Drang, mit dem Auto ein soziales Zeichen zu setzen, hat jedoch in Deutschland in den letzten Jahren stark nachgelassen. Besonders Großstädter und Frauen sehen Autos mehr und mehr als Mittel zum Zweck, also zur Fortbewegung. Das bedeutet nicht, dass schnelle Autos nicht mehr als ästhetisch ansprechend empfunden werden, es bedeutet aber, dass immer weniger Menschen denken, in jedem schicken Wagen säße eine im wahrsten Sinne des Wortes rasend interessante Person.

Nicht betroffen von diesem Wandel ist der Porsche, der nach wie vor bestens als Sehnsuchtsobjekt funktioniert. Vor allem für Männer, quer durch alle Gesellschaftsschichten und Weltanschauungen. Mark van Huisseling, Schweizer Journalist und Traumwagentestfahrer, bezeichnet ihn, abgesehen von ein paar Nischen-Playern, als den besten Sportwagen, den es gibt: »Die meisten anderen Autos haben Schwachstellen, sind zu teuer und können zu wenig, während beim Porsche das Preis-Leistungs-Verhältnis stimmt.« Hinzu komme, dass bei anderen Herstellern mit guten Sportwagen das Gesamtmarkenimage von funktionalen und familientauglichen Modellen mitgeprägt werde. Sprich: Von allen anderen gibt's alles Mögliche, von Porsche gibt's den Porsche. Und wer Porsche sagt, meint in der Regel das Modell 911, das zwar mit den Jahren immer wieder überarbeitet wurde, jedoch trotzdem einen unschlagbaren Wiedererkennungswert hat, weshalb auch eins der vielen Bücher über diesen Wagen den in vielerlei Hinsicht treffenden Titel *Porsche 911 – Forever Young* trägt.

Die Imagewerte des Porsches sind ebenfalls unschlagbar, nicht zuletzt, weil kaum einem anderen Auto nachgesagt wird, es poliere das Selbstwertgefühl des in die Jahre kommenden Mannes derart auf. In der Eigenwahrnehmung und natürlich für den Rest der Welt ebenso. Ein Porsche als geheimer Ort des intimen Glücks wäre ein Widerspruch in sich, das bestätigt auch Mark van Huisseling: »Natürlich will man zeigen, was man hat. Was nutzt es, wenn man ihn autoerotisch ganz allein toll findet?« Das würde natürlich niemand einem Porschefahrer abnehmen, genauso wenig wie man einer perfekt angezogenen Frau glaubt, die behauptet, sie würde dies ausschließlich für sich selbst tun.

Und während sich der mehr oder weniger gut ausgerüstete Hauptkampf der Frauen mit zunehmendem Alter gegen die nachlassende Attraktivität richtet, haben Psychologen und Ärzte festgestellt, dass die größte Angst der Männer der Verlust von Kraft und Potenz ist. Neben dem objektiv einleuchtenden Argument, dass an einem Porsche ästhetisch und technisch kaum etwas zu verbessern ist, gilt genauso, dass er eine kostspielige Stütze für manches erodierende männliche Selbstbewusstsein ist oder auch das schickste Trostpflaster gegen körperliche Verfallserscheinungen.

»Sie haben bestimmt eine Midlife-Crisis. Schon einen Porsche gekauft?«, fragt Scarlett Johannsson, der fraugewordene Porsche, Bill Murray in dem Film *Lost in Translation*. Ein mittelalter Mann, der sich einen Porsche kauft, ist nicht nur ein gängiges Klischee. Die Statistik bestätigt, dass das Durchschnittsalter der Käufer eines Neuwagens beim Porsche weit über vierzig liegt: »Ein Zweiundzwanzigjähriger, der aus einem neuen 911er Turbo aussteigt, hat ihn entweder von seinem Vater oder geklaut«, sagt van Huisseling, der sich mit Anfang vierzig und nach seiner Scheidung zwar keinen Porsche, aber einen Maserati gekauft hat und damit mit Freude das Klischee selbst erfüllt.

Auch Endzwanziger kaufen sich Sportwagen – in der Regel alte aus vierter Hand, und selbst unter Menschen mit ausgeprägtem Sozialneid dürfte es sich herumgesprochen haben, dass manch alter Porsche weniger kostet als eine neue Familienkutsche. Der finanziell erstmögliche Zeitpunkt für einen neuen Porsche fällt aber bei den meisten Männern in die Lebensphase, in der sie merken, dass sie zwar schon seit Jahrzehnten die Autobahn des Lebens mit Vollgas entlangbrausen, aber gleichzeitig den Überblick verloren haben, an welcher Stelle es sich lohnt, auch mal auf die Scenic Route auszuweichen. Es ist wie mit Häusern oder Designerküchen. Einem Jungspund, der sich in einer schicken Villa herumtreibt, gratuliert man eher dazu, dass seine Eltern verreist sind, als zu seinem erlesenen Geschmack, einer sehr jungen Frau vielleicht noch zu ihrem erfolgreichen Partner – ansonsten werden Luxusanschaffungen von den meisten viel lieber im Besitz von Leuten gesehen, die schon eine Weile auf der Welt sind, sprich, etwas dafür getan haben.

Die Argumente gegen einen Porsche oder andere Luxussportwagen sind genauso überschaubar und klar wie die, die für ihn sprechen: kein Geld, eine Familien- oder Arbeitssituation, die mehr Platz im Wagen erfordert, Liebe und Treue zu einer anderen Marke und nicht zuletzt der generelle Verzicht auf ein Auto, der in der Regel Bewohnern großer Städte mehr Spaß macht als der Landbevölkerung.

Van Huisseling bemerkt dazu, dass der große Spaß am nichtvorhandenen Wagen, selbst beim kritischen Stadtbewohner, spätestens dann vorbei ist, wenn man auf einen Partner mit einem sehr guten Wagen trifft und die Vorzüge von satten PS unter dem Gesäß mit dem eines Fahrradsattels am eigenen Leib vergleichen darf.

Allerdings wünschen sich mehr und mehr Leute endlich das große Fahrvergnügen mit blütenreinem Gewissen oder einer Verkleinerung ihres CO_2-Fußabdrucks. Das erklärt vielleicht, warum der männliche Sportwagen-Poser auf der Ressentimentsskala von der Vorstadtmama, die ihre Kinder im SUV durch die Gegend kutschiert, abgehängt wurde. Auf den umweltbewussten Traumwagen wartet man indes noch. Der schöne, schnelle und teure Tesla Roadster ist laut van Huisseling durch die lange Ladezeit der über sechstausend Batterien noch weit entfernt davon. Außerdem empfiehlt er aufgrund des vielen Platzes, den diese Batterien einnehmen und der dann dem Fahrer fehlt, das Elektroauto niemandem, der über eins siebzig groß ist oder gerne Röcke trägt. Sowohl bei Elektro- als auch bei Hybridautos fehlt außerdem der Sound. Das stört nicht nur Freunde eines satten Motorengeräusches, das ist auch gefährlich für Fußgänger und Radfahrer, solange wir uns noch nicht daran gewöhnt haben, dass es möglich ist, schnell und geräuschlos gleichzeitig zu fahren. Ein bisschen ist es wie mit den Energiesparlampen und Glühbirnen: Umdenken steht vielleicht an, gewöhnungsbedürftig ist das Neue trotzdem.

Was aber passiert nach den mittleren Jahren und dem Spaß am Sportwagen? Die PS-Zahlen steigen nicht proportional zu den Jahren, und auch die Freude an möglichst vielen Knöpfchen auf dem Armaturenbrett ist laut Studien der Hersteller bei älteren Käufern, die eher Wert auf Übersicht legen, weniger ausgeprägt. »Das Bedürfnis nach Mobilität lässt jedoch ganz sicher nicht nach«, sagt van Huisseling. »Und was mit Sicherheit nicht ab-, sondern eher zunimmt, ist das Bedürfnis nach Komfort.« Ein Blick auf das Durchschnittsalter der Autokäufer zeigt dann auch, dass der Porschefahrer mit seinen Mitte vierzig noch recht jung ist. Die Käufer neuer Mercedes, Lexus, Jaguar und Bentley sind im Schnitt Mitte fünfzig. Altern im Jaguar hört sich halt allemal verlockender an als Essen auf Rädern.

Kann gar nicht alt genug sein
Geld

Auch Geld wird alt. Bevor es so weit ist, ist es nicht jung, sondern neu und muss sich mit allerlei Klischees herumschlagen: Neureich ist ein Synonym für ungehobelt, protzig und aufdringlich. Neues Geld maßt sich an, dorthin zu drängen, wo es nicht hingehört. Überall dorthin nämlich, wo das alte Geld schon länger residiert. Neues Geld steht in der Kritik aller: Missgunst bei den Armen und Misstrauen bei denen, die schon vorher Geld hatten. Argwohn gegenüber Neuen gibt es in jedem Verein, egal, ob man beim Skat oder im Rotary Club aufeinanderhockt. Eine feste Altersvorschrift für Geld gibt es nicht, denn die Haupteigenschaft alten Geldes ist Diskretion.

Deshalb kamen die ersten offiziellen Neureichen auch aus den vergleichsweise jungen USA, wo sich einige Leute mit viel Geld irgendwann fragten, wie sie sich vom Rest der Emporkömmlinge und Glücksritter abgrenzen könnten. Sie verpassten ihnen Etiketten wie Nouveaux Riches und Parvenüs und bewiesen damit schon mal, frankofon zu sein. Das zeigt aber auch, dass Strukturen, in denen alle gleich sein sollen, den meisten Menschen entweder nur in der Theorie oder nur sehr kurz gefallen. So gönnt man sich das Geldanhäufen in den USA zwar gegenseitig, zwischen jemandem etwas nicht neiden und jemanden gern in seinem näheren Umfeld haben, liegen aber Welten. Deshalb gründete sich in den USA Anfang des 20. Jahrhunderts eine Quasi-Aristokratie aus den Familien, deren Geld immerhin schon seit ein paar Generationen in der Familie war und nicht mehr die verschwitzte Ausstrahlung von »Endlich geschafft, jetzt aber her mit dem Schampus« hatte. Das bekannteste Beispiel in der Literatur für diese Attitüde ist Fitzgeralds *Der große Gatsby*.

Heute ist auch das amerikanische alte Geld so alt, dass es sich nicht mehr vergleichen mag und schweigt. Es achtet zum Beispiel darauf, nicht personifiziert in der Forbes-Liste der weltreichsten Menschen aufzutauchen, sondern vermehrt sich klug verteilt und anonym. Namen wie Guggenheim und Vanderbilt sind trotzdem bekannter als die vieler aktueller Großverdiener. Altes Geld muss nicht mehr Geld sein als neues und ist es in der Regel auch nicht. Ganz wenig darf es aber ebenfalls nicht sein, sonst würde es sich ja nicht über Generationen halten können. Sollte das alte Geld wirklich knapp oder weg sein, kann es sich einen langen Nachhall aufbauen, indem es den alten Ruf und Namen pflegt. Mit ihm bleiben Türen zu Partys und Jobs offen, und ist der Name auch noch von Adel, kann man ihn zur Not durch die Adoption Neureicher gewinnbringend teilen.

Auf der jährlichen Forbes-Liste erscheint man mit diesem Geschäftsmodell dann nicht mehr, denn dort aufgeführt wird nur, wer mindestens eine Milliarde US-Dollar besitzt, egal seit wann. Die Herkunft des Geldes wird unterteilt in geerbt, geerbt und vermehrt und self-made, was bedeutet, dass das Vermögen von eben der Person erwirtschaftet wurde, die auf dem Forbes-Foto zu sehen ist, falls sie nicht so medienscheu ist, dass kein Foto von ihr existiert. Der Begriff self-made ist eher ein anerkennender

hemdsärmeliger Schulterklopfer und nicht so negativ kon-
notiert wie das verächtlich zickende »neureich«, was aber
so schnell nicht auf die Liste bedrohter Worte kommen
wird, denn für eine political correctness bei der Bezeichnung sehr, sehr reicher Leute in erster Generation setzt
sich niemand ein.

In seiner Freizeit tut altes Geld kaum noch etwas, was
neues Geld nicht auch könnte. Immer erfolgloser wird
versucht, auf Distinktion von Seiten des alten Geldes zu
setzen, denn auch neues Geld sammelt Kunst, fährt nach
Bayreuth und weiß, dass großzügige Spenden zum guten
Ton gehören. Gleichzeitig wird es im Informationszeitalter
immer schwieriger, aus Stilgründen zu behaupten, das neue
Geld sei bereits Jahrhunderte in Familienbesitz.

Eine Möglichkeit, den Nachwuchs in Form zu bringen,
wäre ein dreiwöchiger Crashkurs Benehmen & Manieren
für Kinder zur Angleichung an die Erben alten Geldes –
natürlich in England, dem Land mit der lebendigsten Alt-
geldfolklore beziehungsweise dem größten Impact in der
Frage, wie altes Geld auszusehen hat. Bei den English
Mentors gibt es Lernmodule zu Themen wie »English
Culture«, »Polo« oder »Suites & Guns«, in dem der Sohn
nicht nur kompakt in die Maßschneiderwelt der Savile Row
eingeführt wird, sondern auch lernt, wie ein Gentleman mit
einem Gewehr umgeht. Nämlich anders als ein wütender
Waffenlobbyist oder betrunkener Bauer. Außerdem geht
es natürlich idealerweise darum, die Kinder auf Bildungs-
einrichtungen wie Eton, Oxford und Cambridge vorzube-
reiten.

Sarah Duchess of York, bekannt als Fergie und leider auch
bekannt für unstandesgemäße Entgleisungen, bei denen sie
im alkoholisierten Zustand und für Geld der Presse Interna

aus dem englischen Königshaus anbot, ist einer der English Mentors. Sie äußert sich auf der Website sehr, sehr besorgt über die Herausforderungen unserer Welt, in der man seinen Kindern unbedingt eine Chance geben sollte – sie auf jeden Fall habe ihren eine gegeben. Angeboten werden die Kurse außer in Englisch noch in Russisch, Chinesisch und Arabisch. Warum in keiner weiteren europäischen Sprache kann nur vermutet werden. Vielleicht gibt es im Rest von Europa noch genug altes Geld, alte Spielregeln, alte Unis und Königsfamilien mit Strahlkraft, selbst wenn sie Fahrrad fahren oder einfach irgendwelche Leute heiraten. Die englische Upperclass-Erziehungsidee verkauft sich offensichtlich am besten an diejenigen, die keine direkten Nachbarn sind.

Die kurze Kursdauer erscheint nur auf den ersten Blick ungewöhnlich, wenn man bedenkt, welche Transformationen einem ansonsten in Kursen von weniger als einmonatiger Dauer zugesichert werden: Vom Trauerkloß zum Womanizer, vom Hänfling zum Adonis, von der Dumpfbacke zum Kreativitätsgott – warum also nicht vom reichen Kind zum Elitekind?

Ob Kinder, die Polo spielen und sich auf die richtige Ausbildung freuen, das Geld ihrer Eltern schneller alt aussehen lassen, als es ist, sei dahingestellt. Denn neues Geld strahlt trotz aller Anpassungsmöglichkeiten etwas aus, das schwer abzulegen ist: die Euphorie des Neuen. Der Schweizer Privatbanker Heinrich Weber, zu dessen Klientel ausschließlich Leute mit einem Vermögen ab dreißig Millionen Euro aufwärts gehören, beschreibt es als den emotionalen Unterschied zwischen altem und neuem Vermögen, der darin besteht, dass Besitzer von Ersterem in jedem Fall schon Erfahrungen mit »der dunklen Seite des Geldes« gesammelt haben. Das zweite große Problem des alten Geldes besteht laut Weber in der Familie. Wächst diese von Generation zu Generation, stellt sich die Frage, wie Geld und Geldquellen so aufgeteilt werden, dass am Ende Familientreffen nicht nur vor Gericht stattfinden oder kein Geld mehr übrig ist. Wächst die Familie nicht, steht sie vor der Frage, wer das Vermögen erben soll. Auch produziert der Sorgenherd Familie immer wieder Erben, die sich der amtierende Patriarch anders vorgestellt hätte.

Manche, die immer Geld hatten, finden es aufregend, so zu leben, als hätten sie keins, oder wenigstens für eine Zeit arm zu spielen, denn es gibt nicht nur Reichen-, sondern auch Armenfolklore. Dies äußert sich dann in provozierend geldfernen Wohnorten, Berufen und Lebenspartnern. Außerdem wollen nicht immer alle Kinder einer Familie in die Fußstapfen ihrer Eltern treten. In manchen Familien gar keins. Somit wäre eigentlich ein durchgeknalltes schwarzes Schaf in der Nachkommenschaft ein klareres Indiz für altes Geld als eins, das zur Fuchsjagd geht.

Wie exhibitionistisch und durch welche Codes ein großes Vermögen zur Schau gestellt wird, bleibt immer auch eine Frage der Lebenseinstellung seiner Besitzer. Tatsächlich wird bei neuem Geld ebenfalls oft geschwiegen, was jedoch viel weniger mit Tradition zu tun hat, als man auf den ersten Blick annehmen könnte. Angst vor Entführung, Erpressung oder einfach nur Nervereien haben viele Leute mit Geld ziemlich schnell, ohne dafür über Generationen schlechte Erfahrungen sammeln zu müssen.

Ganz grundsätzlich gilt Verschwiegenheit aber auch als würdevoll und wird romantisiert. Jeder kennt Märchen von Königen, die sich inkognito in Armenvierteln herumtreiben, und Geschichten von entsetzlich armen Leuten, die durch Talent und Würde zu Königen werden. Letzten Endes sind es Geschichten, die uns vor Augen führen sollten, dass Äußerlichkeiten Äußerlichkeiten sind und die besten Dinge im Leben unbezahlbar. Eine Ansicht, die mit Sicherheit aus der Mittelschicht stammt.

Hin und weg

Im richtigen Alter am richtigen Ort

Reisezielen und Wohnorten werden gerne humane Eigenschaften zugesprochen – sie können altern und, anders als Menschen, sich wieder verjüngen. Sie sind charmant, aufregend, schläfrig, manche sogar unberührt oder jungfräulich. Wenn es nicht so gut gelaufen ist, sind sie langweilig, abgetakelt oder haben ihre besten Jahre bereits hinter sich. Ob dann der schleichende Verfall einsetzt oder sie unter Umständen ein Comeback erleben, hängt davon ab, wer sich dort ein Stelldichein gab oder gibt. Wie es um einen Ort steht, hat damit zu tun, welche Art von Menschen ihn aufsuchen, in welchem Alter sie sich befinden und was sie dort tun. Neu ist, dass es zwar explizit »alte« Orte gibt, vom mittelhessischen Kurort bis hin zu Palm Beach, dass es aber immer weniger explizit »junge« Orte gibt. Nach Berlin, Goa und Ibiza reisen auch ältere Menschen, oder sie sind immer noch da, denn die, die heute alt sind, haben diese Orte mit entdeckt und mit der Energie aufgeladen, die von den nachfolgenden Generationen abgetragen wird.

Neben dem Alter und vielleicht sogar noch vor den finanziellen Möglichkeiten sind es auch bestimmte Interessen, die Reisende miteinander verbinden. Es gibt nur noch wenige Aktivitäten, die ausschließlich den jungen Leuten vorbehalten sind, und nur wenige, die bei Jungen generell als uncool gelten: Mit Feiern, Festivals, Kunst, Sport, Meditation oder Expedition vertreiben sich junge, mittelalte und alte Urlauber die Zeit. Es scheint, als würden nur noch Aktivitäten wie Wassertreten, Schrotkur und Konzerte aus der Kurmuschel für eine bestimmte Altersgruppe stehen, nämlich die wirklich Alten.

Doch schreit diese Exklusivität nicht regelrecht danach, zum nächsten großen Ding zu werden? Bei Jüngeren, die es abgefahren finden, in verschlafenen K.-u.-k.-Kurorten wie Bad Gastein Partys zu veranstalten, auf jeden Fall. Bei etwas Älteren könnte die asiatisch inspirierte Wellness auch jeden Moment durch die Wiederentdeckung von Sebastian Kneipp und Hildegard von Bingen abgelöst werden. Und somit ist wirklich kein Ferienkonzept mehr vor dem Altersmix sicher.

Wenn es überhaupt eine Lebensphase gibt, in der viele Menschen eher isoliert und doch als Gruppe urlauben, dann sind es Familien mit kleinen Kindern. Wo sie in Scharen auftauchen, ist es zwar meistens laut, aber nicht in dem Sinne, wie es kulturbeflissene Rentner oder feierfreudige Twens gut finden. Neben den Clubs und Ressorts, die Kinderanimation anbieten, gibt es mehr und mehr, die sich als kinderfreie Zone deklarieren. Hotels mit Kinderverbot sprechen besonders Paare an: Kinderlose und solche, die sich eine Kinderauszeit gönnen wollen. Weitere altersunabhängige Segmentierungen bei bestimmten Reisezielen haben sich über andere Gruppenzugehörigkeiten gebildet wie die sexuelle Orientierung, den Musikgeschmack, die politische Einstellung oder das Zugehörigkeitsgefühl zu einer bestimmten gesellschaftlichen Schicht. Doch das sind

Inseln im Meer des Tourismus, oft im wahrsten Sinne des Wortes, wie zum Beispiel Fire Island für Homosexuelle, Ko Phangan für Trance- und Goa-Fans, Gomera für die Alternativszene und Sylt oder Sardinien für den statusbewussten Neu- oder Altreichen.

Die Spannbreite der Altersgruppen an bestimmten Orten wird beim Reisen also größer. Selbst im Umkreis des verschrienen Ballermanns findet man heute Schüler, die sich gerade in einer auf Alkoholprodukte bezogenen experimentellen Lebensphase befinden, und daneben Ruheständler, die ungerührt an den körperlichen Resultaten dieser Try-and-Error-Erlebnisse vorüberschlappen. Tendenziell reist also jeder mit jedem und begibt sich vor Ort in sein eigenes Kleingrüppchen. Allein der Blick auf den Ort, an dem man sich befindet, auch wenn es derselbe Strand, dieselbe Stadt oder derselbe Berg ist, verändert sich mit den Jahren, ähnlich wie der auf einen Menschen, den man seit vielen Jahren oder Jahrzehnten kennt. Und so können Reisende der unterschiedlichen Altersgruppen durchaus das Gefühl haben, zwar physisch am selben Ort zu sein, aber wie sie sich dort fühlen und was sie dort erleben, ist Lichtjahre voneinander entfernt.

Spaß ohne Anmeldung
Jungreisende

Unverwechselbar sind die Erlebnisse, die einem als junger Mensch unterwegs widerfahren. Jung reisen bedeutet in der Regel, mit wenig, sehr wenig Geld zu reisen und trotzdem nicht das Gefühl zu haben, auf irgendetwas Großartiges verzichten zu müssen. Sicher wird man nicht zwangsläufig zum Abenteurer, nur weil man jung ist, und ja, es gibt auch junge Reisemuffel und Leute, die immer mit ihren Eltern in den Urlaub fahren, bis sie selbst eine Familie haben. Aber das prickelnde Gefühl, Jack Kerouac im Taschenformat zu sein, auch wenn man nur für ein Wochenende in die nächstgelegene europäische Großstadt fährt, stellt sich nur in frühen Jahren ein. Hier soll jedoch nichts verherrlicht werden, denn es kann hart sein, wenn man dehydriert und allein irgendwo gestrandet ist oder ein unfreiwillig erworbener Teppich das einzige Zahlungsmittel für den weiteren Verlauf der Reise darstellt. Die spannende Frage an diesen Geschichten ist aus der Sicht heutiger Jungreisender die, wie man aus solchen Nummern ohne Mobiltelefon herauskam.

Das Beflügelnde an frühen Reisen ist zuallererst, dass man nicht zu Hause ist – was umgekehrt mit zunehmendem Alter bei manchem mehr und mehr zum Problem wird: Häuser, Gärten, Hunde und Jobs, die nicht lange allein gelassen werden können, Kinder, die nur manchmal Ferien haben, sabotierende Partner und das schlimme Gefühl, die

Welt würde stehen bleiben, wenn man mehr als zehn Tage wegbleibt. Auch der ungeplante Aufbruch wird nicht leichter. Man möchte spontan sein, hat aber schon einen Plan – nämlich den, spontan zu sein. Deshalb ist man, was das Herum- und Weiterkommen angeht, nie erfindungsreicher und flexibler als in sehr frühen Erwachsenenjahren – wenn man sich mit nicht mehr als einem Taschengeld auf den Weg macht. Die Schamgrenze ist noch nicht ausgereift und das Bedürfnis nach Intimsphäre klein, so klein wie die Gedanken, die man sich um die Unterkunft macht. Dann kommen die berühmten Freunde von Freunden von Freunden ins Spiel, also Leute, die am Reiseort wohnen und bei denen man sich einquartieren kann. Wie lange, weiß man nicht und kann es deshalb diesen Leuten auch nicht sagen. Und dass Freunde oder Liebhaber im Schlepptau sind, ist selbstverständlich und sollte den Obdachgebern ebenso klar sein. Am Ende der Reise sind aus den Leuten mit der Wohnung an dem Ort, an dem man mal übernachten wollte, entweder Freunde geworden, die so bald wie möglich eine Gegeninvasion planen, oder aber, nach einer Verkettung unglücklicher Umstände, die oft mit Geld zu tun haben, verkniffen schweigende Leute, wenn nicht gar Gläubiger oder Feinde.

Nur so sind die beliebten Städtereisen in die Metropolen der Welt für die meisten nicht berufstätigen jungen Menschen denkbar, denn selbst Hostels und Absteigen mit Münzduschen sprengen nach kurzer Zeit jedes Kleinstbudget. Demzufolge stapelt man sich zu einem halben Dutzend in winzigen Wohnungen, streitet sich um ein paar Joghurts oder – im besseren Fall – teilt sich alles, was da ist. Nichts ist besser für die Prägung der sozialen Persönlichkeit als diese Art des Reisens – sie ist die Vorbereitung aufs spätere

Wohnen. Unsoziale Persönlichkeiten werden auch nach Wochen des uneingeladenen Essens, Telefonierens und Randalierens meinen, ihr Aufenthalt wäre für alle Beteiligten gleich schön gewesen. Wenigstens halbwegs soziale Wesen werden ihren Aufenthalt spätestens dann objektiver einschätzen können, wenn sie selbst zum Gastgeber auserkoren werden. Einige Reiseveranstalter und Onlinebörsen versuchen Couch Crashing in einem professionellen Tauschrahmen anzubieten, was dem Ganzen Aufregung und Ungewissheit, aber auch viel Charme nimmt.

Weitere Begleiterscheinungen jungen Reisens sind ausbeuterische Jobs, manchmal am Rande der Legalität, die man zu Hause nie machen würde, unter Wolkenkratzern aber für zwei Wochen cool finden kann und die noch zwanzig Jahre später für Gesprächsstoff sorgen. Andere haben sich für einen Job irgendwo und gegen den noch unklaren daheim in der Kälte entschieden und sind seit diesem schicksalhaften Urlaub Animateur oder Schmuckverkäuferin geblieben. Zum sehr jungen Reisen gehören außerdem unabsichtliche Planänderungen – so wollte man vielleicht ursprünglich nach Mexiko-Stadt, hatte aber letzten Endes sehr viel Spaß in Buenos Aires.

Neben chronisch muffigen und immer weniger Klamotten bei gleichzeitig mehr hässlichen Souvenirs, befinden sich Geschichten von lustigen, halsbrecherischen Aktionen, herrlich leichtsinnige Kontaktaufnahmen, legendär unsinnige Pläne und natürlich tausende von herzlichen Einladungen im Handgepäck von Frühreisenden. Die Leute, die einem auf diesen Trips begegnen, gehen garantiert in die Lebensgeschichte ein. Zwar erinnert man sich Jahrzehnte später nicht mehr, wie man sich ohne Sprachkenntnisse mit ihnen verständigt hat, der Platz im Herzen oder in der

Lieblingsanekdote ist ihnen aber sicherer als vielen späteren Bekanntschaften. Wem der Gedanke gefällt, häufig zitiert und glorifiziert zu werden, der sollte möglichst beeindruckende Dinge zu jungen Reisenden sagen. Dabei ist allerdings damit zu rechnen, dass man als steinalter Schamane, zauseliger Clochard oder herzliche Puffmutter in die Geschichte eingeht, obwohl man sich selbst eher als normaler Passant, Schalterbeamter oder Gastronomin bezeichnet hätte.

Auch wenn sich viele Menschen einzelne Komponenten des Jungreisens bewahren möchten: Irgendwann ist Schluss damit. Es wird zu anstrengend, zu unbequem. In manchen Fällen nur für die anderen, aber von denen ist dieser Urlaubsstil schließlich abhängig. Ein Vierzigjähriger, der stoned, aber spontan bei fast unbekannten Bekannten klingelt, strahlt etwas aus, das einer Zwanzigjährigen und ihrer besten Freundin in dieser Situation fehlt: Tragik. Und damit wird es schwierig, wenn für unbegrenzte Zeit mal ein Sofa benötigt wird. Ganz zu schweigen von den Pluspunkten, die Zwanzigjährige aufzuweisen haben – Euphorie zum Beispiel. Das bedeutet keinesfalls, dass es in späteren Jahren würdelos erscheint, ins Blaue zu fahren. Es bedeutet ebenfalls nicht, dass später zwangsläufig nur noch Pauschalreisen auf dem Programm stehen sollten. Allerdings hat jedes Reisealter seine Zeit.

Reisen, nicht Urlaub machen
Auf dem Hippie-Trail

Die Hippies waren nicht die Ersten, die sich auf den Weg nach Nordafrika oder Südostasien machten. Sie waren aber die erste Jugend- und junge Erwachsenenbewegung, die dem individualisierten Massentourismus unbeabsichtigt die Türen öffnete. Zuvor war das ausschweifende Reisen in so exotische Länder wie Afghanistan, China, Indien und Gegenden Afrikas und Südamerikas Forschern und einer meist gut situierten, künstlerischen und literarischen Bohème auf der Flucht und gleichzeitigen Suche nach sich selbst vorbehalten, die ihre Eindrücke in Literatur und Reisereportagen verarbeiteten. Nachzulesen ist das unter anderem bei der Schweizer Reiseschriftstellerin Annemarie Schwarzenbach, bei Claude Lévi-Strauss (*Traurige Tropen*), Paul Bowles (*Himmel über der Wüste*) bis hin zu William S. Burroughs und immer wieder Hemingway. Auch Simone de Beauvoir reiste gern und schrieb darüber, und Françoise Sagan (*Bonjour New York*) erzählt in ihren Essays von den heute fast schon naiv klingenden Sehnsuchtsorten New York, Paris oder Capri, die aber zu einer Zeit entstanden, in der es noch als frivol und von daher rasend interessant galt, weiter als ritualisiert bis in den Schwarzwald zu verreisen. Berichte aus fernen Städten und Ländern waren nicht dazu gedacht, dass andere Menschen sie nachreisen konnten, sondern es waren Botschaften aus der Ferne, die das Innenleben des

Autors gleich mitreflektierten. Und in die Ferne zog es zunächst einmal die Gedanken.

Es war also eine Ungeheuerlichkeit, als in den Sechziger- und Siebzigerjahren eine ganze Generation vornehmlich Richtung Asien aufbrach. Per Anhalter, mit dem eigenen Auto, mit dem Fahrrad oder Motorrad und manchmal sogar zu Fuß. Der Hippie-Trail führte von Nord- und West- europa per Landweg durch Jugoslawien, die Türkei, Iran und Afghanistan weiter nach Indien, Nepal oder Südost- asien. Zeitweise waren damals bis zu vierzigtausend Men- schen gleichzeitig auf dieser Strecke unterwegs. Sie waren mehrheitlich jung und hatten mehrheitlich das Gefühl, in ihren Heimatländern im hartnäckigen Nachkriegsmief zu ersticken. Als Gegenentwurf galten östliche Religionen, Mystik und Lebensgewohnheiten.

Deutsche auf dem Indientrip betraten noch unerforschte- res Terrain als beispielsweise junge Briten, die sich ebenfalls in Scharen auf den Hippie-Trail begaben, unter anderem die Beatles, die im Ashram natürlich nicht fehlen durften. Schließlich kannte man in England schon alte Leute mit jahrelanger Indienerfahrung – wenn auch aus anderen Gründen.

Unter den Pionieren der Alternativreisenden befand sich auch Stefan Loose, der sich 1971 zum ersten Mal auf den Landweg nach Indien machte. Er wollte damals »nur weg«, denn: »Die Gesellschaft in Deutschland war schon sehr, sehr schlimm und beengend«, sagt er heute.

Als er in Berlin startete, überlegte Loose nicht lange, son- dern fuhr einfach nach Indien, erzählt er heute. Ein paar Freunde gaben Tipps, aber nichts wirklich Konkretes, der Rest ergab sich unterwegs. In Indien angekommen musste er dann feststellen, dass er die völlig falsche Reisezeit gewählt hatte, denn der Monsun tobte. Was als einmaliges Abenteuer an dieser Stelle hätte enden können, fing danach aber erst richtig an. Weitere, optimierte Expeditionen wurden gestartet, Loose lernte seine Frau Renate kennen, die ebenfalls begeisterte Südostasienreisende war, entschied sich gegen den Beruf als Lehrer und gründete seinen eigenen Verlag. 1978 brachte er das erste Südostasienbuch für Individualreisende heraus. Es folgten Handbücher für immer mehr Länder und Regionen, immer mehr fachkundige Autoren stießen zum Team. Der Beginn des Internetzeitalters ermöglichte den Zugriff auf Veränderungen und Entwicklungen selbst am hintersten Zipfel der Welt. Seitdem gibt es Loose auch im Internet.

2002 wird der Stefan Loose Verlag an den Dumont Verlag verkauft, acht Jahre später werden Stefan und Renate Loose auf der Internationalen Tourismusbörse in Berlin für ihr Lebenswerk ausgezeichnet. Den Preis können sie nicht persönlich entgegennehmen, denn sie sind schon wieder auf Tour, diesmal in Malaysia, wie sie überhaupt die meiste Zeit auf Reisen sind. Nur einige Monate im Jahr verbringen die beiden in ihrer Berliner Wohnung.

Mit siebenundfünfzig und vierundsechzig Jahren gehört das Ehepaar Loose zu den Traveller-Veteranen. Sie starteten in einer Zeit, als es in Berlin noch kein einziges Thairestaurant gab, geschweige denn Menschen, die auf die Idee gekommen wären, nach Thailand in den Urlaub zu fahren, und sie verkauften ihren Verlag, als Stadt- und Kontinent-Hopping für den Easyjetset zum Kurzzeitvergnügen wurde.

Die Berliner Wohnung der Looses ist eine Mischung aus aufgeräumter deutscher Neubaugemütlichkeit, gespickt mit asiatischen Souvenirs und Devotionalien. Hier sitzen die beiden kurz vor ihrem erneuten Aufbruch nach Fernost und erklären, wieso sie sich in der globalen Tourismusbranche erst als Exoten fühlten, einen Trend aufgriffen und mitgestalteten und sich nun fast schon wieder als Exoten fühlen: »Heute wollen die Leute Urlaub machen – shoppen, Party und ein bisschen Sightseeing. Abenteuer und fremde Gesellschaften kennen lernen, ist nicht so angesagt«, sagt Stefan Loose, und seine Frau fügt hinzu: »Warum haben es alle nur so eilig?«

Was ganz sicher zur allgemeinen Hetze beiträgt, ist die Situation auf dem Arbeitsmarkt. Ein Vorteil der ehemals beengenden Gesellschaft mit Vollbeschäftigung war, dass man aus ihr jahrelang verschwinden konnte und dennoch mit offenen Armen wiederaufgenommen wurde. In fast jedem beliebigen Beruf fand man wieder Anschluss. Und nicht nur das hat sich verändert, auch der Landweg nach Indien ist praktisch unbegehbar geworden. Mit dem Rucksack durch den Iran zu reisen klingt derzeit vor allem für Frauen nicht verlockend, und ins nette ehemalige Hippiecafé in Kabul traut sich heute höchstens Peter Scholl-Latour noch hinein.

Wenn nach der Schule doch der Wunsch auf eine längere, exotische Auszeit besteht, kann es nicht schaden, diese als strategischen Schritt zu deklarieren. Auslandsaufenthalte machen sich gut in jedem Lebenslauf, aber sie sollen sich organisch in die sonstige Ausbildung einfügen: Vier Monate an den Stränden Thailands rumliegen, nachdenken, in der Strandbar Gläser einsammeln und kiffen klingt nicht karrierefördernd, ausgedehntes Studium südostasiatischer Lebensgewohnheiten vor Ort und Praktikum in einem mittelständischen Gastronomiebetrieb jedoch schon.

»Die jungen Individualreisenden ballen sich immer an den gleichen Orten, und so gibt es selbst in touristisch erschlossenen Ländern noch viele weiße Flecken«, so Loose. Individualist ist man heute allerdings am liebsten in der Gruppe. Und Geheimtipps sind in dem Moment, in dem sie in Magazinen veröffentlicht oder in einem Internetforum als solche geposted werden, keine mehr. Aber laut den Looses gibt es sie noch überall auf der Welt, wo der Globalisierungstrotter noch nicht durchgetrottet ist. Krisengebiete wie zum Beispiel Bangladesch, Pakistan oder der Nordosten von Indien warten auf echte Abenteurer und Entdecker. Oder Inseln wie zum Beispiel das indonesische Sumba. Da aber die meisten Reisenden oder Urlauber, wie die Looses sie nennen, unter Geheimtipp eher die kleine authentische toskanische Trattoria in Familienbesitz verstehen und nicht das Sitzen ums Lagerfeuer mit den Eingeborenen von Sumba, werden sich diese Geheimtipps sicherlich trotz Publikationen hartnäckig als solche halten. Die Sehnsucht nach dem ursprünglichsten und unentdecktesten Land, Strand oder Volk ist dann doch nicht so ausgeprägt, wenn kein Flughafen, Internetcafé oder Massagesalon in der Nähe ist. Und auch die Looses wissen, dass kein Reiseanfänger, ob jung oder alt, in Pakistan glücklich werden würde. Deshalb plädieren sie dafür, zunächst bei Pauschalurlauben, so wenig wie möglich zu planen, und schon kann sich auch auf Mallorca ein aufregendes Reisegefühl einstellen. In Deutschland, immerhin beliebtestes Reiseland der Deutschen und inzwischen nicht mehr völlig abwegiges Reiseland für den Rest der Welt, gäbe es auf diese Art zu reisen ebenfalls viel zu entdecken.

Für die Looses steht auf jeden Fall fest: »Als Reisender muss man sich ständig neu orientieren, nichts läuft von allein, und dadurch lebt man intensiver. Reisen hält jung.«

Stadt, Land, Frust
Von Stadtneurotikern zu Village People

Wer »Kikeriki« für einen tollen Sound hält, ist mit Sicherheit sehr jung oder gerade nicht mehr jung. Und mit
Sicherheit hat er auch nicht sein bisheriges Leben auf dem
Land verbracht, denn dann würden ihn weder ein leibhaf-
tiger Hahn noch die Anmut eines Dorfes aus der Fassung
bringen, weil beides so alltäglich wäre wie die Garage neben dem Haus.

Wer jedoch als junger Mensch mit wehenden Fahnen in
die Großstadt geflüchtet ist, kehrt ihr nicht selten irgendwann den Rücken. Und zwar mit Konzept und oftmals neu
entdeckter Ideologie. Dazu gehören die ausreichende Anzahl an Jahren in der Stadt, der passende Partner und oft
Nachwuchs, dem man eine Bullerbü-Kindheit bieten möchte. Die klassischen Großstadtflüchtlinge gehen stramm auf
die vierzig zu. Typisch für sie ist auch, dass sie das urbane
Leben vorher oft exzessiv genossen haben, meistens in
einem Innenstadtbezirk.

Wer jetzt als gebürtiger Landbewohner seine neuen
Nachbarn betrachtet und sich durch deren Begeisterung
für alles Ländliche in seinem Lebensentwurf bestätigt fühlt,
liegt dennoch falsch. Exstädtern ist der Teil ihres Lebens,
den sie nicht auf dem Dorf verbracht haben, unheimlich
wichtig. Andernfalls wären sie ja Landeier und keine urbanen Menschen, die sich für ein neues Lebensmodell ent-

schieden haben. Die Neolandbevölkerung hat zwar eine Allergie gegen die Großstadt entwickelt, aber nach wie vor Angst vor allem, was zu hinterwäldlerisch und provinziell sein könnte. Deshalb zieht sie auch sehr gern in den Speckgürtel von Großstädten. Ein ekliges Wort zwar, das aber ganz gut zum entsprechenden Alter passt. Auch sind Dörfer, die bereits von anderen Exstädtern für gut befunden wurden, beliebter als Dörfer im Urzustand. Der Durchschnittsmensch ist ein Herdentier, und so, wie sich an beliebten Ferienzielen Ansammlungen bestimmter Nationalitäten finden, gibt es auch Landstriche, in denen sich Hamburger, Berliner und Münchner häufen, und anderswo solche, in denen sich New Yorker, Londoner und Pariser besonders gern niederlassen, um »Unsere kleine Farm« zu spielen – zumindest am Wochenende.

Wer jedoch ganz aufs Land zieht, hat gesehen, was es in der Stadt zu sehen gab, und entschieden, dass ein paar Wechsel anstehen: Haus statt Wohnung. Garten statt öffentlicher Grünanlage. Sauerstoff statt Abgase. Gemütlichkeit statt Aufregung. Diese Entscheidungen werden gern ungefragt, aber vehement begründet. Oft hören sich die Schilderungen des Lebens in der Großstadt nachträglich eher nach dem Alltag in einem brandgefährlichen Slum an als nach Berlin, Hamburg oder Köln. Kriminalität, Dreck und Chaos werden in einem Ausmaß geschildert, das man vor allem seinen Kindern auf gar keinen Fall zumuten kann. Plötzlich können nur ein Garten und ein Schaf diese auf dem Weg der Tugend halten und sie vor allen Lastern der Welt, denen bis dato selbst gefrönt wurde, beschützen.

Dabei wurde der Umzug in die Stadt, den genau diese Leute zwei Jahrzehnte vorher voller Begeisterung gestartet hatten, ähnlich – nur andersherum – begründet: Wohnung statt Elternhaus. Freiheit statt Mief. Action statt Lange-weile. Im Park auf Gras mit Glassplittern herumliegen, statt sich hinter Buchsbäumen zu verstecken.

Beschrieben wird dieser Aufbruch in unzähligen Filmen, Büchern und Songs: Der Small Town Boy steht auf dem Bahnsteig und weiß, dass er das alles hinter sich lassen muss, die Großstadt ruft mit ihren Verlockungen – *first we take Manhattan then we take Berlin*. Man macht sich mutig auf die Suche nach Glück, Erfolg, Freiheit und Toleranz. Zurückgelassen wird eine Welt, die sich nie ändern wird, deshalb geht man ja. Und genau deshalb kehrt man wieder zurück, auch wenn man es sich nicht gerne eingesteht.

Wer den Weg zurück in die Provinz antritt, ist nicht mehr in einem Alter, in dem er sich durch Popmusik oder Lite-ratur bestätigen lassen muss, dass es irgendwo da draußen Menschen gibt, die ihn verstehen. Im Gegenteil. Der Stadt-neurotiker auf der Suche nach Ruhe kommt bereits in pas-sender Begleitung. Paar sein scheint die erste Vorausset-zung, die zu erfüllen ist, wenn man der Stadt den Rücken kehren will, denn ein Single über dreißig weiß, wie hoff-nungslos klein seine Auswahl an potenziellen Partnern auf dem Land ist und wie misstrauisch er (und sie noch viel mehr) deshalb von den anderen Paaren beäugt wird. Es sei denn, man erobert das Land gleich als Großstadthorde und lebt in Landkommunen, Künstlerenklaven oder im Bio-bauernkollektiv.

Hat man sich jedoch als Paar darauf geeinigt, gemeinsam »raus«zuziehen, wird damit das unerschütterlich feste Sta-dium, das die Beziehung erreicht haben muss, unterstrichen. Eine Trennung in der Stadt ist traurig. Eine Trennung in einem Dorf mit fünf Häusern ist nicht auszuhalten. Außer-dem bedeutet die Stadtflucht fast immer, dass man weder pleite noch planlos ist. Jeder kennt Erfolgsgeschichten, in denen die Hauptperson mit nichts als einem Koffer und einem zerknitterten Geldschein in der großen Stadt ankam, um diese zu erobern. In die umgekehrte Richtung zieht man unter komplett anderen Vorzeichen, obwohl Stadtfrust ähnlich schleichend entsteht wie das Bewusstsein, ein paar Nummern zu groß und glamourös für sein Heimatkaff zu sein.

Der urbane Überdruss beginnt damit, dass man innerhalb der Stadt keinen geeigneten Ort findet, an dem man sich glücklich älter werden sieht: Mittendrin wird es zu schnell, am Rand zu teuer, zu piefig oder so dezentral, dass man gleich ganz wegziehen kann. Und ihren Höhepunkt erreicht die Stadtmüdigkeit, wenn einem die einstigen Vorteile des urbanen Lebensstils gehörig zum Hals heraushängen.

Denn die Antwort auf die Frage, was gerade das Aufregende und was das Langweilige ist, ändert sich im Laufe des Lebens. Bei einigen Leuten ändert sie sich sogar so radikal, dass sie plötzlich empfindlich auf Dinge reagieren, die ihnen früher überlebensnotwendig erschienen: Partyeinladungen, öffentliche Verkehrsmittel vor dem Haus, Leute, die man nicht kennt, und Abwechslung zum Beispiel. Ersetzt werden sie durch neue Interessen, die ihnen früher suspekt oder egal waren: Komposthaufen, Sämereien und enge Beziehungen zu den Nachbarn. Schnell ist man sodann wieder bei der Urfrage angelangt, was diese denn über einen wohl so denken.

Wer sich zwischen Stadt und Land nicht entscheiden mag, könnte es auch mit dem Umzug in eine Mittelstadt versuchen. Mittelstädte und Umgebung sind in Deutschland sehr beliebt, es scheint, dass die meisten Menschen in ihnen wohnen oder aus ihnen kommen. Eine Mittelstadt ist so groß, dass sie von Landbewohnern als hektische Großstadt und von Großstädtern als Provinznest bezeichnet wird. Trotzdem oder vielleicht gerade deswegen betonen ihre Bewohner gerne, dass man dort alles hat: Übersichtlichkeit und Ruhe wie auf dem Land, kulturelles Angebot und Infrastruktur wie in der Großstadt. Vielleicht aber doch weder das eine noch das andere, sondern ein Mittelmaß, das ambitionierte Teenager und junge Zwanziger wieder die Koffer packen lässt, um sich türenknallend und mit großer Geste vom Acker zu machen.

Neue alte Freaks
Mit dem Wohnmobil durch die Tundra

Auf den ersten Blick hat sich nicht viel geändert: Die meisten Rentner leben in ihrem angestammten Zuhause, verreisen am liebsten innerhalb Deutschlands und finden, dass Erholung und Gesundheit das vornehmliche Ziel einer Reise sein sollten. Auch Städte-, Kulturreisen und Kreuzfahrten sind bei Senioren beliebt, und da sie öfter und länger verreisen können als jüngere und berufstätige Menschen, sind sie dementsprechend viel unterwegs und eine viel umworbene Zielgruppe. Die Mehrheit der Älteren und Alten setzt laut Umfragen auf Nordsee und Bad Pyrmont, Bodensee und Kölner Dom, gespickt mit ein bisschen Teneriffa, Toskana und Antalya.

Wer sich den demographischen Wandel aus der Nähe anschauen will, der kann das in einem deutschen Kurort tun. Bei einer Gästeumfrage in Bad Wörishofen, einem sehr beliebten bayerischen Kurort, waren fast drei viertel aller Gäste zwischen fünfundsechzig und hundert Jahre alt, knapp ein Viertel von ihnen war zum Zeitpunkt der Befragung schon mehr als zehnmal dort gewesen. Nur knapp 5 % aller Gäste in Bad Wörishofen waren unter neunundvierzig Jahre alt. Und da es in vergleichbaren Orten ähnlich alt aussieht, ähneln sich auch die Werbeprospekte. Der eine setzt auf Kneipp, der andere auf Wellness allgemein, der Nächste packt noch ein bisschen Kostümfest und Sissy-

Mottopartys mit dazu. Es scheint, als gäbe es nachwach-
sende Gruppen von Rentnern, die genau das wollen. Die
Frage ist nur, wie lange noch. Stirbt das Sechzigerjahre-
modell vom älteren Menschen mit den entsprechenden
Interessen nicht doch eines Tages aus? Und was kommt
dann? Bereits jetzt merken einige Gäste und Kurverwaltun-
gen kritisch an, dass ein paar jüngere Gesichter den Orten
guttun würden. Jung heißt in diesem Fall zwischen vierzig
und fünfzig Jahren. Wer also in der Midlife-Crisis steckt,
dem könnte ein Urlaub in einem deutschen Kurort neues
Selbstbewusstsein bescheren, denn dort wird man in diesem
Alter als interessanter Youngster wahrgenommen.

Wer sein junges Leben lang aufgeschlossen, abenteuer-
lustig, neugierig und weltoffen war, der hat sicher gegen
einen Kuraufenthalt hier und da nichts einzuwenden, der
wird aber auch, solange die Gesundheit mitspielt, mehr
wollen. Fitte Alte können heute den Mount Everest bestei-
gen und in die Antarktis schippern. Oder sie können eine
halbe Weltreise antreten, in einem Vehikel, das eher für den
sauerländischen Baggersee als den Aralsee steht. Die Rede
ist vom guten, alten Wohnmobil. Wer es als alter Mensch
wirklich noch mal wissen will, der konnte mit der Reise-
agentur »Abenteuer Osten« von Konstantin Abert im Jahr
2009 während eines halben Jahres von Berlin über Moskau,
Nowosibirsk, Gobi, Peking, Taschkent, die Karakum, den
Persischen Golf, Teheran und Tiflis bis Istanbul fahren oder
kann das im Jahr 2012 von Berlin bis nach Australien. Auf
dem Landweg natürlich, eine Route, bei der jeder Naviga-
tor implodieren würde. Mit um die zehntausend Euro ohne
Benzinkosten ist man bei solchen Routen dabei, inklusive
Vorbereitung, Betreuung und vielen Extras. Wer sich erst
einmal auf kleinerer Strecke erproben will, für den sind

vielleicht zwei Monate Russland oder auch Madagaskar eine interessante Alternative.

Und so gondeln dreißig bis vierzig Menschen, die im Schnitt zwischen sechzig und siebzig Jahre alt sind, über Berg, Tal und Wüste genauso wie durch chinesische Gigametropolen. Der älteste Fahrer bisher war fünfundachtzig Jahre alt und fand sich in der Pekinger Rushhour bestens zurecht. Konstantin Abert, der in seiner beruflichen Laufbahn auch mit Studenten organisiert reiste, mag seine betagteren Kunden: »Es sind meist gebildete Menschen mit interessanten Berufen, die Lust auf Abenteuer haben.« Allerdings sind sie aufgrund ihrer Erfahrung auch um einiges wählerischer als zum Beispiel Studenten: »Sie erwarten, dass wir als Ansprechpartner immer für sie da sind, dass wir auf alles eine Antwort haben und dass alles perfekt organisiert ist.« Das klingt mehr nach Fünfsternehotel als nach Extremwohnmobiling durch exotische Länder, aber es scheint zu klappen. Fast niemand bricht die Reise ab, sei es aus körperlichen oder psychischen Gründen – Abert spricht von »einem von Hundert«, der nicht bis zum Schluss dabeibleibt.

Die reiselustigen Alten bleiben danach in regelmäßigem Kontakt. Soziale Dynamik entwickelt sich während des halben Jahres ähnlich wie in jungen Reisegruppen. Ein derartiger Trip schweißt alle Beteiligten ungeheuer zusammen. Zwar reisen 80 % der Teilnehmer als Pärchen an, unter dem verbleibenden Rest soll sich aber auch schon die eine oder andere Urlaubsromanze angebahnt haben. Feste werden leidenschaftlich gefeiert, und das bei 40 °C im Schatten. Dass auf Schotterpisten und bei Pannen auch mal die Nerven blank liegen können und die Fetzen fliegen, ist nur allzu leicht nachvollziehbar: »Das soziale Einmaleins wird genauso gefordert wie alles andere«, so Abert. Auch in der Wirkung nach außen, denn die Gebiete, durch die die unternehmungslustigen Deutschen fahren, sind oft völlig frei von Tourismus. Wie würden wohl die Bewohner eines bayerischen Dorfes in dem konzeptionell eher unwahrscheinlichen Fall gucken, wenn ein mongolisches Nomadenvolk auf Bildungsreise durch ihren Ort reiten würde? Sicher ähnlich fassungslos wie die versprengten Völker in den entlegensten Gebieten der Welt, wenn die deutschen Wohnwagen einfahren. Abert sagt, dass sie oft wie Außerirdische bestaunt werden. Manchmal misstrauisch oder ängstlich, nach anfänglicher Vorsicht aber oft sehr gastfreundlich, aufgeschlossen und neugierig.

Vierzig Jahre nach dem Hippie-Trail sind es eine kleine Handvoll finanziell gut ausgestatteter Rentner, die organisierte Abenteuer erleben wollen – die aus der Zivilisation heraus Stippvisiten ins Unbekannte starten. Exot in seiner Altersgruppe ist man dadurch allemal: eine Art Freak mit doppeltem Boden, Reiseunfallversicherung und garantiertem Dach über den Kopf.

Graue Flecken auf der Landkarte
Orte zum Altwerden

Dass in anderen Ländern die Menschen netter zu fremden Menschen sind, ist ein gern und begeistert verbreiteter Allgemeinplatz unter Deutschen. Großzügig werden unfreundliche Thais, schlechte französische Köche und kinderfeindliche Schweden, die es ja trotz aller Begeisterung für diese Länder dennoch gibt, ausgeblendet.

Kein Problem im Urlaub – es lebe der gute, kurze Eindruck. Oft ist der Eindruck so gut, dass man immer wieder kommt und sich schließlich entschließt zu bleiben. Unzählige Auswanderer-Dokus zeigen Menschen beim Scheitern dieses Projekts. Meist solche, die sich ausgemalt hatten, die perfekte Mischung aus Urlaub und Heimat leben zu können: tolles Wetter, tolle Preise, tolle Leute und deutsche Zeitungen für immer. Der Weg ins Neue (und schlimmstenfalls auch wieder zurück) ist heute keine wirklich große Hürde mehr. Die Anforderungen an den Auswanderer gelten jedoch nach wie vor: Anpassungsfähig, risikofreudig und heimwehresistent sollte er sein. Eigenschaften, die von alten Menschen weniger zu erwarten sind als von jungen, weshalb sie einst ihr Land entweder im Kreise der Familie oder nur in äußersten Notfällen verließen.

Heute machen sich viele allein auf den Weg ins Neue. Eine steigende Anzahl von Rentnern aus den Industrienationen stellt fest, dass es sich von schmaler Rente in anderen EU-Ländern oder Schwellenländern ungleich komfortabler leben lässt. Mit tausend Euro in München kommt man nicht weit, in Polen schon weiter und in Thailand lebt man damit nicht wie in Palm Beach, Florida, dem reichsten Seniorenflecken der Welt, aber immerhin mit professioneller Unterstützung, zum Beispiel durch eine Pflegehilfe. Bisher machten sich Rentner eher aus Klimagründen auf den Weg in ein anderes Land. Für viele Rentner wird das Leben in ihrem Heimatland aber immer karger, und dann kann ein Umzug durchaus auch aus pragmatischen Gründen in Erwägung gezogen werden. In Pattaya, einem thailändischen Urlaubsort, leben inzwischen zum Beispiel sehr viele alte Japaner, mehr oder weniger organisiert dort angesiedelt, weil sie sich ein Leben in Japan nicht mehr leisten konnten. Trotzdem ist dieses Modell sicher keine Lösung der Altersarmut und für viele Rentner auch gar keine Option, denn Heimatverbundenheit und Sprachsicherheit spielen im Alter eine noch größere Rolle als in jüngeren Jahren.

Für die kleine Anzahl wohlhabender Ruheständler ist die Auswahl an exotischen und bodenständigeren Lebensmodellen im Top-Segment so unerschöpflich wie ein Geldbeutel ohne Boden. Ob Kanaren, Balearen oder Provence, Luxusaltenheim in Blankenese, Dauergolfressort auf Hawaii, überwachte, künstliche amerikanische Wüstenstädte für Alte oder ambitionierte staatlich geförderte Alterswohnprojekte in deutschen Kleinstädten – wer finanziell gut ausgestattet ist, kann am Ende seines Lebens seine Vorlieben verdichtet und exklusiv auskosten.

Die meisten Menschen geben sich jedoch mit weniger zufrieden, denn ob reich oder arm, am wohlsten fühlen sich alte Menschen dort, wo junge es auch tun: zu Hause im

Kreise von Freunden und Familie. Die versprengt sich aber in der heutigen Zeit immer mehr in alle Himmelsrichtungen. In Zukunft wird es de facto weniger Familien alter Schule geben, weil die Anzahl der Kinder sinkt und weil Beziehungen und Ehen nicht auf Teufel komm raus bis zum Lebensende durchgezogen werden. Es wird in zwanzig bis dreißig Jahren immer mehr alleinstehende, kinderlose Senioren geben.

Dass sich das für viele deprimierend anhört, liegt allein daran, dass es bisher für alte Menschen nur wenige alternative Lebensmodelle gab. Schaut man sich aber die Generation der heute vierzig- bis fünfzigjährigen Singles an, die bereits jetzt flexibel, beruflich stark eingebunden und mit großem Freundeskreis keinerlei Angriffsfläche für etwaig aufkommendes Mitleid bieten, so kann man sich vorstellen, dass daraus endlich einmal neue Modelle für das Zusammenleben im Alter hervorgehen werden, die nicht nur in Generationen-WGs ihren konzeptionellen Höhepunkt erreichen. Denn Letztere haben einen entscheidenden Nachteil – viele alte Menschen wollen zwar gerne mit jüngeren zusammenleben, umgekehrt sind die Begehrlichkeiten jedoch nicht so stark ausgeprägt.

Da die Arbeit viele alte Menschen wesentlich länger begleiten wird, als das bisher der Fall war, und ein neuer Technologiesprung wie den durch das Internet, der alte und junge Lebenswelten stark voneinander trennt, derzeit nicht in Sicht ist, werden auch die Orte, an denen man alt wird, keine Sonderzonen mehr sein, sondern mittendrin, vermutlich internationaler und weniger in Wartemodus verharrend. Wie und wo künftig die meisten Alten leben werden, wird immer individueller, denn die einzelnen Lebensläufe und Arbeitswege verlaufen weniger konform. Für den Ruhestand, wenn er überhaupt noch in der aktuellen Form für die breite Masse aufrechterhalten werden kann, gibt es dann keine Standardlösung mehr, höchstens einen kleinsten gemeinsamen Nenner.

Pessimistisch könnte man sagen, dass es anstrengender wird, optimistisch, dass viele Alte aktiver und eingebundener im gesellschaftlichen Leben stehen werden.

Das Alter
der
anderen

Wie unsere Mitmenschen uns
alt oder jung fühlen lassen

Jeder ist Kind seiner Zeit. Statistisch gesehen liegt in Deutschland der Abstand zwischen den Generationen bei ungefähr dreißig Jahren. Das klingt wunderbar übersichtlich, sagt aber wenig darüber aus, wie hoch das Zusammengehörigkeitsgefühl unter allen ungefähr Gleichaltrigen ist und ab wann von Generationenbildung außerhalb von Familien gesprochen werden kann. Alter ist das eine, aber viele andere Komponenten wie der Beruf, Interessen, Wohnort, Kultur, Religion, politische Ansichten und Lifestyle-Aspekte sowie prägende gemeinsame Erlebnisse müssen hinzukommen, um Menschen zu einer Gemeinschaft zusammenzuschweißen. In der heutigen individualisierten Gesellschaft kommen zudem immer mehr und immer neue Varianten hinzu, die eine Aufteilung von Menschen in rein altersbedingte Gruppen schwieriger macht. In Grüppchen und Interessengemeinschaften fühlen sich viele wohler, weshalb auch die Kreise »alt« und »jung« immer mehr gemeinsame Schnittmengen haben: Jemand, der in Köln lebt, in der Medienbranche arbeitet, SPD wählt, keiner Glaubensgemeinschaft angehört, Simon and Garfunkel, aber auch Hip Hop super findet und ledig ist, kann heute zwanzig, aber auch fünfzig Jahre alt sein.

Auf die Menschheitsgeschichte gerechnet ist das eine brandneue Entwicklung, die wir vor allem denjenigen zu verdanken haben, die als eine der letzten als echte Generation durchgehen – die 68er. Einig waren sie sich in der Ablehnung alles Alten, und zwar so einig, dass sie das Alter gleich ein bisschen mit abgeschafft haben. So ist der »Negermusik« verbietende Ekel-Alfred-hafte Typ Vater inzwischen ausgestorben, aber auch die selbstlose Omi mit Dutt und Stricknadeln verschwindet mehr und mehr von der Bildfläche. Sie wird allerdings im Gegensatz zum tyrannischen Patriarchen schmerzlicher vermisst.

Seltsamerweise ist es jedoch auch so, dass, seit die Barrieren zwischen jung und alt durchlässiger geworden sind, Soziologen, Publizisten und Schriftsteller in immer kürzerer Zeitfolge mehr neue Generationen entdecken als Naturwissenschaftler Insektenarten im 18. Jahrhundert. Jüngere und mittelalte Menschen können heute je nach Gusto Generations-Hopping betreiben oder sich gleich mehreren Generationen zuordnen.

Fast entsteht der Eindruck, als könne ein Schriftsteller mit etwas Glück und einem großen Freundeskreis, in dem alle dasselbe gut finden oder machen und der dann darüber schreibt, das nächste kurze, aber große Generationending lostreten. 1991 war es der Kanadier Douglas Coupland, geboren 1961, der mit seinem Buch *Generation X* den sprichwörtlichen Coup landete, indem er das gelangweilte und etwas ratlose Lebensgefühl junger Leute beschrieb, die in den Sechzigern und Siebzigern geboren wurden. Dieser Generation attestierte er die Neigung, sich bei unbegrenzter Auswahl letztendlich für nichts entscheiden zu können. Was sich nach erfolgloser Identitätssuche anhört, traf den Nerv vieler, die sich immerhin für dieses Buch entschieden, so dass es zum internationalen Bestseller wurde.

Die Generationen Y und Z ließen natürlich nicht lange auf sich warten. »Y« steht für diejenigen, die ab 1980 geboren wurden. Sie werden auch als Millennials bezeichnet und gelten als besonders technologieaffin. Die ab Mitte der Neunziger Geborenen wurden zur Generation Z – auch Digital Natives genannt, da sie die Ersten sind, die auf die bereits digitalisierte Welt kamen. Als Gegensatz dazu erschienen bald die Digital Immigrants auf dem Bildschirm. Dabei handelt es sich um alle vor 1980 Geborenen, also alle, die sich erst in die vernetzte Welt einarbeiten mussten.

Dass Einwanderer sich genauso gut zurechtfinden können wie Eingeborene, ist bekannt und lässt die Distinktionsmerkmale zwischen den Generationen erneut verschwimmen. Im Gegensatz zu den 68ern oder auch den Babyboomern werden die Zuordnungen spätestens an dieser Stelle zur Ansichtssache. Die Untergenerationen »Golf«, »Pleite«, »Praktikum«, »Umhängetasche« oder auch »Chips«, die für die ungesunde Kombination von exzessivem Medienkonsum und schlechtem Essen steht, heißen wiederum Menschen unterschiedlicher Jahrgänge willkommen. Unterm Strich ist es jedoch die globale Verbreitung des Internets und der Massenkommunikationsmittel, die die Welt und das Verhalten von Menschen in den letzten Jahrzehnten am meisten geprägt hat. Junge wie Alte. Nur sehr alte, sehr sture oder sehr wohlhabende Menschen, die lieber kommunizieren lassen, als selbst zu kommunizieren, können diese Entwicklung ignorieren.

Eltern werden also kooperativer, Großeltern aktiver und

weltgewandter, die Jungen vernünftiger, und die Mittelalten verharren jahrzehntelang auf scheinbar undefinierbarem Altersterrain: Heißt das, dass wir inzwischen alle im Herzen irgendwie gleich alt beziehungsweise jung sind? Viele, vor allem ältere Leute, würden das gerne so sehen. Doch je mehr Junge nachkommen, desto deutlicher wird, dass es so nicht ist. Wir sind nicht nur Kinder unserer Zeit, sondern von welcher Zeiten Kinder wir umgeben sind, hat Einfluss darauf, wie jung oder alt wir uns fühlen.

Sehr junge Leute wissen beispielsweise, dass Barack Obama, geboren 1961, und David Cameron, geboren 1966, weltweit als junge Staatschefs gelten, deshalb sind sie aber noch lange keine jungen Männer. Das war Joschka Fischer im Jahr 1985 trotz seiner Turnschuhe und beschwingter siebenunddreißig Jahre auch nicht für diejenigen, die zu der Zeit, als er Umweltminister in Hessen wurde, um die zwanzig Jahre alt waren. Klar war Fischer jünger als Helmut Kohl und Franz Josef Strauß, aber eben nicht jung. Inzwischen stellen nicht wenige der in den Siebzigern Geborenen die neue Riege der als heute jung geltenden Politiker in Regierungspositionen. Jetzt muss eine neue Generation ehemals junger Leute sich daran gewöhnen, dass der offizielle Jungspund in der Politik nicht mehr zwanzig Jahre älter ist als sie selbst, sondern die gleiche Schulklasse hätte besuchen können. Das Auftauchen Gleichaltriger an Orten, die während der eigenen Jugend naturgemäß nur mit Älteren besetzt waren, gibt vielen zu denken. Welche Gemeinsamkeiten gibt es zwischen diesen öffentlichen Personen und mir? Was habe ich selbst gemacht, als diese Leute ihre Karrieren starteten? Wohin führt das alles, und wie wird es sich anfühlen, von nun an von immer mehr Gleichaltrigen bis Jüngeren regiert zu werden?

Und nicht nur regiert, sondern auch anwaltlich vertreten oder ärztlich behandelt. Die Fernsehreporter der großen Nachrichtensendungen, die uns erklären, was in Nahost gerade passiert ist, wirken plötzlich so, als hätten sie gerade erst den Traveller-Rucksack gegen das Mikrofon getauscht, egal wie seriös sie berichten. Auch an jüngere Vermieter, Vorgesetzte oder Richter müssen wir uns gewöhnen. Dabei hatte man gerade erst mit Ende zwanzig, Anfang dreißig verdaut, dass Leute, die zehn Jahre später geboren wurden, nun auch erwachsen sind – es gibt also nur ein knappes Jahrzehnt im Leben, in dem man selbst schon erwachsen ist, die Jüngeren aber noch nicht. Dann tauchen mehr und mehr Menschen der so niedlich und absurd klein klingenden Jahrgänge auf, die ebenfalls Wohnungen, Jobs, Autos und Kinder haben. Die Zeit als jüngste Erwachsene ist damit vorbei, der Nachrückprozess fängt aber gerade erst an. Vielen wird erst mulmig, wenn sie sich selbst in Relation zu anderen setzen: Wenn jemand 1991 geboren wurde und nun ein Mann ist, während man selbst zum Zeitpunkt seiner Geburt auch schon erwachsen war, wie jung ist man dann selbst noch?

Menschen, die im Beruf die Geburtsdaten von Bewerbern, Patienten, Kunden und Klienten zu sehen bekommen, berichten, dass sie teilweise schockiert sind vom alten Aussehen Gleichaltriger und sogar Jüngerer. Was bedeutet es, wenn Gleichaltrige aussehen wie ältere oder alte Leute? Dass man mit einem verzerrten Bild von sich selbst herumläuft? Oder dass man tatsächlich jünger aussieht, als man ist?

Es ist ein Irrtum, anzunehmen, dass diese Vergleiche nur unter Frauen mit viel Zeit stattfinden. So berichten Leute auf Partnersuche, dass Gleichaltrige ihnen wie alte Männer und Frauen vorkommen, ab einem bestimmten Alter hört man von ausnahmslos jedem Klassentreffen, wie stark die anderen gealtert seien, gleichaltrige Verkehrsteilnehmer werden als alte Säcke und zögerliche Muttis wahrgenommen, während gutaussehende und interessante Ältere in ihrer Funktion als Hoffnungsmacher immer wichtiger werden. Ob man sich permanent in sportlicher bis zwanghafter Konkurrenz mit seinen Mitmenschen befindet oder eher traurig ist, wenn es bei den anderen weniger gut läuft, ist eine Typfrage, doch verglichen wird immer und in jedem Alter.

Irgendwann aber wird das eigene Alter auch wieder mit Stolz und Vergnügen verkündet, nämlich dann, wenn man darauf hinweisen will, dass man fitter als Gleichaltrige oder Jüngere ist. Selbst Altkanzler Helmut Schmidt hatte in der Sendung *Beckmann* anlässlich seines neunzigsten Geburtstages zur Videogrußbotschaft seines alten Kampfgefährten Valery Giscard d'Estaing relativ wenig zu bemerken, außer dass der ehemalige französische Staatspräsident sehr alt aussehe, obwohl er ein paar Jahre jünger sei als er, Schmidt.

I hope I die before I get old, sangen The Who 1965 in My Generation. Mit alt war in diesen Zeiten klarer Fronten nicht tattrig gemeint, sondern eine verachtenswerte Charaktereigenschaft. Die Alten wurden damals als erdrückende Macht empfunden, und da wollte der Sänger Pete Townsend, geboren 1945, und mit ihm eine ganze Generation nicht hin. Heute ist diese Generation rein rechnerisch selbst dort angelangt und zum Glück nicht tot, sondern quietschfidel. Die Songzeile gilt nach wie vor, jetzt aber auch für die Alten, die sich noch lange nicht alt fühlen. Vielleicht würde sie sogar der zeitlos anmutende Helmut Schmidt unterschreiben.

Alte Knacker und junges Gemüse
Große Altersunterschiede im Privatleben

Eine Königsdisziplin des Boulevardjournalismus ist es, dem geneigten Leser die Geschichten um die sich unaufhörlich neu formierenden Prominentenpärchen frisch aufzubacken. Wie ein extra Klacks Sahne auf der Torte munden dabei die Lovestorys, bei denen der Altersunterschied der verliebten Protagonisten einen Generationensprung macht – und das sind in diesen Kreisen nicht wenige. Erhobene Zeigefinger oder öffentliches Kopfschütteln sind als begleitender Tenor nicht mehr en vogue, die Augenbraue wird nur noch innerlich hochgezogen. Echte oder vermeintliche Prominenz, Einfluss und Reichtum oder alles zusammen kann altersbedingte und andere Defizite ausgleichen, die auf dem normalen Heiratsmarkt für Punktabzug sorgen würden. Das heißt: Ein fünfzigjähriger Hausmeister mit Wampe hat kaum Chancen, ein fünfundzwanzigjähriges Model zu ergattern, ein fettleibiger Immobilienmogul schon. Ein liebenswerter Kleinstadtrentner kann sich die attraktive Akademikerin zu Beginn ihrer Laufbahn als Partnerin abschminken, ein Spitzenpolitiker im Rentenalter kann den Zuschlag bekommen.

Prominente, erfolgreiche und mächtige Frauen sind für wesentlich jüngere Männer ebenfalls interessanter als die zwanzig Jahre ältere Durchschnittsfrau. Die Frauen sollten aber, im Gegensatz zu den älteren Männern, möglichst gut oder zumindest konserviert aussehen. Doch hier stößt die Gesellschaft schneller an die öffentliche Toleranzgrenze als bei älterem Mann mit junger Frau, was in den Medien unschwer daran zu erkennen ist, dass Paare, bei denen *sie* um einiges älter ist als *er*, seltener zum Traumpaar ausgerufen werden. Männliche Spitzenpolitiker mit bis zu dreißig Jahre jüngeren Partnerinnen sind absolut gesellschaftsfähig. Über eine Kanzlerin in love mit einem dreißig Jahre jüngeren Physikstudenten wäre die Öffentlichkeit vermutlich so entsetzt, dass das Regieren nebensächlich, wenn nicht unmöglich werden würde.

Statistisch gesehen gibt es dennoch eine Tendenz zu anteilig mehr Beziehungen, in denen die Frau älter ist: Waren 1971 nur 13,2 % aller Frauen älter als ihr Ehemann, sind es 2008 schon knapp über 20 %. »Älter« bedeutet hier in den allermeisten Fällen aber höchstens ein paar Jahre. Frauen, die zehn Jahre und mehr älter sind als ihr Partner, bilden eine verschwindend geringe Minderheit, die in der Heiratsstatistik nie mehr als einen Prozentpunkt ausmacht. Bei Männern steigt der Anteil an über zehn Jahre jüngeren Partnerinnen prozentual mit steigendem Alter, und schon mit siebzig, also weit unter dem derzeitigen Hugh-Hefner-Alter, sind die frisch gebackenen Ehefrauen mehrheitlich mindestens zehn Jahre jünger.

Doch was hat das alles zu bedeuten? Sind wir selbst im 21. Jahrhundert noch einem archaischen, biologistischen Liebesreigen unterworfen?

Hellmuth Karasek, Publizist, Autor und selbst Ehemann einer über zwanzig Jahre jüngeren Frau, sieht die Gleichberechtigung weitgehend als vollzogen an, nennt aber zwei Unterschiede, die weiterhin bestehen: »Einmal die nach wie vor schlechtere Bezahlung der Frauen im Beruf und

zum anderen die längere sexuelle Umlaufzeit der Männer.«
Diese bezeichnet er als »diabolischen Vorteil bei gleichzeitig tödlicher Strafe« und bescheinigt vielen Männern, die
wesentlich jüngere Frauen geheiratet haben, und mittlerweile auch sich selbst ein Problem: »Die Männer trauen
sich einfach zu viel zu.« Vielleicht irren sie sich auch einfach nur, denn das, was Karasek als Umlaufzeit bezeichnet,
funktioniert lediglich länger, wenn man die Fruchtbarkeit
als Gradmesser nimmt. So gibt es zwar keine männliche
Menopause, im Gegenzug gibt es aber auch keine schwin-
dende sexuelle Leistungskraft, der ältere Frauen mit Medikamenten auf die Sprünge helfen müssten.

Doch abgesehen davon, wer wie lange kann und im Umlauf ist – wer will hier eigentlich was? Mit der Konstellation
alter Erfolgsmann, sehr junge Frau, geht Hellmuth Karasek
nicht zimperlich um. Er bezeichnet diese Beziehungen in
der Regel als »Prostitutionsgeschäft«: »Die junge Frau
sichert damit die Versorgung ihrer Nachkommenschaft und
auch den eigenen Lebensstil – sie heiratet so, dass sie mehr
bekommt, als sie allein haben könnte.«

Doch wie sähe dann die Bewertung im umgekehrten Fall
aus? Seit einiger Zeit gilt der junge Mann als ein »Trend-
accessoire« der modernen älteren Frau. Diese wird – kein
Trend ohne Wort – als Cougar bezeichnet. Seit der TV-
Serie *Cougar Town* wissen noch mehr Leute, dass hier vom
Puma die Rede ist, der als silber gefleckter geschickter Jäger
zwar als Vergleichstier besser abschneidet als eine alte
Ziege, doch wirft auch er Fragen auf: Warum müssen ältere
Frauen jagen und dürfen nicht erobert werden? Und: Wenn
sie der Puma ist, wer ist dann ihre Beute, der junge Mann?
Erdhörnchen, Stinktier oder Schaf? Komplimente sind das
alles nicht.

Auch das Trendgeschreie ist zu hinterfragen, denn ältere Frauen mit jüngeren Partnern gab es immer. Und so nennt zwar Hellmuth Karasek die Bibel als das Buch mit den bekanntesten Geschichten von greisen Männern mit jungen Frauen, andererseits war auch Mohammed, der Prophet des Islam, der Überlieferung nach mit einer fünfzehn Jahre älteren Frau glücklich verheiratet. Doch egal ob in der Religion, Geschichte oder im heutigen Hollywood: Mit großer Wahrscheinlichkeit steht bei den meisten Frauen kein faltenfreier Partner ganz oben auf der Anschaffungsliste, nur weil sie finanziell unabhängig sind.

In den Medien befasst sich neben dem Entertainment auch das Ressort »Wissenschaft« häufig mit dem Paarungsthema. Es liefert täglich Begründungen für Treue, Untreue und bevorzugte Partner. Am einfachsten lässt sich die Welt dann mit Studienergebnissen erklären, in denen die Frauen schön und damit fruchtbar sein sollen und die Männer erfolgreich und damit stark. Das mag sich arterhaltend anhören, in der Regel ist es aber nur unterhaltend. Genauso wie die interessante Feststellung, dass Männer sich magisch vom Duft weiblichen Angstschweißes angezogen fühlen, da sie neben ständiger Fortpflanzung nur eins im Sinn zu haben scheinen: retten. Dass hier und da ersichtliche Zusammenhänge bestehen, ist wahr. Auch gibt es genug Leute, die zum Geschäft ihrer Beziehung stehen, und sogar solche, die sich selbst Sugardaddy oder -mommy nennen. Doch was ist mit all den Paaren, bei denen weder das Aussehen noch das Bankkonto Aufsehen erregen und die sich auch nicht in populärwissenschaftlichen Artikeln wiederfinden?

Misstrauischer Beobachtung und vielen Spekulationen darüber, was hier wohl der Deal sein könnte, sind alle Paare mit großem Altersunterschied ausgesetzt: Anlehnungsbedürfnis, Aufenthaltsgenehmigung, besondere sexuelle Vorlieben, Erbschleicherei, Vater- oder Mutterkomplex, Statusbewusstsein, Groupietum, Karrierepläne oder alles zusammen – die Liste der Möglichkeiten ist endlos, nur Liebe kommt darin erst einmal nicht vor. Auch Partnerschaften auf Augenhöhe werden diesen Beziehungen viel seltener zugetraut als Gleichaltrigen. Und mit Gegenwind müssen diese Paare nicht nur von außen rechnen. Schon in Fassbinders Film *Angst essen Seele auf* (deutsche Putzfrau über sechzig heiratet zwanzig Jahre jüngeren Einwanderer) sind die Kinder der Frau gegen diese Beziehung. Eltern mit Partnern im Alter ihrer Kinder rütteln damit an deren Elternbild, wahrscheinlich im Fall der Mutter noch mehr als bei der klassischen Vatergeschichte, in der sich die Kinder mehr über den Verlust ihres Erbes an eine junge Frau aufregen als über den Altersunterschied.

Gleichberechtigung würde an dieser Stelle also nicht bedeuten, dass sich mehr und mehr ältere Frauen einen jungen, willenlosen Waschbrettbauch leisten, sondern dass damit aufgehört wird, Altersunterschiede von weniger als zehn Jahren zwischen Frau (älter) und Mann (jünger) ständig süffisant zu betonen, während man dem älteren Mann die junge Frau großzügig als Trophäe seines Erfolgs gönnt.

Brigitte Hebel, Gestalttherapeutin aus Hamburg, sieht die Sache wesentlich entspannter. Alter in Partnerschaften ist für sie ein zweitrangiges Thema. Als erfahrene Paartherapeutin ist die Frage, »ob das denn gutgehen kann«, für sie gar nicht relevant beziehungsweise falsch gestellt: »Ob eine Beziehung glücklich wird, hängt davon ab, ob ich meine Bedürfnisse erfüllt bekomme.« Und wenn das Bedürfnis sei, beschützt, versorgt, bemuttert oder eben vitalisiert zu werden, dann sei das eine vollkommen legitime Grundlage für eine potenziell glückliche Beziehung, vorausgesetzt, beide Partner können und möchten die wechselseitigen Bedürfnisse erfüllen, und vorausgesetzt, niemand bricht im Laufe der Jahre ohne das Einverständnis des anderen aus seiner Rolle aus.

Hebel kann zudem den Vorteil von Partnerschaften mit großen Altersunterschieden nachvollziehen. Es ermögliche der jüngeren Person, sich mit Themen auseinanderzusetzen, die unter Gleichaltrigen noch nicht auf der Tagesordnung stehen, und es ermögliche der älteren Person, bestimmte, meist unangenehme altersspezifische Themen zumindest noch ein bisschen aufzuschieben: »Alter ist ein Spiegel«, sagt Hebel. »Es kommt immer drauf an, wer einem gegenübersitzt, das beeinflusst auch mein Gefühl und mein Verhalten. Manchmal vergisst man, wenn man einer jüngeren Person gegenübersitzt, fast sein eigenes Alter. Wenn man jeden Tag zusammen mit einem jüngeren Gesicht als Gegenüber aufwacht, ebenfalls.« Letztlich spiele bei der Orientierung von Alt auf Jung, dahin zu gehen, wo Leben sei, eine Rolle. Eine Gleichung, die aber nur dann aufgeht, wenn einen die Kehrseiten eines wesentlich jüngeren Partners nicht stören – zum Beispiel die, dass die Schwiegereltern im eigenen Alter sind oder dass man selbst schon liiert war, als der aktuelle Partner noch Windeln trug. Beim Abgleich aller Erfahrungen, Vorlieben und Abneigungen sollte man dieses Bild nicht ständig vor dem inneren Auge haben, geschweige denn es als altkluges Argument im Streit verbalisieren.

Und nicht zu vergessen: Neben Metaphern von Spiegeln gibt es auch reelle Spiegel. So mag es zwar schön sein, ins frische Gesicht des Partners zu schauen, doch wie ist das mit dem eigenen? Eine Beziehung ist kein Schönheits- oder Haltbarkeitswettbewerb für zwei, trotzdem lässt ein junger

Partner nicht jeden sich jederzeit jung fühlen. Hier spaltet sich die Menschheit wahrscheinlich in zwei Lager: die einen, die den Jungen als Jungbrunnen genießen können, die anderen, die lieber selbst der Jüngere sind, weil sie sich andernfalls alt fühlen würden oder dem Druck ausgesetzt, möglichst jung zu erscheinen.

Einige Altersthemen, im schlimmsten Fall Krankheit und Gebrechen, lassen sich darüber hinaus bei allem guten Willen nicht so lange aufschieben, bis auch der junge Partner offiziell alt ist. Das heißt, gemeinsam alt zu werden, ein beliebtes Ziel sich liebender Paare, ist bei sehr großen Altersunterschieden schlicht ausgeschlossen. Die Frage nach der späteren Pflege ist zwar eine sehr unromantische, würde aber in langandauernden Partnerschaften zum Thema, bei dem es von vorneherein klar ist, wer Pfleger und wer zu Pflegender ist.

Auch späte Eltern wissen, dass man sich um sie herum ausrechnet, wie alt sie sein werden, wenn ihre Kinder die Schule beenden. Wenn sie Pech haben, müssen sie sich auch noch vorwerfen lassen, sie wären egoistisch, sich in diesem hohen Alter ein Kind zuzumuten, von dem sie nicht wissen, wie lange sie für es da sein können. Nun ist es nicht so, dass junge Elternschaft im Gegenzug dazu Selbstlosigkeit bedeutet, und generell sind derartige Überlegungen völlig überflüssig, denn was wäre die Alternative? Dass Leute mit vierzig keine Kinder mehr bekommen, weil sie schon während der Schwangerschaft ein Bild von sich selbst als Pflegefall vor Augen haben? Oder weil sie befürchten, irgendwer könnte sie irgendwann mal für die Großeltern ihrer Kinder halten?

Die Frage nach den vielen, vielen Aktivitäten, die junge Eltern im Gegensatz zu alten Eltern mit ihren Kindern unternehmen können, sollte sich erübrigt haben. In einer Gesellschaft, in der scheinbar alle um die fünfzig mit dem Marathonlauf beginnen und täglich lesen und hören können, sie wären die jüngsten, fittesten und attraktivsten mittelalten Menschen aller Zeiten, hören sich die Vorurteile gegen ältere Eltern so ältlich an wie der Begriff »alte Jungfer«. Außerdem ist bekannt, dass die Eltern vielleicht früher im Schnitt jünger waren, dass aber ausgiebiges Spielen und Toben trotzdem viel seltener auf ihrer Tagesordnung stand als auf der heutiger Eltern. Späte Kinder gab es immer. Früher waren sie häufig Nachzügler oder das jüngste von vielen Geschwistern, heute sind sie oft die einzigen und zudem Wunschkinder, weshalb älteren Eltern auch gern unterstellt wird, ihr Kind wäre das Ergebnis ihres Selbstverwirklichungstrips. Ein paar Musik-, Sprach- oder Sportstunden mehr können ins Überambitionierte ausarten, aber auch ein großer Spaß sein, und wenn nicht, dann sind sie doch ein Klacks gegen den Druck, dem Nachkommen früher ausgesetzt waren. Hof, Haus, Geschäft zu übernehmen und die Versorgung der alten Eltern zu gewährleisten sind heute keine Zukunftspläne mehr von Eltern für ihre Kinder, es gab aber Zeiten, da waren sie das sehr wohl.

All das sagt jedoch wenig über die tatsächliche Eltern-Kind-Beziehung und die Qualität der Kindheit aus. Jedes Kind will irgendwann in seinem Leben seine Eltern gegen andere Eltern eintauschen – manche über Jahre, manche nur ein paar Minuten lang. Manche aus Bagatellgründen, andere aus schwerwiegenden. Das Alter der Eltern spielt bei diesen Überlegungen selten eine Rolle. Auch finden Kinder ihre Eltern häufig wunderschön oder bärenstark und halten sie gleichzeitig für steinalt, egal wie alt die Eltern in Wirklichkeit sind.

Ein reelles Drama, das Familien mit später gebärenden Müttern ins Haus fallen kann, ist das Zusammentreffen ihrer Menopause mit der Pubertät des Kindes. Ein Hormonfeuerwerk unter einem Dach, das den Vater dann von zwei Fronten gleichzeitig treffen könnte und bei dem er je nach Intensität vor seiner gesamten Familie in Deckung geht.

Ansonsten können sich Männer heute glücklich schätzen, dass ihren Frauen nicht mehr nachgesagt wird, sie wären bereits seit einiger Zeit zu einem unsichtbaren Muttchen mutiert. Denn das Problem der Hausfrau, die nach dem Auszug der Kinder zum aufgaben- und ideenlosen Neutrum geworden ist, tritt heute viel seltener auf als noch vor dreißig Jahren. Eher passiert es den Männern, dass sie mit einer MILF (Mom I'd Like to Fuck) unter einem Dach leben.

Ein Problem ist laut der Paartherapeutin Brigitte Hebel oft noch geblieben: »Nachdem die Kinder aus dem Haus sind, müssen die meisten Paare erst wieder lernen, miteinander zu reden und Themen zu finden.« Schließlich fehlt ein riesiges Thema, das der Kinder. Es fehlt auch jede Menge Stress, und hierin liegt ein riesiger Vorteil junger Eltern: Sie haben es nicht nur leichter, eine schicke MILF oder ein toller FILF zu werden, sie haben auch mit frischen Anfang vierzig bis Anfang fünfzig einen Neustart, während sich späte Eltern in diesem Alter noch in der Grundschule engagieren müssen.

Alles scheint also heute möglich im Mikrokosmos Partnerschaft und Familie – moderner werden, besser aussehen, sich helfen. Doch sollte trotzdem niemand so tun, als wäre das Alter in privaten Beziehungen eine irrelevante Größe, wenn man sich nur ganz doll lieb hat.

Sehr viele Buntwerte
Thomas Schmid und Claudia Roth

Sie waren jung, aber sie waren nicht in der Mehrheit. Trotzdem und zu Recht wird die 68er-Studentenbewegung auch 68er-Generation genannt, denn von ihr gingen viele wichtige gesellschaftliche Impulse aus, die spätestens im wiedervereinigten Deutschland mit Start der ersten rot-grünen Bundesregierung im Jahr 1998 einen abschließenden Höhepunkt erreicht hatte. Inzwischen haben sich Protagonisten und Sympathisanten von damals in alle politischen Lager zerstreut, und nicht wenige öffentlichkeitswirksame Karrieren sind aus der Bewegung hervorgegangen. Was gemeinsam in den Hörsälen der Universitäten begann, fand ein Ende in unterschiedlichen Lebensmodellen und Lebensentwürfen von esoterisch bis bürgerlich. In Stein gemeißelt bleibt nur das Alter dieser Generation, zu dem bisher selbst die Radikalsten unter ihnen keine Alternative gefunden haben: Heute sind die 68er alle ungefähr so alt wie der Name ihrer Generation.

Thomas Schmid, geboren 1945, war zusammen mit Joschka Fischer und Matthias Beltz unter anderem Mitbegründer der Gruppe »Revolutionärer Kampf« in Frankfurt und ist heute Herausgeber der Welt-Gruppe des Axel Springer Verlags in Berlin. Das klingt nach einer spektakulären Wegstrecke und entweder nach sehr viel gedanklicher Arbeit oder nach sehr wenig. Schmid ist sicher nicht der Posterboy der 68er, auf den sich die alten Recken von damals einigen können. Gewisse gemeinsame Feindbilder, wie der Springer Verlag, in dem Schmid heute eine Führungsposition innehat, wirken bei vielen ehemaligen Mitstreitern noch in unterschiedlicher Ausprägung nach.

Was aber Bestand hat, ist die kollektive Erinnerung an ein beengendes und in vielerlei Hinsicht kleingeistiges politisches System und gesellschaftliches Klima, das die alte Bundesrepublik in den Fünfziger- und Sechzigerjahren fest im Griff hatte. Schmid, der in einer katholischen hessischen Kleinstadt aufwuchs und zur Schule ging, begann zwischen dreizehn und fünfzehn Jahren, sich Gedanken zu machen: »Es hieß bei der Bundestagswahl 1961 im Milieu dieser Schule: Wenn die CDU regiert, ist es richtig und gut, wenn aber die SPD regiert, dann wäre das ein nationaler Notstand und ein Fall für die Bundeswehr.« Dazu kam die mangelnde Auseinandersetzung mit der NS-Vergangenheit. »Ich hatte einen Geschichtslehrer, der ein halbes Jahr lang nur von seinen Erlebnissen im Zweiten Weltkrieg erzählte«, so Schmid, »aber es gab keinen Versuch, diese Ereignisse in den Kontext einzubinden, in dem sie stattgefunden hatten, nämlich dem Nationalsozialismus. Vom Holocaust war überhaupt nicht die Rede.« Es sind vornehmlich diese beiden Themenkomplexe, die Schmid in seiner Schulzeit beschäftigen, und als er 1965 zu studieren beginnt, beschreibt er sich als jungen Mann mit linkslibe-ralen Ansichten, der nicht gegen etwas ist, sondern sich wünscht, dass etwas hinzukommt, das »die Gesellschaft durchlässiger und frischer macht«.

Mit diesem Wunsch ist er Mitte der Sechzigerjahre nicht allein. Es sind vor allem die Studenten, die in Aufbruch-stimmung sind, und zwar auf der ganzen Welt. Erst der

Vietnamkrieg ist für Schmid der »Turning Point« und die Demonstrationen dagegen, die es in dieser Ausprägung in der Bundesrepublik noch nicht gegeben hatte, strapaziert das Verhältnis von Staat und Studenten aufs Äußerste: »Auf die Straße zu gehen war ein Bürgerrecht, das in der Bundesrepublik noch nicht eingeübt war. Es galt weithin als Regelverletzung. Damals wurde sehr grundsätzlich darüber gestritten, ob es überhaupt das Recht auf Protest gäbe«, erinnert sich Schmid. So grundsätzlich wird es, dass der harte Kern der Studentenbewegung nicht mehr nur ein bisschen Mief und Muff wegkehren will, sondern gleich die Systemfrage stellt und Gesellschaft und Produktion komplett neu organisieren will. Marxistisch-leninistische Schriften, die die interessante Aura des Halbverbotenen umweht, werden hervorgeholt, und im Sozialistischen Studentenbund bereitet man sich auf den Umsturz vor.

Schmid fühlt sich von den Wortführern des SDS angezogen: »Es war für mich faszinierend, dass es da eine kleine Gruppe gab, die auf alles in der Welt eine Antwort hatte.« Schmid schließt sich dem radikalen Flügel des SDS an und begründet Anfang der Siebzigerjahre die Frankfurter Sponti-Szene mit. Doch langsam schleicht sich bei ihm ein Gefühl für »die Ambivalenz der Bewegung« ein, wie er es nennt. So sei eine Kernforderung immer das Recht auf freie Meinungsäußerung gewesen, andererseits sei die kritische und freie Meinungsäußerung Einzelner innerhalb der Bewegung schwer möglich gewesen. Als Schmid 1975 die Zeitschrift *Autonomie – Materialien gegen die Fabrikgesellschaft* mitbegründet, beginnt sein »persönlicher Selbstaufklärungsprozess«. Sein erster großer Artikel, der sich im Heft mit der Studentenbewegung befasst, trägt den Titel: »Facing Reality – Organisation kaputt«. Eine Einschätzung, die in seinem Umfeld für eine Woge der Empörung sorgt und nach Schmids Erinnerung unter anderem dazu führt, dass Sponti-Kumpel Joschka Fischer ein halbes Jahr kein Wort mit ihm spricht und die Straßenseite wechselt, wenn es zur Begegnung kommt.

Während es bei den Köpfen und Gründern der Studentenbewegung also bereits zu kriseln beginnt, macht sich der nächste Schwung junger Leute auf, die Welt zu verbessern. Die 1955 geborene Claudia Roth, heute Bundesvorsitzende der Partei Bündnis 90/Die Grünen, wächst ebenfalls in einer katholischen Kleinstadt in einem liberalen Elternhaus auf. Als sie 1974 ihr Abitur macht, ist außer einer Handvoll diskussionsfreudiger Lehrer noch nicht viel vom emanzipatorischen Geist der Universitätsstädte in die bayerische Provinz geweht. Roth, im frühen Teenageralter, beginnt, sich politisch zu interessieren und zu engagieren – zum Beispiel gegen die Einführung von Konfessionsklassen in Bayern im Jahr 1969. Obwohl sie zu jung war, um aktiv an der Studentenbewegung teilzunehmen, sieht sie ihre politische Sozialisation als Fortführung der Idee der 68er: »Ich bin in die Fußstapfen der 68er getreten, das hat mich sehr geprägt.« Auch sie habe den Staat damals, zum Beispiel auf Demos, wirklich als Feind erlebt, sagt sie heute. 1971 tritt sie der linken Jugendorganisation »Jungdemokraten« bei, Ausbildung und Beruf bringen sie zunächst als Dramatur gin ans Theater. 1982 wird sie Managerin der Band Ton, Steine, Scherben. Dort merkt sie, dass »das ganz Große dabei anfängt, wie ich lebe und liebe«.

Auch die 68er kultivierten bereits ihre Kommunen und erprobten alternative Lebensformen. In Claudia Roths politischem und künstlerischem Umfeld war das Private zehn Jahre später aber ein noch selbstverständlicherer Teil des politischen Statements. Das lag sicher auch am Erstarken der Frauenbewegung, die Roth als eigenständige Antwort auf die männerbezogene 68er-Bewegung sieht: »Da gab es Uschi Obermaier und sonst nicht viel.«

Roth sagt, sie habe sich schon früh überlegt, welche Wege es gebe, andere Menschen zu erreichen. Für sie sei Politik eine ähnliche Bühne oder auch ein Medium wie die Kultur, wo das emanzipatorische Motiv stets im Vordergrund stehen sollte. Deshalb sieht sie ihren Einstieg und Aufstieg bei den Grünen auch als kontinuierliche Entwicklung, die so nicht antizipiert werden konnte, die aber rückblickend schlüssig erscheint: »Ich hätte mir nie vorstellen können, dass ich mal in eine Partei gehe, ich hätte mir nie vorstellen können, dass die grüne Partei eine Koalition mit der SPD eingeht, dann hätte ich mir nie vorstellen können, dass deutsche Soldaten außerhalb Deutschlands in einen Einsatz geschickt werden können. Ist das Verlust an Radikalität, oder ist es eine politische Weiterentwicklung? Ich denke, es ist Letzteres, denn die Welt hat sich verändert und ich mich auch«, sagt sie.

Zu einigen dieser Veränderungen in Deutschland und der Welt haben laut Roth unter anderem die 68er, ihre Generation und nicht zuletzt ihre Partei einen nicht unerheblichen Beitrag geleistet. Auch Schmid ist es bei weitem nicht entgangen, dass die Welt sich verändert hat, aber er veränderte und hinterfragte seine Überzeugungen ebenfalls via eines langen theoretischen und publizistischen Prozesses, der bei Roth intuitiver und vielleicht auch praxisnaher ablief, weil sie über Jahre ins politische Tagesgeschäft, teilweise in Regierungsverantwortung eingebunden war.

Ist Jung also gleich radikal und Alt gleich bequemer, oder steht Jung für eindimensional und Alt für weitsichtig? Oder ist das vielleicht eine Frage, die sich heute gar nicht mehr so stellt? Von außen betrachtet, wirken die Lebenswege von Roth und Schmid in ihrer Entwicklung erstaunlich bis spektakulär. Vor allem für Leute, die nicht im unmittelbaren Dunstkreis der 68er-Bewegung, also bis in die frühen Achtzigerjahre hinein im besten Jugend- und Studentenalter waren. Heute scheint alleine schon die Zeit knapper, sich mit Grundsatzfragen ausführlich zu beschäftigen und ihre Beantwortung und die daraus folgenden wechselnden Konsequenzen verschwenderisch in den persönlichen Lebensweg einzubauen. Zudem gibt es immer weniger politische Eindeutigkeiten. Prinzipienreiterei wie längere Grübelphasen sind fast schon luxuriös. Der Kampf um die Deutungshoheit bei gesellschaftlichen Fragen hat in den von den 68ern beeinflussten Generationen eine andere, teilweise erbittertere Qualität, die bis in die Gegenwart hineinreicht: »Es gibt unter uns eine ziemlich gering entwickelte Fähigkeit zu sagen, okay, ich hab die Meinung, du hast die Meinung, lass uns doch einen Wein trinken und trotz unterschiedlicher Ansichten befreundet sein und bleiben«, sagt Schmid.

Claudia Roth ist weniger den theoretischen Fehden unter Zeitgenossen ausgesetzt. Auf inhaltlicher Ebene blies ihr in ihrer Zeit als Europapolitikerin und mit ihren politischen Schwerpunkten wie zum Beispiel Gleichstellung von Homosexuellen oder der Durchsetzung von Antidiskriminierungsgesetzen ein schärferer Wind von außen ins Gesicht. Im innenpolitischen Betrieb sind es aber zu ihrem Erstaunen manchmal noch die weichen, heute würde man sagen Lifestylefragen, die eine Rolle spielen: »Ich ziehe mich nicht anders an, nur weil dreiviertel meiner Kollegen das für richtig hält und mich deswegen psychiatrisiert«, sagt sie und bezieht sich damit auf ihre farbenprächtigen Outfits. An dieser Stelle, in Fragen des persönlichen Ausdrucks, ist es für Roth wichtig, kompromisslos zu sein. Kompromisse im täglichen politischen Geschäft auszuhandeln sei etwas völlig anderes und kein grundsätzliches Zeichen von altersbedingter politischer Zahnlosigkeit. Solange man sich selbst und seine Ideale nicht aufgebe, sei ein gut geschlossener Kompromiss ein Zeichen von Stärke: »Man ist nur dann stark, wenn man sich dem vermeintlich anderen wirklich öffnen kann. Geschlossenheit ist nicht Stärke, doch am Anfang einer politischen Laufbahn braucht man sie vielleicht noch als Schutzschild.« Wichtig sei, sich regelmäßig selbst zu hinterfragen, ob man noch auf dem richtigen Weg sei. Der richtige Weg ist bei Roth, »gegen jede Form der Diskriminierung zu kämpfen«. Zwar habe sich in Deutschland und Europa viel getan, aber es gebe eben auch noch Altötting oder Moskau.

Schmid beobachtet bei sich einen Hang zur Milde, die aber seiner Meinung nach nicht vom Alter kommt, sondern von der einhergehenden Erfahrung: »Je länger man lebt, je mehr Berufserfahrung man hat und je mehr Leute man kennen lernt, desto mehr merkt man, dass es immer einen doppelten Boden gibt, dass kein Mensch immer konsequent sein kann. Es ist nicht schwarz, es ist nicht weiß, aber auch nicht grau. Es gibt einfach sehr viele Buntwerte.«

Das klingt schon fast nach einem fröhlichen Wahlkampfslogan der Grünen, die sicherlich bis heute die bunteste deutsche Partei ist, aber nicht mehr die jüngste. Denn auch mit einem im Politikgeschäft jungen zweiten Bundesvorsitzenden Cem Özdemir, geboren 1965, sind es derzeit die jungen Politiker aus dem gegnerischen politischen Lager, die als junge Nachwuchskräfte gehandelt oder sogar gefeiert werden. Claudia Roth räumt ein, dass es der politische Nachwuchs in ihrer Partei auch nicht immer leicht gehabt hat: »Unsere Grüne Jugend hat es sicherlich genervt, dass die Gründungsmütter und -väter immer gesagt haben, dass sie keine Jugendorganisation bräuchten, weil sie ja selbst jung seien. Alle sagten von sich immer, sie seien jung. Da gab es eine gläserne Decke.« Dazu passt ein grüner Außenminister, der zum Ende seiner Amtszeit in einem Interview verkündete: »Ich war einer der letzten Live-Rock-'n'-Roller der deutschen Politik. Jetzt kommt in allen Parteien die Playback-Generation.«

Roth sieht das anders, auch wenn es ihrer Meinung nach nach der ersten grünen Generation eine eher angepasste Grüne Jugend gab, der es vor allem darum ging, auf der Karriereleiter hochzukommen. Heute freue sie sich wieder über eine eigenständige und lebendige Jugendorganisation. Allerdings würde gerade in ihrer Partei öfter als anderswo das alles schlagende Jugendargument hervorgeholt werden, während zum Beispiel in der SPD der 1959 geborene Parteivorsitzende Sigmar Gabriel noch als Nachwuchskraft gehandelt werde.

Für Schmid wäre die Vorstellung, heute zwischen fünfundzwanzig und dreißig Jahre alt zu sein, faszinierend und beunruhigend gleichzeitig. Faszinierend, weil »der ganze ideologische Schrott« weggeräumt sei, und beunruhigend, weil die Arbeits- und Lebensbedingungen immer prekärer würden. Sehr vieles, was seine Generation veranstaltet habe, geschah auf der Basis einer sicheren Gesellschaft, die jedem eine Zukunftsperspektive bot: »Es war eine endlos verlängerte Adoleszenz«, sagt er und spricht damit einen wichtigen Aspekt an, wenn es um Anziehungskraft der 68er-Bewegung und auch der Nachfolgegeneration wie der

von Roth geht. Denn wenn man es so richtig krachen lassen kann, ohne ans Morgen zu denken, macht das mehr
Spaß, als sich auf einer Party zu amüsieren, obwohl man
schon weiß, dass man am nächsten Tag sehr früh aufstehen
muss.

Ein weiteres Problem sei, dass die politischen Themen
nicht mehr so elektrisierend und polarisierend seien wie
noch vierzig Jahre zuvor. Und es gebe Fragen, von denen
niemand ganz genau wisse, wie sie denn zu regeln seien, so
Schmid. Als Beispiel nennt er hier die demographische
Entwicklung oder die Gesundheitsreform. Junge Menschen
für diese Art von Fragen wenn nicht zu elektrisieren, dann
wenigstens zu interessieren, sei eine große Herausforderung. Denn so abstrakt diese Fragen auch seien, die Generation der 68er werde davon nicht mehr so sehr betroffen
sein wie alle anderen, die ihnen nachfolgten. Letztlich stehe
dahinter die Frage, wie mit Mangel anständig umzugehen
sei, so dass niemand untergepflügt werde.

Und hier sieht Schmid auch eine wichtige Aufgabe seiner
alternden Generation: »Der schwarze Block«, und damit
meint er sicher nicht die Autonomen, sondern die Alten,
»muss fortschrittsfreundlich bleiben und den Jungen Gutes
wollen.«

Wir protestieren!
Schorsch Kamerun und die Jugend von heute

Bei allem Verständnis für die Jugend lautet eine beliebte klammheimliche Theorie, von Menschen vor 1970 geboren, ungefähr so: Die jungen Leute von heute, deren Job es doch sein sollte, das aktuelle Weltverbesserungsszenario zu entwerfen, wissen gar nicht mehr, wie es ist, für oder gegen etwas zu kämpfen. Je nach Empathiefähigkeit der Erwachsenen liegt das an der Bequemlichkeit der jungen Leute oder an der unfassbaren Komplexität der Probleme. Tatsächlich deklinierten sich noch bis weit nach der 68er-Revolte die Probleme der großen Politik bis ins Private durch: Autoritäre, ungerechte, antimoderne Politiker, Staatsdiener, Eltern und Lehrer wurden nicht über Nacht abgeschafft. Sie machten dem jungen Menschen das Leben schwer und es damit einfach, sich gegen sie aufzulehnen. Alles Schlechte war mehr oder weniger aus einem Guss. Heute ist die Welt global betrachtet in weiten Teilen immer noch ein ungerechtes, gewalttätiges, verseuchtes, repressives Minenfeld, aber Mama, Papa, der Klassenlehrer, der Kontaktbereichsbeamte und die Kanzlerin sind eigentlich ganz okay. Und mehr als das: Laut der Shell-Jugendstudie 2010 haben sogar beeindruckende 90 % der befragten Jugendlichen ein gutes Verhältnis zu ihren Eltern und sind mit deren Erziehungsmethoden einverstanden. Die Jugend von heute ist in diesem Punkt also tatsächlich nicht mehr das, was sie mal war.

Schorsch Kamerun, 1963 geborener Musiker und Thea-
terregisseur aus Hamburg, ist noch von der gegenteiligen
Erfahrung geprägt, und die ließ sich auf die Formel bringen: »Gegen Lehrer und Eltern, die einem was sagen wollten, und gegen das System.« Und natürlich: »Trau keinem
über dreißig.« Es sind keine aufschneiderischen Veteranen-
geschichten, die Kamerun zum Besten gibt, sondern es
klingt eher nachdenklich, fast ein bisschen bedrückt. Doch
bevor die Stimmung kippt, kommt es zum lustigen Drei-
klang. Schorsch Kamerun im babyblauen Pullover mit
lachenden babyblauen Augen bestätigt: »Ich lebe in einer
Babyworld.« Damit meint er, dass er sich bis heute noch an
Miniautoritäten, an den Eltern und an seiner Herkunft rei-
ben kann. »Das kann total nerven«, sagt er.

Dass junge Leute mehrheitlich heute nicht mehr von diesem Antitreibstoff befeuert werden, findet Kamerun nachvollziehbar. Gleichzeitig macht es vieles schwieriger: »Der
Kapitalismus bleibt die Autorität, der wir uns noch mehr
ergeben haben, aber alles ist subtiler. Das ist das Problem.«
Deshalb sei die Zeit auch nicht mehr da für »starke Ausdrücke«. Rebellion funktioniere kaum noch plakativ. Wer
heute Punk sage und damit schnelle Musik und gefärbte
Stachelhaare meine, sei nicht mehr auf der Höhe der Zeit.
Wer Punk sage und damit Freiheit und alternative Zusammenhänge meine, schon eher, denn diese Herangehensweise lasse Spielräume für einen zeitgemäßeren Aktions-
und Protestgestus: »Es gibt immer Wege, und vielleicht
sogar welche, die ich gar nicht mehr richtig verstehe«,
sagt er.

Doch so schnell sind alte oder traditionelle Protestfor-
men und damit einhergehende Fettnäpfchen und Skurrili-
täten nicht kleinzukriegen. So wie die Autoritätenallergie

bei Kamerun bis ins Erwachsenenalter hinein nachwirkt, werden Teenager von heute immer noch mit den Protest- und Ausdrucksformen der Sechziger-, Siebziger- und Achtzigerjahre konfrontiert. Wer sich politisch »links« einordnet wie die Berliner Gymnasiastinnen Lena, Elisabeth und Celine, alle zwischen siebzehn und achtzehn Jahre alt, der kommt um Demos, Sprechchöre und Parolen zunächst nicht herum: »Als Jugendlicher so mit dreizehn, wenn man anfängt, sich mit Politik zu beschäftigen, hat man das Gefühl der Verpflichtung. Ich bin gegen Nazis, also geht man bei der Anti-Nazi-Demonstration mit«, sagt Celine. Schnell hätte jedoch bei ihr die anfängliche Leidenschaft nachgelassen. Nicht für die Aussage an sich, sondern für die Form des Ausdrucks. Gewaltdiskussionen, Sektierertum und mangelnde politische Perspektive lassen die Mädchen im Schnellverfahren die von Älteren etablierten und teilweise schon wieder verstoßenen Protestkonzepte hinterfragen. Auch die Lächerlichkeit von »Jugendgruppen«, in denen das Durchschnittsalter fünfunddreißig sei, in denen DDR-Lieder gesungen und marxistische Postillen verteilt werden, erschließt sich ihnen auf der Stelle, also Lichtjahre schneller als mancher Vorgängergeneration. Wer älter ist und für vergleichbare Erkenntnisse zehn oder zwanzig Jahre gebraucht hat, ist oft ermüdet, zynisch oder wechselt gleich das politische Lager. Lena, Elisabeth und Celine legen diese Erfahrung mit einer freundlichen Nachdenklichkeit ab wie einen Kurs, den sie abwählen, wie eine AG, für die keine Zeit mehr ist.

Alle drei Mädchen gehören zu den ersten Kindern, die im wiedervereinigten Deutschland von Eltern unterschiedlicher Herkunft geboren wurden und in Berlin leben. Dennoch wirkt das jüngste autoritäre System und seine Bedeutung im Alltag noch nach. Die Herkunft und Unterteilung nach Ost und West spielt immer noch eine große Rolle in ihrem Leben: »Irgendwie identifiziert man sich trotzdem darüber, und unter Gleichaltrigen merkt man immer noch die Unterschiede«, sagt Lena. An ihrer Schule haben die drei im Großen und Ganzen das Gefühl, ein recht differenziertes Bild über die DDR vermittelt zu bekommen, allerdings gäbe es unter den Lehrern immer noch solche, die das Thema kleinreden würden. Doch während sich die Mädchen im Freundeskreis zum Thema DDR öfter in die Haare kriegen, stellt Celine fest, dass man Lehrer und Erwachsene gar nicht danach fragt, wie sie zum Beispiel den Bau der Mauer haben zulassen können. Lieber diskutieren sie im Freundeskreis, was an der DDR gut oder schlecht war beziehungsweise ob die DDR schlecht oder nur ein bisschen schlecht war.

Der Berliner Schülerstreik bündelte zuletzt viele größere Fragen, die die Mädchen im Alltag betreffen, im Kleinen. Während Lena und Celine den Streik noch grundsätzlich akzeptabel finden, sind alle drei davon überzeugt, dass Streiken allein nicht reicht und dass Verweigerung allein als Protestform nicht mehr funktioniert. Elisabeth geht noch einen Schritt weiter: »Ich bleibe heute lieber in der Schule und versuche so gut wie möglich zu sein. Ich finde es absurd, ein Schulsystem verbessern zu wollen, indem man nicht lernt. Eigentlich müsste man die Schule besetzen und die Lehrer zwingen, uns vierundzwanzig Stunden Unterricht zu geben. Oder wir bringen uns gegenseitig was bei oder engagieren andere Lehrer.«

Eigentlich könnten Eltern zum ersten Mal vor Freude über die Konstruktivität ihrer Kinder in die Hände klatschen. Gleichzeitig darf man sich wohl auch bei den Eltern bedanken, dass das teilweise verletzende Unverständnis zwischen den Generationen weitgehend aufgehoben ist. Man kann behaupten, dass die Kinder zu faul sind, sich ein eigenes Bild zu machen, weil alles schon vorgekaut wurde, man kann sich aber auch darüber freuen, dass es derzeit viele Eltern gibt, die nett und partnerschaftlich mit ihren Kindern umgehen und nicht mit Druck, Zwang und nicht hinterfragten Prinzipien auf sie einwirken. Vermutlich kommen dabei weniger wütende, aktionistische Kinder heraus. Wie Schorsch Kamerun sagt: »Wenn ich Vater wäre, würde ich zu meinem Sohn auch nicht sagen: ›Hey, komm her, ich quäle dich mit Schönschreiben, damit du später mal ein geiler Künstler wirst.‹« Sicherheit und Verständnis brauche man als junger Mensch. Das erfahren leider immer noch nicht alle, aber mehr Kinder als je zuvor, was sich wiederum auch auf die politische Einstellung auswirkt: »Man übernimmt die Einstellung der Eltern«, sagt Celine. Zunächst blind, aber dann erscheine sie einem in zunehmendem Alter auch vernünftig. »Mein Vater kommt aus dem Osten«, sagt Lena, »und er ist sehr gegen die Linke. Inzwischen kann ich da mitdenken und seinen Argumenten folgen.« In welche Konflikte die Meinung der Eltern einen dennoch stürzen können, erzählt Elisabeth: »Ich habe ein Urvertrauen in meine Eltern und glaube so ziemlich alles. Mein größter Konflikt war aber immer Israel und Palästina, weil mein Vater sehr pro Israel ist. Ich war eine Zeit lang in der Israel/Palästina-Gruppe von Amnesty International und war mit dem Konflikt und den unterschiedlichen Sichtweisen total überfordert. Ich habe dann auch aufgehört.«

Wenn dieser jungen Generation der Atem stockt, dann vom Überforderungsgefühl oder wie Celine sagt: »Manchmal ist es einfach zu viel. Es ist so riesig, dass man sich machtlos fühlt, und oft gibt es kein Richtig oder kein Falsch.« Doch wenn alles zu wahnsinnig wird, fallen sie sehr schnell auf ihre pragmatische Sichtweise zurück – selbst etwas verändern, und wenn es auch nur im Kleinen ist, und nicht in der Passivität versinken und anderen Menschen mit weniger hehren Ansprüchen das Feld überlassen. Damit unterscheiden sie sich sehr von früheren Ansätzen, im höchst möglichen komplizierten Fall reflexartig die Systemfrage zu stellen. »Ich finde das zu pessimistisch«, sagt Celine, »ich finde, wir können auch dankbar sein und auf das schauen, was wir schon erreicht haben.« Wenn sie mit »wir« uns alle meint, stehen wir kurz vor dem Weltfrieden der Generationen.

Und was macht dann Schorsch Kamerun?

Bitte chillaxen!
Die vermeintliche Sprache der Jugend

Kinder sehen häufig nicht nur niedlich aus, sondern verzau-
bern ihre Umwelt auch mit ihrer Sprache. Leute ohne Kinder sind ab und zu von Leuten mit Kindern genervt, weil
die kein anderes Thema mehr haben als die neuesten Hits
aus der Brabbelstube. Selbst Zeitschriften für Eltern haben
extra Rubriken mit besonders putzigen Wortspielereien
und mal mehr, mal weniger hellsichtigen Sinnverdrehungen
der Kleinsten. Auch kennt fast jeder Erwachsene charmant
stümperhafte Sprechversuche aus der eigenen Kindheit,
denn die werden von den Eltern anekdotisch weitergetra-
gen und sind die humoristische Einlage in jeder »Ach was
warst du damals süß«-Geschichte.

Das, was später kommt und Jugendsprache genannt wird,
gehört nicht zum Potpourri der sentimentalen Familien-
erinnerungen. Pubertäre Sprachexkurse sind per se nicht
niedlich, oft sogar der Grund für Familienkrisen. Es geht
dabei weniger um die Überforderung durch eine Flut neuer,
unverständlicher Worte. Eher sind Eltern unterfordert von
den wenigen Worten, die die Jugendlichen genervt zwischen
ihrer Zahnspange hervorpressen, als sei diese ein Zaun, der
der normalen Kommunikation im Weg steht.

Wenn Jugendliche viel reden, dann besteht der Unterschied zur Vorgängerjugendsprache hauptsächlich aus anderen Füllwörtern. Deshalb gab und gibt es bei Worten wie

»voll«, »krass«, »tierisch« oder »Alter« auch weniger ein Problem mit der Übersetzung, sondern mit der Frequenz der Benutzung. Und damit, dass das gesamte Umfeld des Pubertierenden vom selben Sprachvirus befallen zu sein scheint. Das ist unter Erwachsenen nicht viel anders, denn Sprache steckt an. Wer viel Zeit mit »Ich-sag's-mal-so-…«- oder »Du-sorry-…«-Sagern verbringt, will ihnen nach einiger Zeit entweder eine knallen oder fängt unbewusst an, sie zu imitieren.

Später wächst die Jugendsprache entweder in den alltäglichen Sprachgebrauch hinein oder sie altert mit ihren Sprechern. Wer heute von »fetziger Musik« spricht, ist schon etwas älter. Wem »fetzig« noch zu sehr fetzt, weil er stattdessen »flott« bevorzugen würde, ist noch älter. Zu alt, um »derbe Beats« oder »krassen Sound« nicht zu verstehen, ist fast niemand, höchstens genervt vom Sound dieser Ausdrücke. Ob jemand auf eine Fete geht, Party macht oder ein Fest besucht, sagt deshalb vor allem etwas über den Altersdurchschnitt der Veranstaltung aus. Junge Männer, die sich im alltäglichen Gespräch anhören wollen wie Rapper, gibt es mittlerweile auch schon an die dreißig Jahre, und Frauen, die »Ich mein, irgendwo find ich das schon total irre, dass ich in dem Punkt so easy drauf bin, weißt du« von sich geben, wenn es etwas zu reflektieren gibt, haben mittlerweile Enkel.

Bei den Wörterbüchern der Jugendsprache, die jährlich aktualisiert von Langenscheidt und Pons herausgegeben werden, werden sich deshalb auch Eltern und Großeltern nicht fragen, wie abgefahren diese Kids denn bitte drauf sind, sondern vielmehr, wer sich diese Worte ausgedacht hat. Laut Herausgeber sind es tatsächlich Jugendliche, die ihre neuesten Ausdrücke per E-Mail einschicken, weshalb

Langenscheidt auf jeder Seite betont, dass diese Sammlung »unplugged« sei, während Pons »100 % unzensiert« schreibt und im Vorwort noch darauf hinweist, dass jeder, der älter als zwanzig ist, wohl ein Nachschlagewerk braucht, um dem derart schnellen Sprachwandelprozess der Jüngeren überhaupt noch folgen zu können. Das ist nicht nur ein bisschen übertrieben, denn die meisten für das mittlere Schulalter typischen Alternativwörter für Sex allein oder zu zweit, die dazugehörigen Körperteile, Monatsblutungen, Zahnspangen und Gesichter mit vielen Pickeln gab es eins zu eins schon vor dreißig Jahren. Auch hören sich viele Ausdrücke eher nach ergrauten Autoren als nach Halligalli in einer aktuellen 9a an: Etwa »Jalousie de la Fresse« für Klappe halten, das an den frühen Otto Waalkes erinnert, oder »Helga Hüftspeck«, die dicke Frau, die sich wahrscheinlich zu viel »Mafiatorte«, also Pizza, reingezogen hat und die auch eine Figur aus einem alten Udo-Lindenberg-Song sein könnte. »Deo-Roller« für Glatze ist tatsächlich ein Witz, der so alt ist, dass er schon über Telly Savalas aka Kojak gemacht wurde. »Gönner« und »Erzeugerfraktion« für die Eltern ist so subversiv wie früher eine Komödie am Sonntagnachmittag, in der Peter Alexander einen Schüler spielt, der zur Penne geht, seine Lehrer Pauker und seine Freunde Kinder nennt.

Neuer sind Begriffe, die mit dem Internet zu tun haben, in dem sich aber bekanntlich auch Alte rumtreiben, die ständig »lol« *(laughing out loud)* schreiben, weil sie beim Bloggen so laut lachen müssen. Die einfache Benutzung englischer anstelle deutscher Worte wie »strange« für komisch könnten die Kinder genauso gut von ihren Eltern übernommen haben. Wenn jedoch jemand sehr viel redet und heute von einem sehr jungen Menschen gesagt bekommt, er solle ihm keine Kassette ins Ohr drücken, ist das fast so extravagant wie ein DJ hinter zwei Grammophonen.

Was also sagen diese Worte den Älteren tatsächlich? Auf jeden Fall, dass auch künftig keine Panik auf der Titanic herrschen dürfte, wenn sie sich mit Teenagern verständigen wollen. Und dass sie unter keinen Umständen versuchen sollten, einen authentischen Jugendfilm, -roman oder gar Song mithilfe dieser Nachschlagewerke zu schreiben. Bei Pons kann man sich noch über die Top 20 der uncoolen Worte informieren, zu denen auch »cool« und »geil« gehören, die aber seltsamerweise im Gegensatz zu vielen anderen Wortschöpfungen aus diesen Nachschlagewerken von Groß und Klein regelmäßig und selbstverständlich benutzt werden.

Wenn sich die Gesellschaft für deutsche Sprache wieder einmal über neue Anglizismen ärgert, handelt es sich dabei meistens nicht um Schulhofkreationen, sondern um Worte und Phrasen, die von Erwachsenen und besonders denen aus Medien und Werbung eingeführt und gestreut wurden. Danach kommen wieder die Medien und mokieren sich in Sprachkolumnen über Ausdrücke wie »am Ende des Tages« und »nicht wirklich«, weil es sich hierbei um eingedeutschte Anglizismen handelt. Am Ende des Tages kann auf derartige Meckereien aber mit einem bei Sprachpflegern ebenfalls verhassten Ausdruck geantwortet werden: Es macht keinen Sinn – weder ihre Benutzer darauf hinzuweisen, dass sie die deutsche Sprache verwässern, noch diese Wendungen wieder aus dem Verkehr ziehen zu wollen. Denn wie wir wissen, lebt Sprache von einem permanenten Wandel, andernfalls würden wir uns heute noch so ausdrücken wie Walther von der Vogelweide.

Wenig Geld, viele Erkenntnisse
Altenpflege

Wenden sich Drehbuchautoren den Alten in Heimen zu, entstehen oft Komödien über listige Zauselbärte und frivole Silberzwiebeln, die mit Motorrädern durchbrennen, Gras rauchen, Banken überfallen, und wenn es sehr lustig sein muss, werden auch noch ein paar Gags über Inkontinenz und verlegte Gebisse eingebaut.

Das Gegenteil der Mordsgaudi im Altersheim wird in der Politik Pflegenotstand genannt. Bereits in den Sechzigerjahren tauchte dieser Begriff als düstere Zukunftsvision das erste Mal auf. Heute ist der Pflegenotstand Realität und ergibt sich aus der wachsenden Zahl der Alten, die nicht familiär gepflegt werden können, plus immer weniger Jungen und nochmals immer weniger Jungen, die Pflegeberufe erlernen wollen, weil sie in dieser Branche keine Zukunft für sich sehen und hoffnungslos schlecht bezahlt werden. Schlecht bezahlt heißt, dass erst im Jahr 2010 Mindestlöhne für Pflegekräfte festgelegt wurden, die im Osten Deutschlands bei 7,50 Euro, im Westen bei 8,50 Euro pro Stunde liegen, um ein weiteres Lohndumping zu verhindern. Hoffnungslos heißt, dass auch ein examinierter Altenpfleger, dessen Stundenlohn je nach Einrichtung und Bundesland zwischen ca. zehn und achtzehn Euro pro Stunde liegt, nach sehr vielen Dienstjahren im Schnitt nicht viel mehr verdient als zu Beginn seines Berufslebens, es sei denn, er macht sich selbstständig, gründet einen Pflegedienst oder widmet sich der organisatorischen Seite der Pflege.

Unterm Strich steht beim Pflegenotstand stets ein riesiges Minus. Im Gegensatz zu anderen aktuellen Problemen, wird er jedoch nicht durch neue abgelöst, sondern wuchert zäh vor sich hin. Man kann davon ausgehen, dass jeder Teilnehmer einer Straßenumfrage sofort unterschreiben würde, wenn es um bessere Arbeitsbedingungen für das Pflegepersonal geht. Die individuelle Pflegefrage ist jedoch für die meisten Zukunftsmusik. Sie klingt zwar schauerlich, lässt sich aber sehr lange ausblenden. Viele junge Menschen sind schon genervt davon, ständig Teile ihres Einkommens in die Rentenkasse einzahlen zu müssen, obwohl sie sich selbst noch nicht einmal als Mittfünfziger vor Augen haben. Eine Zukunftsvision von sich selbst in Alt und Gebrechlich erfordert noch mehr Abstraktionsvermögen als die Überzeugung, dass auf dem Weg ins hohe Alter doch noch was völlig anderes passiert. Die Fantasien reichen hier von plötzlichem Reichtum über die ewige Jugend bis hin zur Apokalypse – nicht aber zur Vorstellung der eigenen Person, gebadet und gekämmt von einem Fremden. Genauso selten macht man sich wahrscheinlich ein Bild vom Berufsalltag eines Altenpflegers. Soziale Berufe, in denen Leute mit Kindern arbeiten, werden viel lieber romantisiert.

Susanne Seitz, seit über zwanzig Jahren examinierte Altenpflegerin, sagt, dass Altenpflegern häufig nachgesagt werde, es habe wohl »für nichts Besseres gereicht«, im Gegensatz zu Ländern wie den USA oder Großbritannien, wo die »Nurse« ein Beruf mit Collegeabschluss ist, der mit höheren Gehältern und mehr Ansehen einhergeht. Doch nur weil es viel zu wenige Altenpfleger gibt und deshalb viele Quereinsteiger aus anderen Branchen umgeschult

werden, heißt das nicht, dass man in Deutschland größtenteils auf lustlose Pfleger trifft, die vom Arbeitsamt in diesen
Job gedrängelt wurden.

Susanne Seitz sagt von sich, dass sie trotz der vielen bekannten Probleme ihren Beruf liebt und damit kein Einzelfall ist. Sie bezeichnet sich selbst als »begeistertes Groß-
eltern-Kind«, was in den meisten Biografien der Beginn
eines guten Verhältnisses zu alten Menschen und dem Thema Alter ist. »Das Faszinierendste an den Alten waren für
mich schon als Kind ihre Geschichten, und das sind sie bis
heute«, sagt sie. »Wenn man sehr jung ist, lehren einen
diese Lebensgeschichten, dem Leben demütiger zu begegnen, als es Altersgenossen meistens tun.« Das Wort Demut
möchte sie nicht traurig oder negativ verstanden wissen. Sie
meint damit die Erkenntnis, dass fast alles im Leben ver-
gänglich ist. Diese haben andere junge Menschen zwar
auch, doch eher in der Theorie, während man als Altenpfleger täglich sieht, wie sehr sich ein Leben verändern kann
und wie stark sich die Prioritäten verschieben. Die wichtigste Lehre, die Seitz für sich aus all diesen Lebensläufen
gezogen hat, beschreibt sie so: »Am meisten weint man
über verpasste Möglichkeiten. Besonders die, die man nicht
genutzt hat, weil man nicht den Mut dazu hatte. Die ständige Frage ›Was wäre gewesen, wenn?‹ kann im Alter zu
sehr viel Bitterkeit führen.«

Für sich selbst hat sie dadurch gelernt, radikale Entscheidungen zu treffen, denn sie hat gesehen, dass viele Leute
am Ende ihres Lebens weniger den falschen, sondern vielmehr den nicht getroffenen Entscheidungen hinterhertrauern. Deshalb, sagt sie, hat sie in ihrem Job auch den
Alten und ihren Geschichten entgegengefiebert, die ihr
Leben mutig gelebt haben. Seitz, die es mit alten Menschen

unterschiedlichster Herkunft und Vergangenheit zu tun hatte und die jahrelang in den USA arbeitete, nennt einen weiteren Punkt, der für all ihre Patienten galt: »Egal wie das Leben verlaufen ist, wie viele Dinge nicht mehr da und nicht mehr wichtig sind, am Ende stehen die Erinnerungen, und das Einzige, was man mitnimmt, ist das, was man wirklich geliebt hat.«

Ihre streng anmutende Aussage: »Du wirst so alt, wie du gelebt hast« hört sich zunächst nach einer von zahlreichen bekannten Pauschalregeln an, von denen »Nur in einem gesunden Körper lebt ein gesunder Geist« die vielleicht selbstherrlichste und ungerechteste ist. Susanne Seitz weiß, dass sie sich in diesem Punkt moralisierend anhört, und relativiert, indem sie betont, dass sie sich auf keinen Fall auf körperliche Gebrechlichkeit bezieht, sondern auf das Sozialverhalten, und auf das hat man ungleich mehr Einfluss als auf seine Gesundheit. »Es gibt alte Menschen, auch ohne große Familien, die immer soziale Netzwerke hatten und immer soziale Wesen bleiben, und es gibt einsame alte Menschen mit großen Familien. Wenn niemand mehr da ist, ist das etwas anderes, als wenn einen niemand mehr sehen will«, sagt sie.

Die Altenpflegerin fügt an, dass von außen stets entrüstet und mitleidig reagiert wird, wenn alte Menschen allein gelassen werden. Doch sie spricht auch von zerstrittenen Familien, bei denen sie sich als Außenstehende fragen muss, welchen Anteil die allein gelassene Person an diesem Verhältnis hat, selbst wenn sie nun schwach und hilfsbedürftig ist: »An diesen Beispielen sieht man dann oft, um was es in einer Familie ging. Wenn Geld, Status und Erfolg stets das Wichtigste waren, bleibt das auch so, wenn man gebrechlich wird. Echte, uneigennützige Liebe, die nicht vorher schon vorhanden war, stellt sich im Pflegefall ganz sicher nicht mehr ein«, fasst sie ihre Erfahrungen zusammen.

Susanne Seitz fand es immer spannend, die Themen ihrer gleichaltrigen Freunde mit denen ihrer alten Patienten zu vergleichen. »Der Kontakt mit Leuten, die ihr Leben gelebt haben, lässt mich die Dinge, die einem in jungen Jahren so wichtig sind, und dazu zählt zum Beispiel Erfolg, aus einer anderen Perspektive sehen«, sagt sie. Das Verhältnis Pfleger-Pflegebedürftiger bedeutet auch auf keinen Fall, dass man nicht Spaß miteinander haben kann. Seitz sagt, dass sie sehr viel mit ihren Patienten lacht und in vielen Situationen deren Ratschläge schätzt: »Wenn eine alte Dame einem erzählt, dass das Leben auch nach der dritten Ehe weitergeht, kann das eine ganz andere Qualität von Trost haben als ein Liebeskummergespräch mit Gleichaltrigen.«

Aus Sicht der alten Leute war sie immer die Junge, die Kleine oder das Mädchen, und das ist sie heute mit knapp fünfzig Jahren immer noch. »Immer als jung empfunden zu werden, ist doch an und für sich etwas sehr Schönes«, freut sie sich über den Aspekt ihres Berufs. Vielleicht sollte man mit dieser speziellen Form der ewigen Jugend für den Beruf des Altenpflegers werben.

Zwischen alten Männern und alten Frauen stellt Seitz einen Unterschied fest, den sie amüsiert der Generation der jetzt Alten zuordnet: »Alte Männer lassen sich eher betüteln und bedienen, während alte Frauen häufig versuchen, selbst noch alles zu tun, was möglich ist.« Ansonsten gäbe es sie nicht, »die Alten«. Der Hauptunterschied zwischen alten und jungen Menschen liegt für Seitz im Körperlichen. »Was sich nie ändern wird, ist, dass wir anerkannt und gemocht werden wollen«, sagt sie. Verbitterung ist zum Beispiel etwas, das gern mit dem Alter verbunden wird. Doch kann man auch schon in jungen Jahren verbittert sein – nämlich dann, wenn man der Meinung ist, es stünde einem etwas zu, das einem das Leben oder die Mitmenschen hartnäckig verweigern. »Diese Art, das Leben zu betrachten«, sagt Susanne Seitz, »können Kinder zwar noch nicht haben, junge Menschen aber sehr wohl. Die Unzufriedenheit über die vermeintliche Ungerechtigkeit des Schicksals macht Verbitterte zu dem, was sie sind. Für eine solche Entwicklung muss man nicht über siebzig werden.«

Das, was gemeinhin als Altersstarrsinn bezeichnet wird, ist aus ihrer Sicht eine Zusammenfassung von Eigenschaften, die schon in jungen Jahren als eher schwierig gelten. Dazu gehören für sie Geiz, Besserwisserei, Wehleidigkeit oder Pedanterie. Oft mutieren sie im Alter zur Haupteigenschaft, weil viel weniger Spielraum für anderes ist. Nach Seitz' Erfahrung sind die Alten nur noch knauseriger, erbsenzählerischer, nörgeliger oder pedantischer als vorher – ein brandneues Charakterprogramm legt im Alter niemand mehr ein. Wird ein alter Pedant mit viel Zeit gepflegt, kann man davon ausgehen, dass er nicht eher Ruhe geben wird, bevor sein Vorhang nicht auf den Millimeter ausgerichtet ist. War ihm das jedoch in seiner Jugend egal, wird er nicht mit über achtzig zum Symmetriefetischisten werden. Das gilt auch für Witzbolde, Messies oder Schwätzer – wir alle laufen Gefahr, uns im Alter mit unseren Eigenschaften noch zu steigern.

Das Bild von sich selbst im eigenen hohen Alter ist auch für Seitz als Altersexpertin kein klar definiertes, unter anderem weil minutiöse Pläne und ihre über Jahre gewachsene zunehmende Entscheidungsfreudigkeit noch vieles offen lassen. Doch hat sie durch ihre Arbeit sehr früh darüber nachgedacht, was das Leben bis ins hohe Alter lebenswert bleiben lässt: »Man muss zu jedem Zeitpunkt im Leben etwas wollen. Auch wenn es später andere Aufgaben, Interessen oder Hobbys werden, aktive alte Leute sind immer diejenigen, die ihr Leben weiterleben. Nichts mehr zu wollen heißt, dass man nur noch auf die nächste Mahlzeit oder den Gang zu Toilette wartet. Und wahrscheinlich auf den Tod.«

Rückblick in Rosa

Nostalgie

»Jetzt sind die guten, alten Zeiten, nach denen wir uns in zehn Jahren zurücksehnen«, ist ein Zitat von Peter Ustinov. Wer nun seufzt und denkt, Sir Peter sei immer für einen launigen Spruch gut gewesen, und bedauert, dass es Stars von seinem Format heutzutage gar nicht mehr gibt, ist mitten im Thema.

Als Nostalgie wird allgemein die Sehnsucht nach dem Vergangenen bezeichnet. Verwendet wurde der Begriff Nostalgie (griechisch: *nostos* – Rückkehr, Vergangenheit; *algos* – Schmerz) erstmals im 17. Jahrhundert von dem Mediziner Johannes Hofer, der damit ein Krankheitsbild beschrieb, das er bei Schweizer Söldnern in der Fremde beobachtet hatte. Den Männern ging es weit weg von zu Hause so schlecht, dass man von einem Schweiz-Entzug sprach, weshalb Nostalgie lange als Auswandererpsychose galt, also für Heimweh stand.

Der Soziologe Dr. Jochen Gebauer von der University of Southampton fasst in einem Artikel in der Zeitschrift *Gehirn und Geist* die Ergebnisse mehrerer Studien zum Thema Nostalgie zusammen. Die Forschung schreibt nostalgischen Erinnerungen einen stimmungsaufhellenden Effekt zu. Es wurde auch festgestellt, dass traurige Stimmung und Einsamkeitsgefühle nostalgische Gefühle fördern und dass zwischenmenschliche Beziehungen eine sehr große Rolle in den meisten nostalgischen Erinnerungen spielen. Unter anderem forderte man die Probanden dazu auf, ein Essay über die Begebenheit zu schreiben, die sie am nostalgischsten stimmt. Anschließend verglich man ihre Antworten zu bestimmten Emotionen mit denen einer anderen Gruppe, die vorher über ein gewöhnliches Ereignis aus ihrer Vergangenheit schreiben sollte. Bei den nostalgischen Erlebnissen fiel auf, dass bei deren Nacherzählung häufig eine Bewältigungssequenz auftrat: Begannen die Geschichten mit einem negativen Erlebnis, wurden sie nach und nach immer positiver, bewegten sich also auf ein Happy End zu. Erwähnt sei, dass es sich bei den Probanden um eine Zufallsgruppe und somit weder um ausgemachte Nostalgiker noch um Zukunftsverehrer handelte.

Nostalgische Erinnerungen gibt es in zahlreichen Abstufungen vom kurzen Lacher über das starre Klammern an eine Lieblingszeit bis hin zu einem ausgeprägten Hass auf das Hier und Jetzt. Paul Watzlawick spielt in seiner *Anleitung zum Unglücklichsein* vier Spiele mit der Vergangenheit. Eins davon ist »Die Verherrlichung der Vergangenheit«, die die Kindheit, Jugend oder verflossene Beziehung zum goldenen Zeitalter erhebt und damit zum Garant für aktuelles Unglück wird. Als bildhaftes Beispiel führt Watzlawick die biblische Frau Lots an, die auf der Flucht vor den Sodomiten trotz ausdrücklichen Verbots der Engel zurückgeschaut hat und deshalb zur Salzsäule erstarrte. In der Vergangenheit gedanklich festzuhaften macht nicht glücklich, ein Blick zurück ist dagegen kultur- und generationsübergreifend bekannt als kurzer Trost oder großer Spaß, und ein längerer Blick zurück unter Anleitung eignet sich für die Psychoanalyse, wobei dabei bekanntlich nicht nur die fröhlichen Highlights eines Lebens auf den Tisch kommen.

Vor dreißig Jahren oder letzten Sommer?
Wehmut geht immer

Auch objektiv junge Menschen können, was ihr eigenes Leben betrifft, Nostalgiker sein, indem sie einer Zeit hinterhertrauern, die noch gar nicht so lange vorbei ist, und sie verherrlichen. Es wird bereits auf vergangene Zeiten hingewiesen, auf Skater-Zeiten, Band-Zeiten, Urlaub-in-Frankreich-Zeiten, die einfach einmalig waren und jetzt vorbei sind. Besonders beliebt bei jungen Nostalgikern sind die Schul- und Abiturzeit, die im Nachhinein oft zu einem lässigen Freiraum für Schabernack und Kumpelei stilisiert wird. Selbst Mittzwanziger seufzen schon über Mobbing oder Gewalt an den Schulen, was es »zu ihrer Zeit« nicht gegeben habe.

Sie haben vergessen, dass das damals »Mutprobe«, »fertigmachen« oder »rausekeln« hieß. Dass nebenbei die Mehrheit der Mitschüler oder sogar man selbst unter Prüfungsdruck stand und sich für viele von ihnen die Zukunft als großes Fragezeichen entrollte, scheint vergessen oder unwichtig. Die Freunde von damals helfen dabei der Erinnerung auch nicht wirklich auf die Sprünge, allerdings stehen sie für die guten Zeiten und deshalb häufig unter Denkmalschutz. Völlig egal, in welche Richtung sie sich in den Jahren danach entwickelt haben, mindestens einmal pro Jahr muss man sich traditionell daran erinnern, wie gut es früher zusammen war. Die Freundschaft von zwei Männern, die auf den ersten Blick so unterschiedlich sind wie ein iPhone und ein Münzfernsprecher, basiert aller Wahrscheinlichkeit nach auf dem nostalgischen Fundament, sich schon ewig zu kennen.

In mittleren Jahren beziehungsweise mit dem Eintritt in erwachsenere Lebensstrukturen (Job, Beziehung und/oder Kinder) bezieht sich das Sehnsuchtslamento gerne auf die Zeit, als man noch sympathisch planlos und ohne Reue die Nacht zum Tage machen konnte und im Kreise seiner Freunde mehr oder weniger obskuren Projekten mit kreativem Anstrich nachging, die nicht Teil der Wertschöpfungskette sein mussten. Kunst, Mode und Musik seien ja heute total oberflächlich, heißt es dann. Es ginge nur noch ums Geschäft. Damals ging es um die Sache, das Erlebnis oder die Erfahrung. Damals gab es noch eine Message. Deshalb machte man so unkommerzielle Sachen wie Häuser besetzen, inhalieren, demonstrieren oder randalieren und aus den Resten eine Müllplastik schweißen.

Die persönliche Sturm- und Drangzeit wird gerne zur kulturellen Blütezeit einer ganzen Epoche hochstilisiert, die natürlich radikaler, kreativer oder kompromissloser war als alles, was danach kam. Geschichten aus dieser Wahnsinnszeit lassen aber vor allem vermuten, dass der Erzähler nicht weiß, in welchen Clubs, Ateliers oder Blogs sich die aktuelle Generation an Leuten trifft, die nun für ein paar Jahre der Meinung ist, das Rad neu erfinden zu können. Es fällt schwer zu begreifen, dass unbemerkt so viel Zeit vergangen ist, dass die eigenen Ikonen längst zur Allgemeinbildung jedes Normalos gehören. Allerspätestens wenn er es begriffen hat, ist der nostalgisch verhaftete Exradikalinski und Beinahe-Beuys nicht mehr Teil einer neuen Entwicklung und muss feststellen, dass seine unkommerziellen

Freunde von damals klammheimlich Plattenmillionäre, Malerfürsten oder Unternehmer geworden – oder Taxifahrer geblieben sind. Die allermeisten aber fahren mit Fahrradhelm auf dem Kopf zur Arbeit, stottern die Rate vom Haus ab und müssen mit ansehen, wie der Chef sich Andy-Warhol-Posterdrucke ins Büro hängt. Zum Glück gibt es immer ein paar zeitlochartige Kneipen, in denen man standhaft, arm und wild so tun kann, als wäre nichts passiert.

Ältere Menschen haben ein breiteres Repertoire an Erinnerungen, die sich im Nachhinein verklären lassen. Interessant ist, dass es sich hierbei meist um Lebensbereiche handelt, die im Hier und Jetzt nicht mehr funktionieren. Der Student schaut auf die Schulzeit, weil er im Studium überfordert ist, der Familienvater, der sich langweilt, auf seine wilden Studentenzeiten, und der Großvater lobt das Gemeinschaftsgefühl von früher, weil er allein und einsam in seiner Wohnung hockt.

Die guten Aspekte sind die, die vermisst und verklärt werden, die schlechten – wie etwa, dass man fast zeitgleich operiert, verlassen oder vom Staat drangsaliert wurde – haben in einer nostalgischen Schwelgerei so wenig verloren wie Staubsaugerlärm in einer erotischen Fantasie. Denn an das Glücklichsein damals kann man sich völlig unsentimental auch ohne einen Vergleich zu heute erinnern, während die Nostalgie immer voraussetzt, irgendetwas wäre nicht mehr da, viel besser gewesen oder beides zusammen. Egal, ob es sich dabei um etwas sehr Großes wie die Sowjetunion oder um etwas sehr Kleines wie eine vom Markt verschwundene Süßigkeit handelt.

Nostalgie trifft aber nicht nur ewig gestrige Modernisierungsverweigerer, Grobgeister oder Tollenträger. Selbst

Thomas Bernhard, damals fünfunddreißig Jahre alt, ließ sich in einem Brief an einen Freund im Jahr 1966, also kurz bevor die 68er-Suppe überbrodelte, zur Haltung der Studenten in Berlin, denen er gerade bei einem Seminar begegnet war, zu einem nostalgischen Evergreen hinreißen: »Die Generation nach mir, die zehn Jahre Jüngeren auf den Universitäten, empfinde ich als arm im Geiste und vergewaltigt im Weltspezialistentum.« Heißt: Die Jugend ist auch nicht mehr das, was sie mal war – nur dass es bei Bernhard natürlich viel besser klingt.

Um eine vergangene Zeit zu glorifizieren, muss man nicht einmal in ihr gelebt haben. Mit etwas Fantasie und Kreativität kann sich auch ein später Geborener ausmalen, wie es zu einer bestimmten Zeit war, und es in die passende Relation zur eigenen Person setzen.

Der Volksglaube vom besseren Umgang mit dem Alter »früher« hält sich als Best of des kollektiven Gedankenguts. Dass heute noch so viele Individualisten das Zusammenleben der Generationen in oft extrem hierarchischen Gesellschaften derartig verklären, ist eigentlich fast so absurd wie der Gedanke, Pazifisten würden sich die Kreuzzüge zurückwünschen.

Wer deshalb Zeitweh nach anderen Epochen hat, konzentriert sich am besten nur auf ein paar handverlesene kulturelle Aspekte seiner Lieblingszeit. Liebhaber des Mittelalters mögen zwar Männer in Strumpfhosen und Drehleiermusik, eine Zahnbehandlung nach Mittelalterart würden sie aber ablehnen. Und natürlich sind die Anhänger einer solchen Ära immer schillernde Kinder ihrer Zeit. Kein Barockfreund sieht sich als hungernder Bauer, kein Verehrer der Roaring Twenties sieht sich selbst als Invalide des Ersten Weltkriegs. Warum auch? Dass jemand in seiner eigenen Fantasie einbeinig Charleston tanzt, wäre ja wirklich zu viel verlangt. In dieser Frage verhalten sich die Anhänger der alten Zeiten genauso wie Leute, die davon überzeugt sind, sich an ihr vorheriges Leben zu erinnern: Kaum jemand war Sklave (höchstens Spartakus vielleicht), Dorftrottel oder unwichtiges Kanonenfutter. Fast alle waren Weise, Priester, Anführer, sprich wichtige Gestalten – Gestalten, die auf jeden Fall sehr präsent gewesen sind.

I did it your way
Lieder, die es schon mal gab

Musik ist ein hervorragendes Medium für Nostalgieerleb-
nisse. Ähnlich wie Gerüche kann Musik uns schlagartig in
eine andere Zeit zurückversetzen. Mit dem richtigen Song
spüren wir zum Beispiel wieder die bittersüße Verzweiflung
des Teenagerdaseins, dem retrospektiv jedoch die Spitzen
genommen sind. Wir spüren erste Liebe und Liebeskum-
mer, Partys aus früheren Jahren tauchen wieder vor dem
inneren Auge auf. Auch junge Menschen kennen dieses Gefühl bereits. Es wird ausgelöst durch den Song, den sie
immer im Auto der Eltern auf der Rückbank sitzend hörten, oder die Hits aus dem letzten oder vorletzten Sommer.
Oft über Jahre eingemottet, entfachen sie ihre Sogkraft in
dem Moment, in dem der erste Ton oder Beat erklingt. Gegen emotionale Zeitreisen ist ganz und gar nichts einzuwenden, und unbestritten ist, dass es Musik von zeitloser
Schönheit gibt, egal, ob sie von epochaler Größe ist oder
nur das Lebens- oder Klanggefühl einer Saison oder eines
Samstagabends aufgreift.

Viele Menschen verkennen aber, dass die Musik ihrer
persönlichen Primetime, also der Zeit, als sie das Gefühl
von Freiheit, Abenteuer und den Aufbruch in eine mehr
oder weniger verheißungsvolle Welt erlebten, nicht zwingend die musikhistorische Primetime der Menschheit war.
Bockig halten Musiknostalgiker am Bessersein ihres Lieb-

lingssounds fest. Ja, das war noch Musik! Schöner, harmonischer, ehrlicher und vor allem: authentischer. Als was? Als alles, was man heute so macht, natürlich. Und da dürften sich Musiknostalgiker bestätigt fühlen, denn die moderne Musik ist immer auch mit Mixen, Sampeln, Covern, Zitieren und Verfremden von historischem Material beschäftigt, und das nächste große Musikding, das alles bisher Dagewesene über den Haufen wirft, ist derzeit nicht in Sicht. Zudem gibt es immer mehr erfolgreiche Interpreten, wie zum Beispiel Amy Winehouse, Melody Gardot oder Jamie Cullum, die sich mit dem Sound von vor vierzig bis fünfzig Jahren in produktionstechnischem Hightech-Gewand auf traumwandlerisch sicherem Terrain bewegen, weil die Songs Eltern und Kindern gleichermaßen gefallen.

BeeGee Robin Gibb hat einmal in einem Interview an seine guten Zeiten zurückgedacht, und das waren die Sechziger, denn Gibb ist über sechzig. Als grundlegenden Unterschied zu Künstlern heute nannte er den Vorteil, dass sich Musiker damals nicht fragen lassen mussten, von wem man beeinflusst wurde – selbst wenn man von einem Sound beeinflusst war. Denn auch die Musik der Sechziger und Siebziger entstand ja nicht aus dem Nichts. Das hört sich nach einer tollen kreativen Pionierzeit an, trotzdem hat man nicht das Gefühl, dass die Künstler von heute traurig sind, an schon einmal Dagewesenes zu erinnern. Im Gegenteil, sich anzuhören wie Leute, die bereits berentet oder tot sind, aber erfolgreich waren, gehört zum guten Ton und kommt super beim Publikum an.

Abgesehen von den ersten zehn Jahren hat jedes Jahrzehnt des 20. Jahrhunderts mehr musikalische Denkmalpfleger und Soundalikes als jemals zuvor. Sich zum Beispiel einmal dem guten, alten Swing gewidmet zu haben ist schon fast Standard in den Diskografien bekannter Stars. Männer wie Brian Ferry, George Michael, Robbie Williams oder Rod Stewart überkam die Frankie-Sinatra-Laune, das Alter oder die Berufung, das wertvolle Erbe von Songschreibern wie Cole Porter nicht verstauben zu lassen. Bono, U2 und Gäste wollten mit einem Album voller Swing-Klassiker nicht nur alten Hits huldigen, sondern selbstverständlich auch Charity betreiben. Obwohl speziell diese Musik nie in Vergessenheit geriet, was jeder weiß, der öfter in Hotelbars zu tun hat. Mittlerweile sind alte Jazz- und Swing-Klassiker jedoch keine Genreausflüge mehr, sondern bilden Start und Basis für die gesamte Karriere: Junge Musiker wie Michael Bublé oder Jamie Cullum machen eigentlich nichts anderes als Highend-Karaoke. Cullum macht zusätzlich auch Neueres barfähig, während Bublé sich fast ausschließlich um eine Damals-in-Las-Vegas-Atmosphäre bemüht. Doch auch damals in Las Vegas erfreute man sich schon an alten Songs. Frank Sinatra hatte 1951 bereits ein Comeback, der Song *All of Me*, wie auch eins von Bublés Alben heißt, ist bereits von 1931.

Doch je originalgetreuer und perfektionistischer sich junge Sänger an den altbewährten Arrangements und Gesangsstilen abarbeiten, desto mehr kommt die Frage auf, warum man sich Jazz- oder Swing-Klassiker wie *Night and Day* und *I Get a Kick out of You* nicht gleich von Billie Holiday, Louis Armstrong, Ella Fitzgerald, Django Reinhard, Dinah Washington, Frank Sinatra und vielen anderen anhört. Künstler wie Bublé reihen sich also erfolgreich in eine ebenfalls erfolgreiche Reihe früherer Künstler ein. In den USA heißen die Charts für diese Musik »Hot Adult Top 40 Tracks«. Denn egal wie milchbärtig der Interpret auch sein mag, das ist Erwachsenenmusik, bei der die Zuhörer sich an vergangene Zeiten voller genialer alter Haudegen erinnern und sich fragen, ob sie nicht auch mal wieder einen Hut aufsetzen und einen Whisky trinken sollten.

Sehr erfolgreich reüssiert in Deutschland im Genre Jazz und Schlager der Dreißiger- bis Sechzigerjahre zum Beispiel Götz Alsmann. Mit grundsolider musikalischer Ausbildung, Doktortitel und schütterer Haartolle entreißt er den Stücken von damals jegliche Subversivität und präsentiert sie erfolgreich als schratiger Kokettierer für das Publikum von Detmold, Augsburg und Lübeck, das das Gefühl hat, es darf Alsmann jetzt einmal auf Augenhöhe zurückzwinkern. Ist schön locker und lustig, aber trotzdem anspruchsvolle Unterhaltung, wie es sie heute scheinbar immer seltener, aber bei genauerem Hinhören richtig oft und überall gibt. Sogar die ständig für den Untergang der Qualitätsmusik zur Verantwortung gezogenen Teilnehmer von Talentshows müssen zur Qualifizierung irgendwann einen Themenabend »Big Band« bestehen.

Max Raabe, ausgebildeter Bariton, ist mit seinen Inszenierungen von Liedern aus den Zwanziger- und Dreißigerjahren so erfolgreich, dass er sogar die New Yorker Carnegie Hall ausverkauft. Raabe interpretiert keine amerikanischen Welthits, sondern widmet sich Raritäten aus Deutschland und einem sehr kleinen Zeitfenster, den Jahren von 1927 bis 1933. Seine Eigenkompositionen klingen, wenn man beim Text nicht ganz genau hinhört, ebenfalls wie aus dieser kurzen Zeitspanne, die Raabe als den kreativen Höhepunkt deutscher Unterhaltungsmusik sieht und daher pflegt. Ein Nostalgiker zu sein, weist Raabe in allen Interviews aber entschieden von sich. Sein Anliegen sei es, das Zeitlose an der Musik herauszustellen, sie in die Jetztzeit zu spiegeln. Diese wird aber seltsamerweise in einem korsettartigen Setting dargeboten, das nach schaurig schönem German Perfektionismus aussieht, wo jedes Hochziehen der Augenbraue, jeder gesprochene, jeder unbestimmt in die Ferne schweifende Blick, Teil einer ausgeklügelten Choreografie ist. Unklar und aus heutiger Sicht schwer nachvollziehbar ist zudem die Frage, ob sich die adaptierten Raabe-Songs so anhören wie damals. Das »R« zu rollen war Pflicht. Aber auch das Näseln und Schnarren? Hören wir heute liebevoll adaptiertes Liedgut, das originalgetreu gepflegt wird, oder wird hier der Monosound von Schellackplatten imitiert? Dann würde erst das mediale Missverständnis zur maximal gefühlten Authentizität führen.

Übertragen auf die Filmwelt würde das bedeuten, dass man Ernst Lubitsch oder Billy Wilder so originalgetreu wie möglich nachdreht. Übersetzt in die bildende Kunst würde es bedeuten, dass Bilder originalgetreu nachgemalt werden und nicht als Fälschung, sondern als Tribute oder Hommage verkauft werden. Urheber und Interpreten in der Musik sind aber etwas anderes als Originale und Drucke in der Malerei, von Regisseuren und deren Umsetzung von Geschichten und den Autoren der Geschichten ganz zu schweigen. Trotzdem fällt auf, dass die Zahl der Museumsdirektoren in der Musik höher ist als in anderen Kunstrichtungen.

Fest steht auch, dass alle Musik aus längst vergangenen Zeiten bis hin zur Klassik, die heute von mehr oder weniger orthodoxen Archivaren und Coversängern konserviert wird, zu ihrer Zeit für das zeitgenössische Publikum genauso neu und aufregend beziehungsweise skandalös bis abstoßend klang wie die ersten Zwölfton- oder Technostücke bei ihrem Erscheinen.

Hohe Decken für hohes Niveau
Von Alt- und Neubauten

In der Architektur hat Neues, das älter wirken soll, eine lange Tradition. In der Baukunst wird weniger auf die Jahrzehnte, sondern mehr in Epochen und Stilrichtungen gedacht, die Jahrhunderte und mehr zurückliegen. Renaissance, Historismus, Klassizismus, Eklektizismus und Kolonialstil sind Wiederaufnahmen alter Baustile. Europäische Touristen lieben südamerikanische Altstädte, die die Spanier und Portugiesen im Barockstil errichteten, weil sie ihn schön finden und weil sie eigentlich ihre alte Kultur in der Neuen Welt sehen möchten. Das bekannteste Bauwerk des Kolonialstils in Nordamerika ist das klassizistische Weiße Haus in Washington, in den älteren Prachtbauten New Yorks kann man die italienischen Palazzi der Renaissance erkennen. Und die Renaissance war ja auch schon die Wiedergeburt der griechisch-römischen Antike und die Abkehr vom bis heute als dunkel empfundenen Mittelalter. Ergo die Wiederentdeckung von etwas Früherem, das als besser, schöner und passender empfunden wurde. Somit kann die Renaissance eigentlich als die akzeptierteste Form der Nostalgie gelten. Aus unserer Sicht. Denn für uns heute gilt die Renaissance als Aufbruch zur Neuzeit und das Ende einer Zeit, die wir aus verschiedenen Gründen weniger schätzen.

Welche Zeit der letzten Jahrhunderte die nächsten Generationen auferstehen lassen wollen, wissen wir nicht, doch sich moderner Architektur zu verweigern ist allgemein viel akzeptierter, als beispielsweise moderne Kunst abzulehnen. Der populärste Architekturnostalgiker und Neubaugegner ist Prince Charles, der bekanntermaßen die Möglichkeit hat, ausschließlich in imposanten Altbauten zu leben. Doch auch in anderen Kreisen bevorzugt man das alte Haus, wie man sehr deutlich an der ungebrochenen Liebe vieler Stadtbewohner zum Gründerzeitaltbau sehen kann. Es wird häufig darüber geschrieben und manchmal gelästert, doch gewinnen Stuck, Flügeltüren und hohe Decken weiterhin haushoch gegen die meisten Neubauten.

Der aktuellste Komplex eines nostalgischen Neubaus in Berlin heißt Kolle Belle (gesprochen wie Knolle und Zelle) und schielt bewundernd zurück ins schöne alte Paris, deshalb nennt er sich auch Palais. Er beruhigt die Käufer der Eigentumswohnungen mit dem Slogan: Bohème, bourgeois oder de luxe: Hauptsache, Sie fühlen sich wohl! Das klingt sehr tolerant und gleichzeitig einfallslos, aber einen von diesen drei sehr pariserischen Lebensstilen werden die neuen Bewohner bestimmt mögen. Schöne Cafés, viele Künstler und dazu ein Belle-Epoque-Neubau mit fußbodenbeheiztem Parkett, Erkern, Schmiedeeisen und hohen Decken sind das architektonische Savoir-vivre im Berliner Prenzlauer Berg, dessen alte Mietshäuser weniger prächtig waren als etwa die in Charlottenburg und Wilmersdorf. Nur haben die Käufer derzeit Sehnsucht nach dieser Zeit in Paris und nach diesem Bezirk in Berlin. Vielleicht kommt ja gleich Toulouse-Lautrec um die Ecke, aber bitte nicht ganz so ausschweifend bohème, nüchtern und ohne Zigarette, denn der Kollwitzplatz ist nicht nur für dieses neue Altbauensemble berühmt, sondern wird seit Jahren überall im

Zusammenhang mit seiner hohen Geburten- und damit Eltern- und Spielplatzquote genannt.

Es scheint also, als würde der Siegeszug der Beliebtheit des Altbaus bei den großen Stadthäusern nicht nur anhalten, sondern im Nachbau besser funktionieren als der Neubau. Und weil wir schon so lange von so viel Alt-neu-alt-wieder-neu umgeben sind, altern auch die Bezeichnungen mit. So würde es niemand im Palais Kolle Belle »très chic« oder »de luxe« finden, wenn man ihn fragte, ob er in einem Altneubau wohne, obwohl diese Bezeichnung für diese auf Alt gemachten Neubauten gar nicht so verkehrt wäre. Allerdings steht sie laut Definition für die Bauten in der DDR, die zwischen 1950 und 1965 errichtet wurden, also Nachkriegsblocks, aber noch keine Plattenbauten. Diese ähneln optisch ihren Geschwistern im Nachkriegswestdeutschland sehr, und beide eint, dass niemand sie derzeit wirklich liebt oder nachbaut. Sie sind weder spektakulär, noch vermitteln sie das Gefühl von früherer Glanzzeit, die man heute unbedingt nachleben möchte.

Auch das Berliner Nikolaiviertel vermittelt weder das eine noch das andere, möchte aber auf seiner Homepage die Berlinbesucher herzlich einladen, sich doch einmal in einer Illusion des alten Berlin zu bewegen. Das Nikolaiviertel ist das Urzentrum Berlins rund um den Wiederaufbau dessen ältester Kirche. Vom mittelalterlichen Kern stand hier nach dem Zweiten Weltkrieg sehr viel weniger als in anderen mittelalterlichen Stadtkernen. Kurz vor dem Mauerfall feierte Berlin dann seinen 750. Geburtstag, was die als geschmacksunsicher bekannte DDR-Spitze zum Anlass nahm, dieses Viertel als kleine, winkelige Stadt in Plattenbauweise nachbauen zu lassen. Das Resultat ist neben den wenigen wirklich alten Häuschen eine historisierende

Mixtur aus Enge, Giebeln, Schindeln, Krümmungen und fertigen Betonplatten, deren deutliche Struktur nebst Silikonfugen jeden Hauch von Illusion an etwas Altes bereits auf den ersten Blick zerstört. Selbst die unterschätztesten, desinteressiertesten und zugedröhntesten Touristen müssen hier erkennen, dass sie mitnichten zwischen historischen Gebäuden umhertorkeln, sondern dass die Gebäude hier höchstens so alt und wertvoll sind wie ihr heimischer Busbahnhof.

Andererseits war es auch niemals das Ziel der Entscheider in der DDR, ausgerechnet das Großbürgertum wiederauferstehen zu lassen, dann schon lieber das miefige Mittelalter mit ebensolchem Resultat. Der Palais-Komplex Kolle Belle hingegen hat nicht nur stilistisch mehr Anhänger, sondern hat sich für Berliner Verhältnisse auch sehr gut und teuer verkauft. Konsequent wäre es jetzt als Eigentümer, sich nagelneue Biedermeiermöbel mit nagelneuer Patina zu bestellen und in die nachempfundene Palais-Wohnung zu stellen, doch ist davon auszugehen, dass die Käufer dieser Wohnungen eher moderne Klassiker wie die Liege von Le Corbusier schätzen und kaufen. Von demselben Le Corbusier, der ihnen als Architekt das bourgeoise Wohngefühl gründlich vermiest hätte. Bei einer geplanten Deckenhöhe von 2,26 Meter statt der vorgeschriebenen 2,50 Meter in seinem Apartmenthaus Unité d'Habitation (dt. Wohnmaschine) 1958 in Berlin waren weder Nurejew-Ballettsprünge noch standesgemäße Heizkosten vorgesehen.

Der ewige Radiostar
Die tägliche Dosis Siebziger, Achtziger und Neunziger

Einen der gruseligsten Auswüchse pflanzte Thomas Gott-schalk, damals einundfünfzig, im Jahr 2001 in den Garten der Nostalgie. Begleitet von der Band Die besorgten Väter ließ er sich zu einem hüftsteifen Song mit dem Titel *What Happened to Rock 'n' Roll?* hinreißen. In dem Stück geht es darum, dass er nicht versteht, was bei seinen Kindern im Zimmer für Musik läuft, nämlich Hip Hop und Techno. Die im Song genannten Vertreter der schlimmen neuen Musik waren fast ausnahmslos auch Gottschalks Gäste (Christina Aguilera, Britney Spears, Robbie Williams). Denn Gottschalk verdient sein Haupteinkommen nicht mit Verbrüderungssongs für unflexible Eltern, sondern als Moderator von *Wetten, dass …?* Nur so konnte es dazu kommen, dass er öffentlich den Verlust des alten Underground (sic!) wie Deep Purple, Doors, Queen, den Stones und Led Zeppelin beklagen konnte und seine Gedanken nicht in eine kleine Vätergesprächsrunde, sondern leider auch noch gereimt (Queen – Led Zeppe-lien) auf den Markt warf. Im Refrain fragt er sich *What happened to Rock 'n' Roll? Ich hab die Schnauze voll, bring back some Rock 'n' Roll.* Das war schon lustig, damals 2001, aber eigentlich auch so schizophren, dass sich andere Künstler ein Ohr abgeschnitten hätten. Nicht so Gottschalk. Der traf damit erwartungsgemäß den

Nerv vieler Gleichgesinnter, nämlich derer, die den guten, alten und nicht zu vergessen ehrlichen Rock lieber mochten als alles, was danach kam. Sie konnten so in dem Gefühl schwelgen, tabubrecherische Außenseiter zu sein, die jetzt gegen die zeitgenössische und total unverständlich gewordene Popkultur wettern und Gottschalk nebenbei noch zu ein paar Hunderttausender mehr aufs Konto verhelfen. Obwohl es hier ja nicht um Geld geht und wir davon ausgehen, dass er die Einnahmen der Single sowieso an den Freddie-Mercury-Kinderladen in Kulmbach gespendet hat.

Was aber passierte wirklich mit dem Rock? Viele Nostalgiker meinen vielleicht, er siecht ungehört auf wertvollem Vinyl vor sich hin. Bei Underground-Perlen, die wesentlich unbekannter sind als die in Thomas Gottschalks Lied als vermisst gemeldeten Rockstars, stimmt das vielleicht. Alles, was sich jedoch ab den Siebzigern gut verkauft hat, wird heute im Radio häufiger gespielt als neue Produktionen. Das gilt für den Rock wie für den Pop und natürlich für alle erdenklichen Mischformen aus beidem. Nostalgikern mit durchschnittlichem Musikgeschmack bietet das Radio also weniger Grund zum Jammern, als sie vielleicht wahrnehmen wollen – dass man die Eurythmics oder Kool & The Gang häufiger hört als Bands von heute, wird von vielen als so selbstverständlich betrachtet wie die Nachrichten dazwischen.

Aber wer ist schuld? Wollen die Jungen nichts Neues mehr hören? Sind die Radiomacher alt, ist die Zeit stehengeblieben? Beherrscht uns ein Geheimbund, geleitet von Phil Collins, Tina Turner und Men at Work, viel gespielt in der Dauerrotation, obwohl die nur einen Hit hatten? Nein! »Das Radio richtet sich nach den Hörern«, sagt der Radioexperte Mario Colantonio. Dass Lieder für ihre Daseinsberechtigung auf den Playlists der Stationen regelmäßig bei den Hörern im Test gut abschneiden müssen, ist bekannt. Die bewährtesten Hits stammen deshalb aus einer Zeit, zu der es die öffentlich-rechtlichen Programme gab und sonst nichts.

Vor Aufkommen der ersten Privatsender Mitte der Achtziger wurden alle, die schon Musik hörten, von den lokalen Radiosendern der ARD mit den gleichen Hits beschallt und konnten relativ wenig dagegen tun. Beim Rundfunk der DDR musste das Verhältnis aus 40 % internationalen Hits und 60 % nationalen Produktionen eingehalten werden.

Klar gab es auch in der guten, alten Zeit Alternativen, aber wenige: Klassik, Volksmusik, BBC auf Mittelwelle, BFBS, AFN oder weghören. Deshalb waren die damals gespielten Hits stilprägend. Und stilprägend heißt nicht qualitativ hochwertiger, sondern nur stilprägend. Heute sind das die Hits, an die sich sehr viele Leute gern gemeinsam erinnern, die deshalb verklärt werden und somit jetzt einen lauschigen und einträglichen Platz auf Lebenszeit bei den Privatsendern genießen. Denn die lassen sich nicht auf Experimente ein, sondern wollen, dass die Hörer dranbleiben. Die so genannten AC-Sender (AC = Adult Contemporary) misten deshalb das, was funktioniert, nicht aus und stocken nur sehr sparsam auf. Selbst wenn Gelegenheitshörer es nicht glauben mögen – auch die AC-Sender setzen auf ihre spezielle »Musikfarbe«. Einige haben mehr von heute, andere sind balladiger, und bei wieder anderen könnte man meinen, dass es im gesamten Äther nur Abba, Wetter- und Verkehrsmeldungen gibt. Bezeichnend für die AC-Sender ist aber auch, dass sie die Zielgruppe vierzehn bis neunundvierzig Jahre ansprechen, also nicht nur die, die sich schon seit Spandau Ballet kennen, sondern auch deren Kinder. »Denn«, so Colantonio, »diese Sender könnten nicht überleben, wenn sie sich nur an ältere Leute wenden würden.«

Bei der Altersgruppe zwanzig bis dreißig schneidet Musik der Sechziger und Siebziger in den Tests genauso gut ab wie bei älteren Hörern. Vielleicht dachten die Jüngeren aber auch, sie hören die Strokes oder The Hives. Auf jeden Fall wird die Musik der Elterngeneration nicht abgelehnt, sondern eher gemocht, und wenn nicht, so doch akzeptiert. Auch hat sich die Erwartungshaltung an das Medium Radio geändert. Die Notwendigkeit, seine einzig wahre musikalische Heimat in einem Radiosender zu finden, ist nicht mehr vorhanden. Inzwischen ist auch nicht mehr das Radio, sondern das Internet das Tor zur großen weiten Welt. Das heißt für die Musikgestaltung der Sender: Die Alten sind zufrieden mit der Musik ihrer Zeit und ab und zu etwas Neuem. Übrigens sind sie heute auch zufrieden mit der Musik ihrer Zeit, wenn sie sie damals schlimm fanden. »Denn«, sagt Mario Colantonio, »es geht weniger um das Hörerlebnis an sich als um die persönliche Verknüpfung damit.« So singt der Mittvierziger im Stau: »Girls just wanna have fuhun ...« und erinnert sich daran, dass Cyndi Lauper ihm eigentlich immer auf die Nerven gegangen ist, er aber zur Zeit des Songs mit Anja zusammen war.

Die Jungen, die den Satz »Das hatte ich auf Kassettc« schon nicht mehr verstehen, beschaffen sich im Internet genau das, was sie gerade wirklich gut finden, und treten der guten, alten Tante Radio deshalb sehr milde gegenüber. Allen Prognosen entgegen ist das Radio nämlich nicht gestorben, sondern hat den Vorteil des Nebenbeimediums. Dudeln lassen und sein Leben leben ist etwas anderes als zappen oder surfen. Dudeln zu dürfen und nicht hasserfüllt weggeschaltet zu werden, bedeutet für die Macher aber auch, den schmerzfreiesten Mix für möglichst viele Leute kreieren zu müssen. Außerdem profitieren die Mainstream-Sender von einer Veränderung, die in den Achtzigern einsetzte: Der Sound dieser Zeit ist nicht zeitlos, strahlt aber eine Modernität aus, die bis heute bei allen Altersgruppen funktioniert. So klingen Smokey oder Barclay James Harvest nach dem, was sie sind, nämlich Oldies. Von Oldies spricht man ab fünfzehn Jahren. Die Stücke der Eurythmics, Yazoo, den frühen Pet Shop Boys oder Depeche Mode würden also längst in diese Kategorie fallen, werden so aber nie bezeichnet, was am heute noch als zeitgemäß empfundenen Einsatz der Synthesizer liegt. Sicher liegt es auch am Appeal dieser Bands und an den Achtzigern. Diese haben den Ruf des Jahrzehnts der Superstars, begründet durch Stars, die durch gute Videos viel strahlender wirken konnten als ihre Vorgänger, die in den wenigen Fernsehsendungen zwischen Nebelwolken in Standmikros singen mussten.

Die Neunziger hingegen wirken in der Mainstream-Radiolandschaft seltsam verloren. Ha!, denken sich jetzt Nostalgiker, gute Musik ging eben nur bis zu den Achtzigern. Stimmt nicht, sagen alle anderen. Für die Macher des Radios sieht die Sache ganz rational so aus: Die Neunziger haben den Alternative Rock, also die fette Gitarre zurückgebracht und damit dem glatten Synthie Pop wieder eine schmutzige Antwort gegeben, die sehr gut ankam, nur eben im Radio nicht. Die Neunziger haben im anderen Lager aber auch die elektronische Musik mit all ihren Ausläufern und Strömungen losgetreten. Und natürlich gibt es immer auch diejenigen, die das alles schon zehn Jahre früher gemacht haben, aber um die geht es beim Thema Radio überhaupt nicht.

Für die Radiosender gab es jetzt zwei unversöhnliche Hörergruppen ohne einen gemeinsamen Mainstream. Der kleinste gemeinsame Nenner tendierte gen null. Dasselbe galt natürlich auch für originären Hip Hop ohne Popelemente, der deshalb immer nur ein Thema für Formatradios war. Und R'n'B tat sich anfangs, in den Neunzigern, so schwer, dass er seinen Siegeszug in Deutschland erst ungefähr zehn Jahre später als in den USA antreten konnte. Der Rest, also der Pop der üblichen Verdächtigen, hörte sich in den Neunzigern an wie schon in den Achtzigern. Wer sein Kind auf *Everything I Do* von Bryan Adams gezeugt hat, weiß vielleicht noch, dass das Stück von 1991 ist, für alle anderen sind das klanglich die Achtziger. Den neuen Pop der Neunziger bestimmten im Radio dann Bands oder Projekte wie Ace of Base, Roxette, DJ Bobo oder Mr. President. Diese verblassten schnell und wurden meist bis heute nicht zu einem Comeback aufgefordert. Vielleicht klingt Dr. Alban so alt, weil er nur so kurz da war und dadurch schneller zum Relikt wurde als Lionel Richie? Den Neunzigern kann das Radio jedenfalls kein Kompliment als großes Popjahrzehnt machen.

Die besten Erinnerungen an diese Dekade haben die Leute, die in diesen musikalisch oft radikalen, sehr geschmäcklerischen und auf jeden Fall spannenden Jahren auch ausgegangen sind, also das Radio aushatten. Das wissen die Leute in den Sendern sehr gut und spielen weiterhin nur die Songs, die auch für die anderen funktionieren.

Schwelgen und Nölen
Von früher erzählen

So persönlich die Erinnerungen an früher auch sein mögen, so wenig individuell hören sich nostalgische Aussagen oft an.

Bekannte Sätze wie »Weißt du noch?« oder »Was haben wir gelacht!« können natürlich sentimental ausgesprochen werden, aber oft auch für ein Gemeinschaftsgefühl und Spaß sorgen. Für den, der nicht dabei war, ist es unterhaltsam, vorausgesetzt, er trifft auf Nostalgiker mit Erzähltalent.

Tragisch wird es, wenn die Rückblende nicht gute Laune, sondern eine schwarze Sicht auf das Hier und Jetzt hervorruft. Schwarz ausgemalt wird die aktuelle Zeit auch von Kulturpessimisten in bedenkenträchtigen Sachbüchern und Leitartikeln zur Zeit, denen aber im Gegensatz zum Wald-und-Wiesen-Nostalgiker zugutegehalten werden muss, dass sie sich schriftlich äußern und deshalb in der Regel differenzierter ausdrücken. Unverändert ist, dass auf derartige Mahner zu allen Zeiten Verlass war, denn was heute die Angst vor Verblödung durch das Internet ist, waren früher düstere Prognosen zu Themen wie Eisenbahn. Das heißt, dass es seit Einführung der Sprache keine gute, alte Zeit ohne Nörgler gab.

Den Nörglern gegenüber stehen immer schon diejenigen, die das nostalgische Lamento einfach als das sehen, was es ist: eine subjektive Wahrnehmung, die man nicht unterschreiben muss, der man aber kaum widersprechen kann, denn es handelt sich um Gefühle, die als Tatsachen verpackt in die Diskussionsrunde geworfen werden. Wie reagiert man jedoch auf Aussagen wie, dass in besseren Zeiten die Äpfel noch nach Äpfeln geschmeckt haben, die Frauen noch wie Frauen aussahen, die zwei Programme im Fernsehen mehr hergaben als die zweihundert heute, die Ehen immer hielten, die Kinder gehorchten (wenn auch oft aus nicht so kinderfreundlichen Gründen) und sogar die Jahreszeiten noch das taten, was von ihnen erwartet wurde? Auch dass die Politiker früher noch prächtige, eloquente Staatsmänner von Format waren, wissen wir von Nostalgikern. Vielleicht sollte man mal nachfragen, wie gut der Müll eigentlich duftete – damals.

Irgendjemand hat für die Fans der aktuellsten Diktatur den Begriff Ostalgiker erfunden. Sie sind grob in Retrofreunde und Aufarbeitungsverweigerer zu unterteilen. Einige sind lustig, fahren Trabant und spielen nur mit einem Hut bekleidet Tischtennis, andere sind strenge Rosa-Luxemburg-Doubles, und wieder andere sind auf schräge Art beunruhigend, weil sie entweder zu jung für eigene DDR-Erinnerungen sind oder aus der alten Bundesrepublik kommen. Wie in der eingangs erwähnten Studie festgestellt wurde, erinnern sich Nostalgiker häufig an angeblich bessere zwischenmenschliche Beziehungen. Relativ junge Begriffe wie »soziale Kälte« verstärken den Eindruck noch, dass die Menschen früher netter zueinander waren. Bei den Schwelgereien von Zusammenhalt, Wärme, Nähe und Miteinander drängt sich der Verdacht auf, mit »früher« sei womöglich »Woodstock« gemeint.

Wir wissen auf jeden Fall, dass früher das Verhältnis zu den Nachbarn so gut war, dass sie in alle Entscheidungen mit einbezogen wurden: Neuanschaffung? Scheidung? Laub kehren? Zuerst mal drüber nachdenken, was die Nachbarn denken könnten. Und in der DDR war man von seinem sozialen Umfeld teilweise so begeistert, dass man jedes Gespräch mit ihnen dokumentierte und weitergab. Glück wird ja bekanntlich größer, wenn es mit anderen geteilt wird. Da es den durch und durch gerechten Paradiesstaat nie und nirgendwo gab, ist auch beim DDR-Gerechtig-keitsschreier davon auszugehen, dass er in erster Linie sich selbst zurückwill – in jünger und wahrscheinlich auch in wichtiger.

Der starke Einfluss nostalgischer Erzählungen zeigt sich bei den zu spät Geborenen besonders deutlich: Die Nach-fahren der Vertriebenen des zweiten Weltkriegs erzählen von riesigen Ländereien, die sie nie gesehen haben und die in ihrer Gesamtheit weit größer sein müssten als Polen und Russland zusammen. Die Kinder der DDR-Nostalgiker können die Nachteile der DDR nicht einschätzen, stellen sich aber ein liebenswertes, sorgenfreies Land vor und mit-tendrin ihre Eltern in glücklicher Eintracht.

Kann ja jeder denken und sagen, was er will, sagen dann die Nostalgiker trotzig. Genau so ist es – und zwar heute. Ein Grund mehr, sich niemals irgendeine Diktatur zurück-zuwünschen.

Traditionell fragwürdig
Der Markt der Erinnerungen

Jeder, der ein Publikum, eine Zielgruppe oder einfach nur ein paar Euro braucht, weiß, dass sich emotionale Werte hervorragend in materielle Werte verwandeln lassen. Um mit der Nostalgie gute Geschäfte zu machen, drückt man bei den Käufern entweder Knöpfe, die eine heile Welt suggerieren, oder man schaut sich genauer an, was schon einmal ging und wieder gehen könnte. Die Älteren geben Geld für Erinnerungen an ihre vergangene Jugend aus, und wenn der Revival-Initiator Glück hat, kommen die Jungen noch dazu und finden es »witzig«.

Das nennt sich dann Retrowelle, Retrolook oder Reedition. Komischerweise haben bei alten oder auf alt gemachten Produkten die Leute viel weniger das Gefühl, Opfer gezielter Aktionen zu sein, als bei neuen. Wenn der Anbieter schon weiß, was die Leute mögen, weil sie es zum Beispiel vor dreißig Jahren gemocht haben, ist er zwar Trittbrettfahrer, oft aber auf der vermeintlich sicheren Seite.

Und sogar in der guten, alten Zeit galt für jeden Verkäufer schon: Wer sein Zeug loswerden will, brauchte die richtigen Worte. Je unübersichtlicher und je weniger nachvollziehbar die Herkunft und Zusammensetzung von Produkten wird, desto mehr Hersteller setzen darauf, diesen eine Aura von Pre-Globalisierungszeiten oder sogar Pre-Industrialisierungszeiten zu verpassen. Eine Epoche, für die es keine lebenden Zeitzeugen mehr gibt, von der wir aber trotzdem wissen, dass es keine Fruchtjoghurts mit einem Etikett in lieb naiver Kinderschrift oder Marmelade mit Blechdeckeln, die aussehen wie ein Geschirrhandtuch, gab. Und das auch nicht in Massenproduktion mit Garantie auf den immer gleichen Geschmack.

Bei Lebensmitteln ist die verständliche Sehnsucht nach Transparenz besonders hoch. Die Frage ist nur, ob »hausgemachte« Produkte aus dem Supermarkt tatsächlich dieses Versprechen einlösen. Wie jeder weiß, kann man zu Hause alles Mögliche machen. Und je nachdem, wo das Zuhause sich befindet, auch in riesiger Stückzahl und zum Discounterpreis. Dasselbe gilt für »handgemacht«, was bei allen Waren, die nicht komplett maschinell hergestellt werden, keine Lüge ist. Vom T-Shirt einer großen Bekleidungskette bis hin zu einer Rolex, alles handgemacht. Es kommt aber darauf an, um wessen Hände es sich handelt. Und auf deren Größe.

Sehr beliebt im nostalgischen Sprachportfolio ist immer noch der Satz »Wie bei Muttern oder Großmuttern!«. Hier stellt sich die Frage, wer damit denn gemeint ist. Frauen, die Mütter oder Großmütter sein könnten, wurden ungefähr zwischen den Zwanzigerjahren und den Neunzigerjahren des vergangenen Jahrhunderts geboren und können nicht zwangsläufig kochen.

Ähnlich gelagert ist es mit dem Begriff »traditionell«, der sich auf keine spezifische Zeit beziehen muss, denn jeder könnte nach zwei gelungenen Napfkuchen das Ergebnis als traditionell gefertigtes Backwerk verkaufen. Dann vielleicht doch lieber »aus Meisterhand«, denn Leuten, die ihren Meister gemacht haben, vertraut man mehr als Lehrlingen oder Maschinen. Aber Massenprodukte aus Meisterhand haben den Haken, dass es irgendwo riesige Fabrikhallen voller eingepferchter Meister geben müsste. Sollte es die geben, dann nicht in Deutschland. Die Wunderwaffe unter den Produktbezeichnungen ist jedoch das Wort »authentisch«. Im Prinzip könnte man es als Adjektiv jedem originären Plastikspielzeug voranstellen, denn authentisch bedeutet echt, und das trifft erst einmal auf alle Waren zu, die nicht eine Kopie von etwas anderem sind. Allerdings bezieht sich authentisch heute nur noch selten auf die vermeintliche »Echtheit« oder »Originalität« des Produktes. Vielmehr vereint es diffus alle anderen oben genannten nostalgischen Attribute, setzt auf die Angst vor der Globalisierung und steht für lokale Produkte oder Originalsouvenirs, die afrikanische Masken aus China, bayerische Lederhosen aus Indien oder englische Regenschirme aus Taiwan sein können.

Wer also große Sehnsucht nach dem authentischen, traditionellen, hand- und hausgemachten Produkt wie bei Muttern hat, sollte seine Mutter fragen, ob sie ihm ein Süppchen kocht.

Kommt Zeit, kommt Ruhm

Der Klassiker

Klassiker, das sind bewährte Werke und Dinge, die Sicherheit und Halt bieten, weil sie über einen längeren Zeitraum hinweg immer wieder verlegt, verkauft, zitiert, gespielt, gekocht, angezogen, aufgestellt, aufgehängt, gelobt und nachgeahmt werden. Klassiker sind so beliebt, weil sie als zuverlässige Instanzen gelten. Sie beschützen diejenigen, denen Experiment und Avantgarde zu aufregend sind. Sie dienen als Guide durch ein Meer von Moden und als Richtwert für Allgemeinbildung und Geschmack. Klassiker sollten eine Weile im Umlauf sein, so dass man sich auf sie geeinigt haben kann – eine Mindestreifezeit gibt es jedoch nicht. Homer ist ein Klassiker, von Billy-Regalen und Wiener Schnitzeln wird dasselbe behauptet. Der Begriff hat sich unendlich gedehnt, indem er auch als Synonym für typisch, herkömmlich oder traditionell verwendet wird.

Wer sich für Hotelzimmer, Kreditkarten oder Telefontarife »classic« entscheidet, weiß, dass er nicht auf alte Kultur trifft, sondern auf Kategorien wie »de luxe«, »gold« oder »comfort« verzichtet, also nur die Grundausstattung bekommt. Ansonsten stehen Klassiker aber nicht zwingend für weniger Komfort, sondern eher für Dinge, die sehr viele Menschen immer wieder für gut befanden. Und im Moment ist es nicht nur so, dass die Bezeichnung inflationär benutzt wird – es sieht so aus, als bestünde ein massiver Bedarf an tatsächlichen Klassikern: Verlage und Sender haben sich in den letzten Jahren verstärkt den Klassikern gewidmet und bieten allen, die ihre Audio-, Biblio- und Cinemathek und wohl auch ihre Klassikerkenntnis als unvollständig empfanden, eine Rundumversorgung. Endlich kann man sich die Bücher und Filme, die unbedingt dazugehören, nochmals anschaffen. Eine naheliegende Idee, weil sie aufgreift, was die meisten Menschen denken, wenn die Sprache auf Klassiker kommt: Sollte man gelesen haben, habe ich aber nicht, oder: Habe ich irgendwann gelesen, sollte ich wieder mal tun, oder: Will ich gar nicht lesen, gehört aber in jeden alphabetisierten Haushalt und macht sich gut im Regal. Und damit ist längst nicht Schluss, denn bewährt verkauft sich gut, und die Nachfrage an vorselektierten Klassikern ist mit dem Grundstock längst nicht gedeckt. Auf die hundert Bücher und Filme, die unbedingt zum Kanon der Allgemeinbildung gehören, folgen die Klassiker anderer Genres, Epochen, Strömungen oder Länder.

Medien, die ihrem Publikum weniger Genrewissen zutrauen, promoten ihre Vorauswahl einfach als die »Besten aller Zeiten« oder »all time classics«.

Das ist überstürzt, anmaßend, jedoch erfolgreich. Die märchenhafte Dimension »aller Zeiten« beginnt trotz der derart absolutistischen Definition meistens erst in der zweiten Hälfte des 20. Jahrhunderts – im Grunde geht es hier um die Hits der letzten Jahrzehnte. Aus dem spitzen Blickwinkel der Kenner, Nerds und Cracks betrachtet, sind die meisten Klassiker anderer Genres ebenfalls genau das: Hits.

Und damit Mainstream und für immer verloren für den erlesenen Geschmack. Zu gefällig, zu bekannt, vor allem zu bekannt bei zu vielen Leuten, die keine Ahnung haben.

Für das Interesse an längst verschollenen B-Seiten, unterschätzten Regisseuren, nicht mehr veröffentlichten Autoren und vielen anderen unbekannten Genies der Kulturgeschichte, ist es von Vorteil, ein Insider zu sein, was aber nicht heißt, dass die Sehnsucht nach einem Kanon der ultimativen Werke unter Spezialisten weniger ausgeprägt ist. Wenn auch für einen kleineren Kreis, werden hier gleichfalls Klassiker bestimmt. Es gibt sie in allen Genres und Lebensbereichen – in mittlerweile so vielen, dass es selbst den aufgeschlossensten und interessiertesten Leuten nicht mehr gelingt, sie auf jedem Gebiet wenigstens beim Namen zu kennen. Immer wieder trifft man auf Leute, die entgeistert tun, wenn man etwas nicht kennt, das in ihren Augen ein absoluter Klassiker ist. Sei es ein Cocktail, ein Computerspiel oder eine Bohrmaschine. Das ist die logische Folge dessen, dass wir ständig mehr von allem haben und uns aus dieser Masse die wichtigsten Werke, Produkte oder auch Personen heraussuchen, die für dieses Genre stehen. Bei den Kulturklassikern herrscht eher Unsicherheit, welche zum Pflichtwissen gehören und welche nicht. Das Alter verschafft den Klassikern zwar Respekt, doch haben sie als kontroverse Neuerscheinungen definitiv für mehr Leidenschaft gesorgt als jetzt, da sie in der Hall of Fame stehen.

In sehr jungen Jahren ist Klassiker die abstrakte Bezeichnung für etwas, das in der Schule durchgenommen wird oder von dem die Erwachsenen behaupten, es sei unerreicht gut. So verkaufen sich zum Beispiel die beliebtesten Kinderbücher immer weiter, weil die Eltern sie in so guter Erinnerung haben. Die beruhigende Ausstrahlung, die von den

Klassikern ausgeht, braucht kein Kind. Und auch kein Jugendlicher, weil er dann ein Langweiler wäre, dem die explosive Leidenschaft fehlen würde, mit der man in diesem Alter ständig neue Dinge wahlweise zum Niederknien oder zum Kotzen findet.

Erwachsene hingegen wissen von den bekanntesten Klassikern bereits, dass sie als unantastbar gelten, und machen sich selten die Mühe, sie noch in Frage zu stellen. Die Hörer- und Leserbewertungen von Klassikern im Internet fallen deshalb auch viel weniger anklagend aus als die aktueller Werke. Meist lesen sie sich sogar eins zu eins wie das Vorwort oder der Begleittext der Experten. Die wenigen, die dann doch erbost schreiben, sie hätten sich gelangweilt oder verstünden nicht, was alle Welt an diesem Werk fände, sehen sich selbst als differenzierte Kritiker, wirken in den Augen anderer aber wie Krümel, die ernsthaft über Torten diskutieren möchten. Der Zug, sich über Dostojewski oder Beethoven aufregen zu dürfen und vielleicht sogar gehört zu werden, ist schon seit sehr langer Zeit abgefahren.

Deshalb ist die Unantastbarkeit der Klassiker auch eine sichere Bank für alle Marken, die sie in Form von Produkten im Repertoire haben. So sagen auf dieser Welt sekündlich Verkäufer: Chanel N°5, Schweizer Messer, Ray-Ban-Sonnenbrille, Levi's 501, Mont-Blanc-Füller … Geht immer, gefällt jedem, da macht man nichts verkehrt. Man weiß, was man bekommt, kauft es, fertig – eine abgesicherte Kaufentscheidung.

Ohne Klassiker kämen auch andere Referenzsysteme ins Wanken: Witze, Zitate und Anspielungen würden nicht verstanden, neuere Werke können nicht eingeordnet werden, Persönlichkeiten können nicht in den Kontext ihrer Zeit gesetzt werden, und will man selbst kreativ werden, ist es immer besser, wenn man sich vorher schon einmal damit befasst hat, was andere Künstler so gemacht haben.

Bei jüngeren Kunstformen wie Film und populäre Musik ist eine Übersicht noch möglich. Auf Gebieten, die seit Jahrhunderten Klassiker liefern, kann man sich über das riesige Kulturerbe freuen, wird es aber schwer schaffen, es innerhalb seiner Lebenszeit komplett in sich aufzusaugen. Auch gibt es unter den unzähligen Klassikern tatsächlich zeitlose – außerdem solche, die nur noch von ihrem Ruhm leben und schon lange nicht mehr von der immerwährenden Aktualität, die ihnen bescheinigt wird. Bei Dantes *Göttlicher Komödie* und John Miltons *Das verlorene Paradies* zeigt sich, wie unsterblich ein schöner Titel ein Werk machen kann. Von beiden wissen deshalb auch sehr viele Menschen, die sie nicht gelesen haben, dass es sie gibt. Wer auch weiß, dass er vor Versen aus dem 13. beziehungsweise dem 16. Jahrhundert fast genauso viel Angst hat wie vor der Hölle, um die es in beiden Werken geht, wird sie auch nicht mehr lesen, sondern begnügt sich mit der Synopsis. Denn der kurze Weg zum Klassiker ist heute einfacher denn je: Das Internet und eine Flut von Lexika und Sachbüchern liefern Kompaktwissen, nicht nur für die, die sich alle Lebenslagen durch Ratgeber erleichtern, sondern auch für die, die große Werke mal kannten und vergessen haben. Das Gedächtnis allerdings sortiert nicht nach Niveau und Bedeutung. Es ist vielmehr in der Lage, *Krieg und Frieden* und Meisterwerke von Godard zu löschen und dafür trashige Krimis und schlecht gemachte Fernsehfilme zu behalten. Gute Zusammenfassungen können deshalb helfen. Auch weil es albern wäre, ohne jede Hintergrundinformation von »viel Lärm um nichts«, »jenseits von gut und böse«, »kafkaesken Situationen« oder »Damoklesschwertern« zu sprechen. Sogar die Bibel gibt es in der Espressoversion, falls man dauernd »Hiobsbotschaft« sagt und schnell herausfinden will, was das eigentlich genau bedeutet. Die Strategie »Bescheid wissen, aber nicht ins Detail gehen« ist keine neue, raffinierte Form der Hochstapelei, sondern wird wahrscheinlich schon ewig und öfter als vermutet angewandt.

Mehrere Leute haben den Klassikern unterstellt, sie wären Werke, die jeder lobe oder zitiere, die aber keiner gelesen habe. Der spätere Klassiker Ernest Hemingway war einer von ihnen. Und auch der römische Philosoph und Dichter Seneca (4 v. Chr. bis 65 n. Chr.), ein Klassiker im ursprünglichen Sinn, grantelte schon gegen den immensen Zeitaufwand, den man mit Klassikern betreiben kann: »Es war ein krankhaftes Bestreben der Griechen, zu untersuchen, wie viele Ruderknechte Ulixes gehabt habe, was früher abgefasst sei, die Ilias oder die Odyssee, überdies ob der Verfasser beider der nämliche sei, und noch manches andere dieser Art, das, wenn man es bei sich behält, als stiller geistiger Besitz uns nicht hilft, wenn man es veröffentlicht, uns mehr lästig als gelehrt erscheint.« Seneca kritisiert weiter, dass nicht nur die alten Griechen, sondern auch seine römischen Zeitgenossen von der Sucht ergriffen seien, sich mit überflüssigem Lernstoff zu belasten, und kommt in seiner Schrift *Von der Kürze des Lebens* zu dem Schluss, dass das Leben lang genug ist, wenn man seine Zeit sinnvoll nutzt.

Doch ist es gerade die Suche nach Sinn, Konsens und vor allem nach vermeintlicher Zeitlosigkeit, die viele Menschen antreibt, bei geistigen und materiellen Werken der Vergänglichkeit ein Schnippchen zu schlagen. Sie sehnen sich nach etwas, das bleibt, auch wenn sie selbst längst gegangen sind. Etwas, das auch die nachfolgenden Generationen durch seine Perfektion in den Bann zieht. So gesehen bleibt nicht nur der Schöpfer eines zeitlosen Werkes oder Produktes im Gespräch bei denen, die ihm folgen, sondern auch derjenige, der es für seine Nachfolger hinterlässt. Von Klassikern erhoffen wir uns den Abglanz von einem kleinen bisschen Unsterblichkeit.

Das älteste Geheimnis der Welt
Die Schönheit

Wie die Liebe macht sich auch die Schönheit seit Jahrtausenden interessant, indem sie sich nicht definieren lässt. Wer es sich einfach macht, und das sind nicht wenige, unterteilt die Menschen in schöne Junge und hässliche Alte. Doch diese Rechnung geht sehr oft nicht auf. Es gibt außerdem Wissenschaftler, die auf die Frage, was Schönheit ist, mit Vermessungsergebnissen und Meinungsumfragen antworten. Sie erwähnen zwar, dass sich Schönheit im Auge des Betrachters als auch im Spiegel des wandelnden Zeitgeschmacks enthüllt, fänden es aber trotzdem beruhigender, wenn sie endlich aus ihrer Mysteriumsecke herauskäme und zur messbaren Größe würde. In Deutschland lassen sich beispielsweise die Ergebnisse des Regensburger Psychologen Dr. Martin Gründel zur Frage, wer oder was als attraktiv gilt, im Internet unter der Seite beautycheck.de anschauen. Ob Augen, Nase, Wangenknochen und Körperproportionen, zu jedem Quadratzentimeter unseres Körpers lässt sich dort nachlesen, was genau die Mehrheit der Menschen zurzeit als schön empfindet: »Dort, wo dieser breite Kontext besteht, liegt der objektive harte Kern der Schönheit«, so Gründel auf seiner Website. Schönheit ist demnach das quantitative Resultat eines Umfrageergebnisses.

Hätte er Recht und würde die mathematische Formel zur

Berechnung von körperlichen Proportionen tatsächlich die Lösung der Frage, was genau Schönheit ist, beantworten, wäre eines der großen Rätsel der Menschheit gelöst, das Leute wahlweise vor den Spiegel, ins Museum oder vor den Fernseher zu *Germanys next Topmodel* treibt. Allein der schöne Schein der Erkenntnis erweist sich in diesem Fall als trügerisch. Die Annahme, dass die Mehrheit in ästhetischen oder sonstigen Fragen immer Recht hat in ihrer Einschätzung und damit die Norm festlegen sollte, ist nicht nur Quatsch, sondern unter Umständen sogar bedrohlich, wenn nämlich im Namen der Norm an der äußeren Erscheinung von Körpern herumgemessen und normiert wird. Kommt Verliebtheit ins Spiel, wird Schönheit noch unberechenbarer als sonst. Jeder, der schon einmal verliebt war, weiß, zu welcher überirdischen Schönheit diese Person in den eigenen Augen erwachsen kann, ohne dass sich auf der Straße auch nur eine weitere Person nach dem Objekt der Begierde umdreht.

Dieses so subjektive Schönheitsempfinden ist der Grund für Glück und auch Wahn und wird wohl nicht über ein Rechenmodell entschlüsselt werden. Auch die höchstdotierten und erfolgreichsten Models, Musen und It-Girls im Showgeschäft sehen eher aus wie überirdische Freaks und nicht wie eins der hübschen, etwas faden Mädchen von nebenan. Denn so wirken die gemorphten und bearbeiteten Bilder von Gesichtern auf der Beautycheck-Website, die in Umfragen mehrheitlich als schön eingestuft werden und die vor allem eins im Betrachter auslösen – Langeweile. Dort, wo die Welt ihre schönsten Frauen zur Miss World oder Miss Universum wählt, ist dieses Phänomen ebenfalls zu beobachten. Die Schönen sehen sich immer extrem ähnlich, egal aus welchem Land sie kommen, und sie werden direkt nach der Kür wieder vergessen. Denn der kleinste gemeinsame Nenner ist ein Begriff aus der Mathematik und damit keiner, der heftigste Emotionen beschreibt. Bei den computergenerierten Gesichtern bleibt zudem noch offen, was passiert, wenn sie sich bewegen. Ob man nämlich in ein Gesicht gern hineinschauen oder lieber -hauen möchte, klärt sich meist erst, wenn sein Besitzer es benutzt.

Wem nützen also die Erkenntnisse der Attraktivitätsforschung? Den Herstellern von Schaufensterpuppen vielleicht, der kosmetischen Chirurgie auf der Suche nach der gesellschaftlich akzeptabelsten Bestsellernase und der Werbung bei der Auswahl von Gesichtern, die als gut aussehend, aber nicht atemberaubend schön gelten. Überirdisch gutes Aussehen gilt beim Verkauf alltäglicher Dinge eher als Störfaktor.

Doch wer ist schön und wird es immer bleiben? Die »klassischen Schönheiten«, die regelmäßig aufs Neue in Gestalt von männlichen und weiblichen Prominenten durch die Medien geistern, sind oft solche, die das Publikum an eine vergangene Ära oder Person erinnern. Originäre Schönheiten ohne markante Bezugsgruppe haben es da schwerer. George Clooney zum Beispiel schafft es, die Aura des Film-noir-Gentleman auszustrahlen, obwohl er einen kumpelhaften Werbespot für Espresso macht. Brad Pitt wurde oft mit dem jungen Robert Redford verglichen, bei jeder schlanken Blondine in einem Kleid wird sich über die neue Grace Kelly gefreut, Claudia Schiffer hatte als Brigitte-Bardot-Lookalike ihren Durchbruch, und die deutsche Schauspielerin Marie Bäumer weckt in vielen Menschen Erinnerungen an Romy Schneider. Sogar der nach wie vor präsenten Angelina Jolie wurde in Gestalt von Megan Fox schon eine Wiedergängerin auf die Fersen geschickt. Ob die jeweils »Neuen« es als Kompliment sehen, mit Altstars verglichen zu werden, oder sich an depressiven Tagen wie ein Abklatsch von ihnen fühlen, wissen nur ihre Therapeuten.

Die Schönheit öffentlicher Personen oder Prominenter wird nicht nur durch die Vergleichssucht der Presse, sondern vor allem in Abbildungen oder Erinnerungen lebendig, die über Jahrzehnte oder Jahrhunderte Faszination ausgelöst haben. Oft werden sie zu universellen Marken, die einen weltweiten Wiedererkennungseffekt haben, sei es der Kopf der Nofretete, das Gemälde der Mona Lisa oder Bilder von Marilyn Monroe oder James Dean. Diese Ikonen gelten als gesetzt, berühren aber kaum noch. Schönheit kann von zu vielen Blicken auch abgenutzt werden.

Wie vom Blitz getroffen, steht man aber manchmal vor Personen, die an der Oberfläche funkeln, deren Schönheit von innen nach außen strahlt. Dass wahre Schönheit von innen kommt, ist eine Aussage, die ungefähr so viel Sexappeal haben kann wie ein Kirchentag, nämlich dann, wenn mit der vermeintlichen Schönheit eine moralische Wertung verbunden wird. Nein, Teller leer essen wird nicht mit Sonnenschein und Herzensgüte wird nicht mit äußerlicher Schönheit belohnt. Schön und gut gibt es natürlich. Doch Schönheit, die andere Menschen zur Raserei, in Kriege und in die Willenlosigkeit treibt, ist nicht an Güte gekoppelt, wie aus der Mythologie, der Literatur und auch aus modernen Sachbüchern hervorgeht.

Die Hamburger Fotografin Roswitha Hecke, geboren 1944, porträtiert seit den frühen Sechzigerjahren Schauspieler, Schriftsteller, Musiker genauso wie Unbekannte und Außenseiter. Einen ihrer großen Erfolge hatte sie mit der Fotoserie *Liebes Leben – Bilder mit Irene*, in der sie über längere Zeit eine Prostituierte Ende der Siebzigerjahre in Zürich begleitete. Im am niedrigsten angesehenen Beruf der Welt zeigt sie das Bild einer Frau, von deren Würde und Schönheit der Betrachter regelrecht überstrahlt wird. In Roswitha Heckes Retrospektive aus dem Jahr 2007, *Secret Views*, beeindrucken die Bilder vieler unterschiedlicher Personen aller Altersgruppen und sozialen Schichten mit ihrer eigentümlichen Schönheit. Schönheit ist nicht das originäre Thema der Fotografin, aber die Personen in ihren Bildern bringen sie oft mit – als Summe aller gezeigten Eigenheiten.

Roswitha Hecke erinnert sich, dass sie bereits als Kind ein ausgeprägt eigensinniges Empfinden für Schönheit und Ästhetik besaß. Sie bewunderte die Erscheinung ihrer aus Georgien emigrierten Großmutter und deren Freundinnen. Heute sagt die Fotografin, dass Schönheit für sie losgelöst ist von Parametern wie beispielsweise Alter: »Schönheit hat für mich etwas Zeitloses. Auf äußere Schönheit kann man sich schnell einigen, aber wenn die innere Schönheit fehlt, dann ist das ganz amüsant. Ich guck es mir gerne an, aber es interessiert mich nicht.« Da ist sie wieder, die vom Alter losgelöste innere Schönheit, der sie in ihren Bildern wie wenige andere auf die Spur kommt. Aber was genau ist diese mythische Dimension? Laut Roswitha Hecke ist es das Unbeschreibliche: »Das Geheimnis ist, dass wahre Schönheit immer ein Geheimnis in sich trägt.« Und auch, wenn sie hin und wieder in Farbe fotografiert, so ist für sie die Schwarz-Weiß-Fotografie das beste Mittel, um Geheimnisse zu unterstreichen: »Wir sehen in Farbe, deshalb ist Schwarz-Weiß eine interessante Veränderung.«

Der schöne Mensch aller Epochen ist für den Bewunderer nicht bis ins Detail zu entschlüsseln, was zum Beispiel wieder für die Mona Lisa und die Nofretete spricht. In der heutigen Zeit gibt es zwar nicht weniger schöne Menschen, aber da sich über uns ein Tsunami an vermeintlichen Schönheiten und Beaus mittels der Medien ergießt, hat Roswitha Hecke das Gefühl, dass es immer mehr Prominente gibt, die »ihr Geheimnis verloren haben«, und die Sehnsucht nach äußerlicher Vollkommenheit ins Leere, wenn nicht ins Lächerliche läuft. Die Zeiten, in denen bekannte Menschen unvoreingenommen schön gefunden und verehrt werden konnten, sind tatsächlich vorbei. Bei alten Hollywoodstars wie Cary Grant oder Ava Gardner war es noch möglich, heute sind ausgerechnet die bekanntesten Stars diejenigen, die am allerwenigsten zur geheimnisvollen Projektionsfläche taugen. Zu stark ist der Eindruck entstanden, sie wären aufdringliche Nachbarn mit komischen Gewohnheiten.

Roswitha Heckes Vorliebe sind deshalb Orte, an denen sonst niemand so genau hinguckt. Frauen, die sich in einer von Machismo geprägten Welt behaupten müssen, findet Hecke besonders spannend, denn sie hätten oft geheime Interessen und Sehnsüchte, die sie ohne das Wissen der Männer verwirklichten. Als Kehrseite der männlichen Repression, so Roswitha Hecke, entwickle sich eine geheime Stärke, die sich im faszinierenden Ausdruck der Frauen spiegle. Bei Männern werde es gerade in Ländern, die von konventionellen bis reaktionären Rollenmodellen geprägt sind, schwierig, ihre Schönheit zu entdecken: »Ich treffe selten Männer, die ich dort ernst nehmen kann. Zum Beispiel liebe ich Italien, aber der Machismo, den kann ich nicht ernst nehmen. Das wirkt sich auf die Attraktivität der Männer aus. Wenn die sich aufplustern, dann ist da nichts dahinter, das wirkt dann leer.« Oder unfreiwillig komisch.

In Hamburg, wo Roswitha Hecke lebt, erschrecke sie oft über die Uniformität der Menschen, auch sehe sie wenig Ältere, über die sie sich freue. »Aber wenn, dann trifft es mich innerlich, dann ist es wie verlieben, dann liege ich auch nicht falsch«, sagt sie. So wie bei der über achtzigjährigen Dame, die mit ihrem Sohn ein Café betrat und die Roswitha Hecke anlächelte. »Kennen wir uns?«, fragte die alte Dame. »Nein«, sagte Roswitha Hecke, »ich freue mich nur, weil ich Sie so schön finde.« Und die alte Dame lächelte zurück und sagte: »Sie wissen gar nicht, wie sehr ich mich darüber freue.«

Mit alter Avantgarde auf der sicheren Seite
Designklassiker

»Ein Klassiker ist etwas, das dir jedes Mal, wenn du es anschaust, gefällt und von dem du nicht weißt, wie man es verbessern könnte«, sagte der im Jahr 2006 mit siebenundachtzig Jahren verstorbene Architekt und Möbeldesigner Warren Platner. Auch in der Gesellschaft hat sich ein recht neuer, breiter Kanon darüber entwickelt, was die Klassiker des Möbeldesigns sind. Unverbesserlich und zeitlos schön sind in den Augen vieler Käufer die Möbel, die mit ihrer Entstehungszeit ab den Zwanzigerjahren des 20. Jahrhunderts zwar nicht mehr neu, doch inzwischen so präsent sind, dass sie als Klassiker und aktueller Trend gleichzeitig bezeichnet werden können. Möbel von Mies van der Rohe, Le Corbusier, Egon Eiermann, Charles & Ray Eames, Verner Panton, Arne Jacobsen, Eero Saarinen, Jean Prouvé und einigen anderen finden sich nicht nur auf fast jeder Fotostrecke in den Design- und Wohnmagazinen, sie stehen auch in den Möbelläden, Talkshows, in den Schaltzentralen der Macht – und erzielen konstant hohe Preise bei Versteigerungen. Im Moment zumindest. Wer noch vor ein paar Jahren alte Plastikstühle der Hersteller Herman Miller oder Walter Knoll auf den Sperrmüll gegeben hat, und das waren nicht wenige, wird sich heute ärgern, denn ihr derzeitiger Wert wirkt so stabil wie der von Gold. Das wissen mittlerweile auch diejenigen, die kein Abonnement von

Architectural Digest haben, und stellen die Möbel ins Internet. Verkratzte Eames- oder Jacobsen-Stühle sind teilweise noch teurer als neue, denn sie stammen tatsächlich aus der Mitte des 20. Jahrhunderts und haben damit etwas, das ihren Wert noch steigert: Originalität und Patina.

Wer sich neben dem Preis auch für die Geschichte dieser Klassiker interessiert, weiß, wie wichtig den Designern ursprünglich ein Abschiednehmen von alten Formen und Herstellungsweisen war. Oft ging es in ihren Überlegungen darum, möglichst erschwingliche, praktische und dabei ästhetische Massenprodukte für eine neue Zeit zu entwerfen. Marcel Breuer beschrieb seine Möbel in den Zwanzigern als »Apparate des heutigen Lebens«. Wahrscheinlich wäre er beeindruckt, könnte er erfahren, dass seine Stahlrohrfreischwinger und der Wassily-Sessel auch noch zu Apparaten der Zukunft wurden.

Einige Entwürfe der Bauhausdesigner, die sich damals Formmeister nannten, wirkten auch später geradezu wie Manifeste des guten Geschmacks. Neben denen von Le Corbusier wurden die Möbel von Mies van der Rohe und Breuer zur Standardeinrichtung von Anwaltskanzleien und Arztpraxen und ließen sich perfekt in das ästhetische Empfinden der Yuppies integrieren, dass sie teilweise bis heute mit den Achtzigern in Verbindung gebracht werden, obwohl sie aus den Zwanzigern stammten. Zum Zeitpunkt ihrer Entstehung waren diese Möbel eher etwas für wirkliche Visionäre: »Gerade Bauhaus, was heute als der Beginn der Ära modernes Design gilt, hat sich seinerzeit kaum verkauft«, sagt Arthur Floss, Leiter der Designabteilung des Münchner Auktionshauses Quittenbaum. Mies van der Rohes Barcelona Chair wurde allerdings schon kurz nach seiner Premiere auf der Weltausstellung 1929 zum Klassiker. »Er ist ein der Vergangenheit verpflichteter Entwurf, andererseits war er aber auch etwas ganz Neues aus neuen Materialien«, erklärt Floss. Die Eames-, Panton- und Saarinen-Welle läuft auch bei Quittenbaum, aber für Floss hat sich durch die inflationäre Einrichtung mit diesen Möbeln die Aussage dahinter abgenutzt. Deshalb sucht er besonders gerne nach Raritäten, die sich immer noch in vielen Häusern und Wohnungen in Deutschland verbergen. Und er richtet seine Antennen auf die Gegenwart, denn jetzt entstehen die Designklassiker der Zukunft: »Die Zeit, die Experten und die Marktentwicklung werden zeigen, was zum Klassiker wird und was nicht«, sagt Floss. Seine Prognosen setzen unter anderem auf die Münchener Produktdesigner Konstantin Grcic und Stefan Diez.

Diez, Jahrgang 1971, weiß, dass man seinen Stuhl 404 für Thonet bereits jetzt zum Klassiker ausgerufen hat. Diez wurde auch schon kopiert, was ärgerlich und gleichzeitig ein Kompliment ist. Die Bezeichnung Klassiker für seine Entwürfe ist für ihn aber ein Vorweggriff: »Das zeigt, dass man nicht mehr warten will«, sagt er. Außerdem sei auch der Hersteller eines Stuhls maßgeblich an dessen Erfolg beteiligt: »Ein so genannter Klassiker, der nach fünf Jahren auseinanderfällt, schafft es eben nicht zum Klassiker, sondern landet in der Mülltonne.«

Die derzeitige Fixierung auf die Designklassiker ist Diez' Meinung nach ein Resultat der Designaufklärung, die Mitte der Neunzigerjahre einsetzte und die besonders wirkungsvoll vom englischen Lifestyle- und Einrichtungsmagazin *Wallpaper* betrieben wurde. Diez, der Anfang der Neunziger studiert hat, konnte praktisch dabei zusehen, wie sein Fach zur neuen Geschmacksdisziplin wurde. Die Ausrufung bestimmter Stücke zu Ikonen des guten Geschmacks hatte dann auch Neuauflagen der Möbel in hohen Stückzahlen zur Folge: »Die Firmen entdeckten die Designklassiker als Waffen gegen die entscheidungsschwachen Käufer. Das eigentliche Problem begann damit, dass Vitra um 2000 herum anfing, Eames, Panton und Prouvé neu aufzulegen«, erinnert sich Diez. Die Neuauflagen erkenne man unter anderem am neuen Material. Diez hat diese Entwicklung nie gefallen, doch versetzt er sich auch in die Käufer: »Vielleicht ist den Leuten ja die Sicherheit wichtig, ihr Geld gut zu investieren, wenn sie viel für einen Stuhl ausgeben«, sagt er. Obwohl sie modern und aufgeschlossen wirken wollen, wollen diese Menschen möglichst auf Bewährtes zurückgreifen und kein Risiko eingehen.

Doch das Sicherheitsbedürfnis vieler Käufer macht die Designer von heute keinesfalls zu Randgestalten. Klassiker, die sich weiter verkaufen, gibt es in jedem Bereich, und auch von einem gesättigten Markt kann man nicht sprechen. Zeitgenössische Designer wenden sich an die Klientel, die offen für Neues ist – genauso wie das ihre Vorgänger auch schon getan haben: »Diejenigen, die für die Designklassiker verantwortlich sind, würden sich heute keine Klassiker kaufen«, so Diez. Er ist davon überzeugt, dass gerade beim unendlichen Thema »Stuhl« Designer die Chance haben, auch noch den millionsten zu entwerfen. Schön muss er auf jeden Fall aussehen. Denn wer sich in der Stuhllandschaft umschaut, wird feststellen, dass oft die Entwürfe Geschichte schreiben, die keinen ergonomischen Busfahrerkomfort bieten oder ausdrücklich von Orthopäden empfohlen werden. Wer sich an den gesunden Schreibtischstuhl ohne Rückenlehne, dafür aber mit Kniefläche erinnert, weiß, dass das Knien vor dem Schreibtisch sich nicht wirklich durchgesetzt hat. Vielleicht wartet dieser

Hockerstuhl ja auf eine Neuauflage, vielleicht sagt der mangelnde Erfolg auch aus, dass der Komfort nie so viel höher war, als dass er die fehlende Schönheit hätte kompensieren können.

Die Frage ist, ob der derzeitige Schönheitsbegriff irgendwann abgelöst wird und damit die jetzigen Klassiker verschwinden oder ob sie parallel zur nächsten Einrichtungsmode weiterexistieren? »Garantiert Letzteres«, sagt Oliver Holy, Geschäftsführer des Münchner Designvertriebs und Herstellers ClassiCon, »denn wenn man bis in die Zwanziger zurückschaut, sieht man, dass sich doch sehr wenige Möbel bis heute durchgesetzt haben. Es werden weiterhin neue dazukommen, die sich als Klassiker erweisen, und auch das werden aus jeder Epoche relativ wenige sein.« ClassiCon steht für Classic Contemporary Design und vertritt etablierte Klassiker und Designer, die laut Firmenphilosophie die Klassiker von morgen sein werden. Die Voraussetzungen dafür sind formale Perfektion und Originalität. Denn genauso originell und originär, wie die heutigen Klassiker seinerzeit waren, sollten die von heute sein. Holy tippt, dass der Chaos-Sessel von Konstantin Grcic später für die heutige Zeit stehen wird. Er beobachtet bei seinen Käufern, dass sich die ganz jungen und die Altersgruppe ab sechzig vermehrt für junges Design interessieren, während die bekanntesten Designklassiker am beliebtesten bei Käufern im Alter zwischen dreißig und vierzig Jahren sind. »Es gibt Personen, die sich mit dem Kauf eines Klassikers wie zum Beispiel dem Adjustable Table von Eileen Gray auf der sicheren Seite bewegen wollen und dies damit auch tun«, sagt Oliver Holy. Deshalb haben sich seiner Meinung nach die Start-Up-Unternehmen in ihrer Hochphase ebenfalls mit den bekannten Möbeln eingerichtet. Man wollte Eindruck schinden und Investoren beeindrucken.

Im Gegensatz dazu strahlten die Nachkriegsjahre, die Sechziger und Siebziger einen sehr mutigen Designschick aus. Firmen und öffentliche Gebäude wurden damals im neuen Look ausgestattet. Das habe zum einen an der optimistischen Stimmung gelegen, zum anderen aber auch am Mangel an adäquatem Alten. Tolles Design, auf das man wieder und wieder zurückgreifen konnte, gab es einfach nicht. Ein Rückgriff auf Biedermeier wäre in der fortschrittsgläubigen Mitte des 20. Jahrhunderts undenkbar gewesen, zeitlich käme er aber der heutigen Liebe zum Bauhaus gleich. Optisch natürlich nicht.

Design hat nicht nur als Ausdruck und Disziplin eine recht kurze Geschichte, auch das Bewusstsein, dass alles um uns herum irgendwann designt und damit zur persönlichen Geschmacksentscheidung wurde, ist noch nicht alt. So sind zum Beispiel die Namen Dieter Rams und Richard Sapper nur Insidern ein Begriff gewesen, während viele Verbraucher erst im Zuge der größeren Beachtung durch die Medien darauf aufmerksam wurden, dass es sich bei ihren Entwürfen für Braun, IBM, Alessi, Knoll, Artemide und andere Firmen eigentlich um alltägliche und allgegenwärtige Klassiker handelt wie Notebooks, Wasserkessel, Fernseher oder Taschenrechner.

Die Personen hinter den Entwürfen rücken heute mehr und mehr in den Vordergrund. Das verstärkte Interesse der Medien hat nicht nur den Möbelklassikern zu ihrem guten Ruf verholfen, es hat gleichzeitig dazu beigetragen, dass man sich generell mehr mit der Leistung des Designers beschäftigt. Der Möbeldesigner Stefan Diez sieht das auch in anderen Bereichen: »Wenn das Feuilleton und die Magazine sich damit befassen, wer der neue Chefdesigner hinter der großen alten Marke ist, wenn die Leute wissen, dass Jil Sander heute von Raf Simons designt wird, beeinflusst das auch die Wahrnehmung der Produkte: Wenn man weiß, wer es gemacht hat, erklärt dies das Produkt besser.« Die allgemein engere Beziehung zum Thema Design hat die Käufer einerseits sensibilisiert, andererseits die Anzahl der Designstudenten, Designinteressierten und Designpublika- tionen in den letzten Jahrzehnten ver-x-facht.

Oliver Holy hat festgestellt, dass sehr viele Käufer un- bewusst zu den Klassikern greifen, nämlich dann, wenn Di- mensionen und Preis stimmen. Als Beispiele für die Klas- siker des Alltags nennt er Topseller wie den Bic Pen – den durchsichtigen Billigkuli mit der farbigen Kappe – oder die Adilette. Holy ist definitiv kein Fan dieser Latsche, doch wurde sie zu einem Klassiker, weil sie sich verkauft und ver- kauft und verkauft. Obwohl oder gerade weil der Kunde vor ihrem Kauf wahrscheinlich weniger abwägt als vor der Anschaffung eines zweitausend Euro teuren Sessels. Doch bedeutet die ständig wachsende Backlist bei gleichzeitig mehr Designernachwuchs und größerer Aufmerksamkeit durch die Medien, dass Design sich vom Elitefach tatsäch- lich zum Massenphänomen entwickelt hat? Im Produkt- design auf jeden Fall: Unterhaltungselektronik, Laptops und Telefone überleben sich immer schneller und werden in immer kürzeren Abständen ausgetauscht, was die Her- steller dazu zwingt, permanent mit optischen Veränderun- gen zu locken.

Im Designfach Auto sieht die Sache anders aus: Je elitärer der Preis, desto bekannter ist das Design, das quer durch alle Bevölkerungsschichten Beachtung findet. Jeder erkennt einen 911er Porsche. Die Porsches und Ferraris des Möbeldesigns hingegen können zwar als Statussymbole bezeichnet werden, doch gehören sie viel weniger selbstverständlich zu den Hinweisen auf Wohlstand als bestimmte Automarken. In der Möbelwelt wirkt es nur auf den ersten Blick so, als wäre das Designbewusstsein Pflicht in jedem Haushalt. Stefan Diez sagt beispielsweise über IKEA: »IKEA versucht, demokratisches Design zu machen, bedient sich dabei in der Regel proofed concepts und schafft vergleichsweise wenig Neues. Design ist aber elitär.« Er sagt jedoch auch, dass man sich als Designer diese Abgrenzungsgedanken gar nicht machen sollte.

Abgegrenzt wird von ganz allein durch die Käufer. Designklassikerwelle hin oder her – die allerwenigsten Menschen haben ein Wohnzimmer, das aussieht wie ein Designthemenpark. Häufig wird gemixt – die Klassiker stehen als Sammlerstücke zwischen alten, neuen und namenlosen Möbeln. Und bei den meisten Leuten auch das nicht. So hat die Werbeagentur Jung von Matt in ihrem Hauptsitz in Hamburg das deutsche Durchschnittswohnzimmer aufgebaut. Dieses wird von den Werbern regelmäßig in Anlehnung an das aktuelle Kaufs- und Verbraucherverhalten der Deutschen angepasst. Erika und Max Mustermann heißen in diesem Fall Thorsten und Claudia, sind Anfang vierzig und Eltern eines halbwüchsigen Sohnes. Ihre Wohnzimmereinrichtung besteht aus Couchecke mit Couchtisch, Computertisch, ein paar Zimmerpflanzen, Gardinen sowie einer Schrankwand mit Schnickschnack zum Hinstellen und den aktuellen Buch- und DVD-Bestsellern. Keine Spur von Design. Weder demokratisches, wie das vom schwedischen Möbelriesen, noch elitäres. Hellbraunes Möbelhausmobiliar scheint der Klassiker unter den Wohnzimmern zu sein. Natürlich kann sich eine statistisch erstellte Mittel-

wertsfamilie nicht durch einen Spezialgeschmack auszeich-
nen. Doch ist ebendiese Familie auch weder wenig infor-
miert noch wenig begütert, sondern eben Durchschnitt.

Für den eingangs zitierten Profi Platner dürfte das Kriterium der Unverbesserlichkeit eines Klassikers sehr streng
ausgefallen sein. Thorsten und Claudia sind mit einer einmal angeschafften Schrankwand unter Umständen für den
Rest ihres Lebens zufrieden. Nach Platners Definition wäre
sie damit ein persönlicher Klassiker, Schönheit läge demnach auch hier im Auge des Betrachters.

Haltbarkeit ungewiss
Vornamen

Werdende Eltern stehen vor der riesigen Aufgabe, ihrem Kind einen Namen zu geben, mit dem es fortan glücklich wird. Dieses Problem gehen die meisten so an, dass sie sich überlegen, was sie selbst in diesem Moment glücklich macht. Dass die Kinder später mal mehr, mal weniger zufrieden mit dem Resultat sind, ist bekannt. Allerdings werden Worte der Reue von Seiten der Eltern fast nie überliefert. Selbst Leute, die der Meinung sind, phasenweise alles falsch gemacht zu haben, von der Wahl des Partners bis hin zum Zeitpunkt des Kinderkriegens – zu den gewählten Namen ihrer Kinder scheinen die meisten lebenslang zu stehen. Und das, obwohl so viel zu beachten war und scheinbar immer mehr zu beachten ist: Klang, Harmonie mit dem Nachnamen, Bedeutung, Beliebigkeit versus zu viel Exotik, Herkunft, persönlicher Bezug, und in letzter Zeit stellt sich auch noch die Herausforderung, einen zeitlosen Namen zu finden. Obwohl ja erst die Zeit bestimmen wird, was zeitlos ist.

Der persönliche Bezug bestand früher darin, dass man das Kind nach Ahnen und Paten benannte. Später bestand der persönliche Bezug häufig einfach im persönlichen Geschmack, was im Moment als verpönt gilt, besonders wenn dabei fremdsprachige Namen das Ergebnis sind. Mit dem Bezug zu den Hauptquellen der Namen, die im Moment als

Klassiker bezeichnet werden, ist es bei vielen Eltern allerdings auch nicht weit her. Natürlich ist es einfach, sich über
Leute ohne Fremdsprachenkenntnisse, dafür aber mit einer
Vorliebe für fremde Namen lustig zu machen. Streng genommen könnte man auch die Eltern von Noah, Hannah
und Johannes nach ihrer Bibelfestigkeit befragen. Das tut
aber keiner, denn das Alte und das Neue Testament waren
und sind die größten Namenslieferanten in unserem Kul-
turkreis. Und das so lange und selbstverständlich, dass sich
die Gegner fremdsprachiger Namen ordentliche deutsche
Namen zurückwünschen und damit hebräische wie Anna,
Susanne oder Joachim meinen.

Tatsächlich deutsche Namen wie Siegfried, Eberhardt,
Gisela und Brunhilde sind natürlich auch Klassiker, im
Moment aber nicht gleichzeitig der letzte Schrei. Sie verraten vielmehr, dass ihre Träger zwischen den Dreißigern
bis Anfang der Fünfziger geboren wurden. Biblische, latei-
nische und griechische Klassiker wirken im Vergleich mit
ihnen und mit Namenshits aus der Mitte des 20. Jahrhunderts wie Petra, Elke und Bernd zwar zeitlos, doch sind auch
sie selten Dauerbrenner, sondern tauchen in Turnussen auf
und wieder ab. So wurden Michael, Andreas und Thomas
von Gabriel, Elias und Jonas abgelöst. Gleiche Herkunft,
ähnlicher Klang, ein paar Jahrzehnte später. Auch viele der
in Deutschland als Modeerscheinung geltenden Namen
sind in ihren Herkunftsländern Klassiker. So war zum Beispiel Jens im Jahr 2005 der häufigste männliche Vorname in
Dänemark, während man bei uns nach Abebben der Skan-
dinavienwelle statt Jens wieder die Ursprungsform Johannes bevorzugt, was man so gesehen auch als nächste Welle
bezeichnen könnte.

Neben der Rückbesinnung auf die klassischen Formen

alter Namen werden weiterhin Namen aus anderen Sprachen vergeben – mit unterschiedlicher Außenwirkung: Die englische Emily gilt im Moment als classy, bei Marvin oder Otis ist der Bezug zum Pop zu nah, um als bildungsbürgerlich durchzugehen. Luca ist die sehr beliebte italienische Form von Lukas und noch zu aktuell, um allgemein bewertet zu werden, während Enrico, der italienische Heinrich, seinen Ruf als Name ohne soziales Prestige bereits hat. Zwar entstehen Einordnungen durch bestimmte Erfahrungswerte, doch gelten auch die ständigen Rückschlüsse auf die Familienverhältnisse immer nur für eine, maximal zwei Generationen. Im Grunde ist es eine sehr alte Tradition, seine Kinder nach Vorbildern zu benennen – früher waren es Herrscher und Heilige, später eben Stars. Viele finden das albern, unpassend oder lächerlich, man kann jedoch davon ausgehen, dass diese Zuordnung sich mit den Jahren verwächst und die Namen sich in den Ohren späterer Generationen neutralisieren werden. Was zur Jahrhundertwende als typischer Dienstmädchenname galt, zum Beispiel Fanny, hört sich heute für viele großbürgerlich, weil alt an.

Im englischen Sprachraum entstehen die Modewellen weniger durch Importe aus anderen Sprachen, sondern man bleibt bei der eigenen und sucht nach neuen Worten, die man zu Vornamen werden lässt. Beliebt sind zum Beispiel Früchte wie Apple oder Peaches. Als afroamerikanisch gelten Namen, denen ein La wie in Lakeisha oder Latonya vorangestellt ist, während die geschlechtsneutralen Ashleys, Courtneys, Hayleys oder Bradleys Nachnamen sind, die wiederum auf altenglische oder gälische Ortsbezeichnungen zurückgehen. Britney kommt von Britanny und damit von Britannia. Das war's dann auch schon mit Bedeutung und Tradition.

In Deutschland muss das Geschlecht des Kindes eindeutig erkennbar sein, und auch darüber hinaus wird die Fantasie der Eltern zum Schutz der Kinder stärker eingeschränkt als in vielen anderen Ländern. Ortsableitungen wie Germney oder Deutschy wären bei uns nicht möglich, Bavaria, Seychelle wie Michelle oder das ebenfalls feminin klingende Altona würden wahrscheinlich erst nach einem Sonderantrag zugelassen. Doch kann man Altona als Ortsteil Hamburgs mit Chelsea in London vergleichen? Chelsea, der weibliche Vorname, der bei vielen Fußballassoziationen weckt und der laut Duden erst seit den Achtzigern im Umlauf, also brandneu ist, würde vor dem Hintergrund der derzeitigen Traditionswelle in Deutschland sofort in der untersten Schublade landen. Hillary und Bill Clinton, weder arm noch bildungsfern, hielten diesen Namen aber für eine gute Idee für ihre Tochter.

Seit ein paar Jahren ist Madison in Australien sehr beliebt – Familienname des vierten US-Präsidenten, Hauptstadt von Wisconsin und auch ein Beispiel für einen Vornamen, der vorher keiner war, keinen sofort erkennbaren Bezug zu einem Mädchen herstellt, aber in den Eltern etwas auslöst. Was? Genauso gut könnte man fragen, was Emma, Frieda und Charlotte auslösen und Hedwig, Erna und Gertrud nicht. All diese Namen stehen nämlich in der Liste der beliebtesten deutschen Mädchennamen um 1900, wobei sich Letztere bis jetzt nicht über ein Revival freuen durften, Erstere seit Anfang des Jahrtausends aber extrem beliebt sind. Das Kriterium »zeitlos schön« ist wie bereits erwähnt bei Vornamen nicht zu erfüllen, auch wenn beziehungsweise gerade weil der aktuelle Zeitgeschmack immer davon ausgeht, jetzt endlich auf seinem unumstößlichen Höhepunkt zu sein.

Bei Vornamen überlebt sich dieses Gefühl oft dann, wenn aus den vielen Babys mit den frischen, als geschmackvoll, zeitgemäß und endlich als richtig geltenden Namen größere Kinder geworden sind. Dann haben sich die Namen einen Ruf erarbeitet. Die Namensvorreiter werden erwachsen, bekommen selbst Kinder, und die nächste Generation von Eltern darf entscheiden, welche Namen als nachhaltige Klassiker und welche als Geschmacksirrtümer gelten.

Doch der Zauber beliebter Vornamen verfliegt häufig schon, bevor ihre Träger die Schule verlassen. Treten sie zu häufig auf, leiern sie aus, und es entstehen Klischees. Wer aber tatsächlich Cello spielt und wer Playstation, entscheiden nicht die Assoziationen, die man mit den Namen verbindet, sondern die Eltern.

Astrid Kaiser, Pädagogikprofessorin an der Universität Oldenburg, veröffentlichte vor wenigen Jahren eine Studie, die wochenlang durch die Vermischtes- und Panorama-Seiten der Zeitungen geisterte. Das Ergebnis dieser Studie war, dass Grundschullehrer Charlottes und Maximilians lieber mögen als Kevins und Jacquelines. Das hat wenige Leser überrascht, aber viele der Lehrer verärgert, weil es sie als ungerecht darstellte. Die Kevins, Jacquelines und Mandys wird es weniger geärgert haben, da sie laut der Vornamenslisten der Gesellschaft für deutsche Sprache und auch nach dem, was man so hört und sieht, kaum noch Grundschulen bevölkern dürften. Wie auch bei Heike, Thorsten, Nicole oder Sandra braucht man keine Namensstatistiken, um zu bestimmen, in welchem Zeitfenster sie am beliebtesten waren. Die Wellen verlaufen ungefähr, und das war auch schon bei den Favoriten in der ersten Hälfte des 20. Jahrhunderts wie Hannelore oder Horst so, in fünfzehn bis zwanzig Jahresabständen.

In einem Interview zur Studie tippte Professor Kaiser auf Emma als neuen Edelnamen. Wenn Edelname ein Antonym zu Proletenname sein soll, verfehlt es leider komplett sein Ziel. Denn wer nach einem Edelnamen für sein Kind sucht, greift schätzungsweise auch zu, wenn ihm ein edles Schmuckset durch ein Mikrofon angepriesen wird. Der Irrtum vom Edelnamen besteht darin, dass Vornamen eben nicht in voneinander abgekapselten Kreisen gewählt werden, sondern ganz einfach die Runde machen. Namen sind die einzigen Prestigeobjekte, die jedem frei zur Verfügung stehen. Vorausgesetzt, er bekommt ein Kind. Und weil das schichtübergreifend passiert, werden auch unter den heutigen Top-Ten-Emmas, -Maries und -Sophies Kinder sein, um die sich nicht der Musikprofessor, sondern das Jugendamt kümmern muss.

Verwunderlich ist nur, wie lange sich die öffentliche Meinung, allen voran einfallslose Comedians, an längst erwachsen gewordenen Modenamen abarbeitet. Die ersten deutschen Kevins sind mittlerweile um die dreißig und warten immer noch auf einen Nachfolgenachnamen, der sie als Label für schwierige Verhältnisse ablöst. Justin will nicht so recht funktionieren, denn spricht man ihn nicht englisch aus, wird er umgehend vom Plebs zum Patrizier, ein Dreh, der mit dem irischen Kevin nicht möglich ist. Aus der Zeit, in der sie selbst als Grundschullehrerin tätig war, blieb Professor Kaiser besonders unangenehm der Name Oliver in Erinnerung, für sie in den Siebzigern ein Name für Kinder aus Problemfamilien, wie sie ihrem Interviewer Oliver Trenkamp erzählte. Aus nervigen Ollis kann, wie man hier sieht, später alles Mögliche werden. Schon Siegmund Freud benannte übrigens seinen Sohn nach Oliver Cromwell. Neben Frau Kaiser gab es zwischen den Sechzigern und Achtzigern scharenweise Lehrer, die sich über Sven, Dirk, Holger, Patrick und Kai sehr ärgern mussten. Man kann es sich kaum vorstellen, doch es soll sogar schlimme Alexanders gegeben haben. Auch diese ehemaligen Nervensägen haben sich in die verschiedensten Richtungen entwickelt. Und dasselbe wird mit Paul, Leon und Luca männlich und weiblich passieren.

Witze mit und ohne Bart
Der Humor

Wer im Internet unter dem Stichwort »zeitloser Humor« oder »zeitlose Witze« sucht, landet entweder auf Heinz-Erhardt-Websites oder bei Witzen wie diesem: Woran merkt man, dass der Professor zerstreut ist? Daran, dass er während der Vorlesung sein Wasserglas mit lautem Bums abstellt und dann »Herein!« ruft.

Heinz Erhardts Verdienste in allen Ehren, aber seine Art von Humor ist ungefähr so zeitlos wie ein Nierentisch. Außerhalb seiner Epoche kann man sich ihn und sein Œuvre schlecht vorstellen, was nicht gegen ihn spricht, denn erst im Kontext der Wirtschaftswunderzeit entfaltet sich sein Stil zu epochaler Größe.

»Zeitlose Witze« wie der mit dem Professor und dem Wasserglas sind nur in dem Sinne zeitlos, dass sie und ihre Ableger, unabhängig von der Welt um sie herum, unzählige Witzbücher und Witz-Websites bevölkern, die sich auf magische Weise reproduzieren und auf noch magischere Weise von Menschen gekauft, angeklickt und gelesen werden. So fragt man sich, wie diese Witzvorlagen zum Einsatz kommen: Als unterhaltsame Privatlektüre, als stimmungsaufhellender Vortrag in geselliger Runde, oder werden sie auswendig gelernt und dann bei passender wie unpassender Gelegenheit zum Besten gegeben? Überhaupt scheint das moderne Leben einem einzigen Gaggewitter ausgesetzt zu sein: Comedy und Kabarett, Sitcoms und Stand-up Come-dians, Late-Night-Talker, Web TV-Witzler, Spaß-Power-point-Spammer und menschelnde Lebensberater, alle sind sie da, um uns zu amüsieren. Jedes Format und jeder dar-stellende Humorist spricht dabei eine spezielle Gruppe von Menschen mit ähnlichem Humor an.

Doch auch wenn diese Gruppe in die Millionen gehen kann, gibt es mindestens genauso viele oder noch mehr, die bei den Witzen der erfolgreichsten Performer und Sen-dungen mit den höchsten Einschaltquoten keinen Mund-winkel hochziehen oder Humor vortäuschen müssen. Gibt es demnach überhaupt so etwas wie die klassische Antike oder das Bauhaus unter den Humorspielarten, ein Gerüst, auf das noch Mario Barth seine Pointen aufsetzen kann?

»Was wir lustig finden und wie stark unser Humor aus-geprägt ist, hängt mit unserem Lebensumfeld und anderen persönlichen Gegebenheiten zusammen«, sagt die Tübinger Neurologin, Psychiaterin und Humorforscherin, Professor Barbara Wild. Heute gehe man davon aus, dass im Charak-ter eines Menschen die Grundkompetenz für Humor mehr oder weniger angelegt sei, ob sie zur Entfaltung komme oder gar brilliere, liege allein an äußeren Einflüssen und Erlebnissen. Humor und Humorverständnis ist demnach so individuell wie alle anderen menschlichen Eigenschaften. Trotzdem kann ein gut besuchtes Fußballstadion über ein und dieselbe Pointe lachen. Nach Wild liegt das daran, dass diese Menschen aus einem ähnlichen Umfeld kommen und ähnliche Erfahrungen gemacht haben. Als witzig würden zudem die Dinge empfunden werden, die in optimaler Entfernung von den eigenen Problemen seien, so Wild. Sprich, nicht zu nah dran und nicht zu weit weg von einem selbst.

Shakespeare, Loriot oder Otto, ob der Zahn der Zeit den Spaß über Jahrhunderte, Jahrzehnte oder nach fünfundvierzig Sendeminuten abgenagt hat oder nicht, entscheiden allein die folgenden Generationen. Völlig unabhängig von Zeit und Mode sieht Barbara Wild lediglich den Slapstick, der zwar als künstlerisches Genre erst hundert Jahre alt ist, dessen Mechanismus und Inhalte vermutlich aber auch schon die Neandertaler zum Lachen gebracht haben: »Humor hat oft etwas mit Verblüffung zu tun, und im Slapstick funktioniert das sogar ohne Sprache«, so Wild. Ein weggezogener Stuhl oder eine Torte im Gesicht taugen heute zwar nicht mehr als abendfüllendes Programm, sind aber nach wie vor legitime Stilmittel.

Wenn Humor und Witz immer auch Kinder ihrer Zeit sind, so sind Kinder im Vergleich zu Erwachsenen mit einem geradezu klassisch anmutenden Einheitshumor ausgestattet. »Für ausdifferenzierten erwachsenen Humor und für bestimmte Witze muss ein Weltwissen vorhanden sein«, so Wild. Dazu gehöre auch ein Bezug zur Politik oder zur Sexualität. Als wirkliche Ausnahmeerscheinung können von daher Serien wie die Simpsons gelten, die altersübergreifend als lustig empfunden werden, obwohl davon auszugehen ist, dass Kinder und Erwachsene dabei über komplett unterschiedliche Dinge lachen.

Humor ist das Japanisch unter den Emotionen, und da er für Babys nicht unmittelbar überlebensnotwendig ist, erschließt sich diese Welt für sie erst nach und nach. Es beginnt mit der Grundlagenforschung. Alle Babys lachen über die gleichen Witze, vor allem über Überraschungen, die sie nicht erschrecken. Wenn sie die Hände vor das Gesicht halten, sie öffnen und »Kuckuck« rufen, gluckst das Kleine vor Freude, und die Eltern freuen sich auch. Kleinkinder lachen über Unpassendes, zum Beispiel wenn sie in die Schuhe von Papa schlüpfen, oder über Witze, die die Ordnung der Dinge verdrehen. Fast alle Schulkinder entwickeln Vorlieben für die immer gleichen, mal mehr, mal weniger pointenlosen Witze, die sie sehr langatmig und freudig repetitiv einer ganzen Tafelrunde im Einzelgespräch antragen können. Seit Jahrtausenden wird sich dabei in langatmigen Dreierschritten auf eine Pointe zugealbert. Protagonist ist dabei vermutlich seit eh und je eine fritzchenähnliche Person.

In der Pubertät kommt der humoristische Gruppenzwang ins Spiel. Teenager fallen oft durch ihren für Außenstehende albernen bist nervtötenden Humor auf. Einer sagt etwas, und alle lachen mit. Alle Altersgenossen – und sonst niemand.

Das passiert mit fortschreitendem Alter nicht mehr so oft, doch Barbara Wild gibt an, dass es schon eine gute Quote sei, wenn 30 % von dem, was man selbst witzig finde, von anderen auch so empfunden werde. Die Spielarten von Erwachsenenhumor sind die ausdifferenziertesten, was nicht bedeuten muss, dass sie notwendigerweise anspruchsvoll oder verfeinert sind. Erst im Alter wird der Sinn für Humor unter Umständen wieder überschaubarer und vielleicht auch weniger individuell. Zwar haben alte Menschen mehr Lebenserfahrung, sie können oder wollen aber mit rasanten gesellschaftlichen oder technischen Entwicklungen, die wiederum Auswirkung darauf haben, was als witzig empfunden oder in welcher Form Witziges präsentiert wird, nicht mehr mithalten. Das lässt sich am Fernsehprogramm mancher öffentlich-rechtlichen Sender erleben oder im persönlichen Umfeld, wenn Opa nicht zum ersten Mal seine Lieblingswitze zum Besten gibt. Wie sehr das dann nervt oder nicht, hängt allein damit zusammen, wie sehr er auch sonst nervt oder nicht. Die soziale Komponente, also wann ein Witz angebracht ist und wann nicht, ist ein wichtiges Merkmal von treffsicherem Humor, das im Alter erodieren kann. »Humor«, sagt Barbara Wild, »erfordert ein gutes Verständnis für sozialen Kontext.« Es brauche sehr viele Anteile des Gehirns, die in Interaktion treten müssten, um einen Witz zu verstehen. Neben dem Mut zum Spielerischen brauche man auch den Mut, über sich selbst lachen zu können.

Nicht zu unterschätzen sind kulturelle Einflüsse, die bestimmen, was wir witzig finden und was nicht. Manche Humorspielarten wie den britischen Humor bestaunen wir respektvoll, andere sind uns wieder ferner. Nicht nur Deutsche machen Anti-Witze wie die mit dem Professor und dem Wasserglas. Barbara Wild erinnert sich an eine chinesische Doktorandin, die über buddhistisch beeinflusste Witze promovierte. Kleine Kostprobe: »Ein Mann und eine Frau schlafen miteinander, und die Frau liegt oben.« Ende des Witzes. Was das soll? Nach traditionell buddhistischem Verständnis ist die Konstellation völlig absurd.

Mehr Jahre,
mehr Spaß

Der Genuss

Wer als Genussmensch bezeichnet wird, kann sich freuen. Genuss ist sinnlich, und die meisten Genießer verwöhnen nicht nur gerne sich selbst, sondern auch ihre Mitmenschen. Nicht dass Genussmenschen per se die besseren Menschen wären. Genuss historisch betrachtet steht außer für Sinnesfreuden auch für Missstände: Den antiken, mittelalterlichen oder barocken Prassern standen die Rechtlosen hungrig gegenüber beziehungsweise zu Diensten. Doch die Wampe als Symbol des erfolgreichen Mannes hat sich bis in die Mitte des 20. Jahrhunderts gehalten und war damals die logische Konsequenz in Biografien, deren Jugend von Verzicht gezeichnet war. Essen in rauen Mengen ist heute kein Zeichen mehr von Wohlstand, sondern wird eher als soziales Problem bezeichnet – natürlich nicht überall, aber bei uns. Auch viel geraucht und getrunken wird heute noch, wirkt in Film und Fernsehen aber mittlerweile so antiquiert wie das Versenden von Telegrammen. Obwohl der mondäne Exzess alter Filme viele Leute nicht schockiert, sondern eher wehmütig an sorglosere Zeiten denken lässt.

Genießen, aber das Richtige, ist zur privaten und öffentlichen Unsicherheit geworden – einmal das Richtige im

Sinne des persönlichen Wohlbefindens, zum anderen das Richtige ethisch betrachtet. Abgesehen davon ändert sich das, was genossen wird, auch im Laufe des Lebens. Immer wieder laufen Menschen zu neuen Ernährungskonzepten über. Aus nörgeligen Kindern werden Käse- und Fischliebhaber, currywurstabhängige Jungmänner mutieren zu Bioladen-Vätern, Normalesser zu Rohkost-Hardlinern.

All das verbindet und spaltet. So steht der Satz »Es wird gegessen, was auf den Tisch kommt« zwar in der modernen Erziehung fast auf einer Stufe mit Backpfeifen, trotzdem stoßen chronische Essensablehner und Aussortierer auf Unverständnis bei denjenigen, die offen für alles sind, und unterschwellig gelten diese Menschen als anstrengend oder verzickt. Genussfähigkeit geht eben auch mit Großzügigkeit und besserer Laune einher. Tausende von schlanken und fitten Models, Sportlern und Ernährungsberatern werden diesen Eindruck nicht wegturnen oder wegorganisieren können.

Es gibt viele junge Genießer, aber wer kulinarische und andere sinnliche Genüsse auskosten und verfeinern will, der braucht dazu Zeit – Lebenszeit. Warenkunde und ganz allgemeines Wissen rund um alles, was sich genießen lässt, kann man sich antrainieren, aber erst die kontinuierliche Erfahrung und persönliche Einordnung und Bewertung sinnlicher Erlebnisse machen den Menschen zum wahren Connaisseur. Deshalb gibt es zwar auch junge und erfolgreiche Sommeliers, Köche, Winzer, Metzger und Gärtner, die die Welt bereichern, ohne eigene Erfahrung und die ihrer Lehrmeister wären sie jedoch nur Schaumschläger. Wer in jungen Jahren bereits zum gefeierten Nachwuchs gehört, kann im Alter nur noch besser werden, denn Sinnlichkeit kann man nicht erlernen – man muss sie über

Jahre erleben. Hier hat das Älterwerden eine Menge zu bieten.

Die meisten jungen Menschen haben ohnehin erst einmal andere Sachen zu genießen. Von Luft und Liebe zu leben klingt nur in diesem Alter nach erträglichem Lebensstandard. Manchmal muss es auch ohne Liebe gehen, und statt Luft reichen vorerst Getränke vom Kiosk und die blitzschnelle Küche. Eine Ernährungsstrategie, die sehr gut funktionieren kann und meist von allein immer unpassender erscheint. Die Interessen ändern sich mit den steigenden Jahren und mit ihnen steigt der Qualitätsanspruch. Spätestens wenn man mit »ich gehe aus«, »ich gehe essen« meint, ist man eindeutig älter geworden. In der Phase dazwischen – die ohne Weiteres einige Jahre andauern kann – beginnt dieser Wandel mit dem »wir gehen vorher schnell was essen« und entwickelt sich schließlich dahingehend, dass das anschließende Ausgehen sich auf einen Drink danach verkürzt.

Man sagt auch, Essen sei der »Sex des Alters« und unterstellt damit, dass alle Jungen regelmäßig Sex hätten, alle Alten hingegen gar keinen. »Man sagt« ist ein beliebtes Intro für sehr viel Blödsinn. Dazu gehört ebenso der neuere, vielleicht im Zuge der vielen Kochshows entstandene Vergleich »Kochen ist wie Sex«. Niemand sagt das über Kuchenbacken, Einparken oder Fensterputzen, und den meisten Spaß haben sicher diejenigen, für die Kochen wie Kochen und Sex wie Sex ist. Abgesehen von anzüglichen Vergleichen, wäre es aus medizinischer Sicht sogar wünschenswert, wenn das Essen im hohen Alter einen wichtigeren Stellenwert einnehmen würde, denn viele alte Menschen essen kaum noch. Sie verlieren die Lust am Essen und damit nicht nur Kraft, sondern einen schönen Lebensinhalt.

Siegfried Rockendorf war jahrelang der einzige Sterne-koch im bis vor gar nicht langer Zeit noch als Gourmet-wüste geltenden Berlin und eröffnete nach der Schließung seines Restaurants ein Bistro in einer hochpreisigen Senio-renresidenz in der Nähe des KaDeWe. Der Gedanke, sich im hohen Alter dreimal täglich auf hervorragende Küche zu freuen, ist eindeutig sehr viel schöner als der an geschmacks-freie Schonkost auf Plastiktabletts. Das gilt nicht nur für Bewohner von Altenheimen, sondern auch für Leute, die mit Krankenhauskost versuchen zu genesen, weshalb sich mehr und mehr Kliniken auf den heilenden Aspekt guten Essens besinnen. Rockendorf verstarb im Jahr 2000, kurz nach der Eröffnung des Bistros, seine Idee jedoch bleibt zukunftsweisend.

Verzicht, der als solcher empfunden wird, und sinnliche Genüsse harmonieren schlecht miteinander. Reduktion ist das Thema der Kenner, Maßhalten das eigentliche Thema des Älterwerdens. Als echter Genussmensch, nicht als »geselliger Typ«, wie die euphemistische Umschreibung in Arbeitszeugnissen für »Alkoholiker« lautet, schiebt die eigene Kondition mit den Jahren jedoch von selbst einen Riegel vor, das heißt, Völlerei, Saufgelage und Orgien sehen vom hinteren Ende des Lebens aus betrachtet eher anstren-gend als verlockend aus. Neben den körperlichen Genuss-erfahrungen stehen dann auch die geistigen mehr und mehr im Vordergrund: Freude am Genuss und gelebte Sinnlich-keit auf vielerlei Gebieten eröffnet ständig neue Perspek-tiven und Verknüpfungen innerhalb der einzelnen Genuss-disziplinen, kann mit wunderbaren Orten und Getränken verbunden werden und verschönert das Sozialleben. Viele gute Gründe, sein Leben zu genießen.

Immer der Nase lang
Der Weg zum Feinschmecker

Ein Baby ist eine Art sensorisch hyperaktive kleine Larve. Es ist hilflos und dennoch nicht passiv, denn sein Geruchssinn ist offen und empfänglich angelegt wie ein frisch gestimmtes Klavier. Fast ausschließlich über die Nase orientiert sich das Neugeborene in seiner überwältigenden Umwelt. Am geringsten ausgeprägt ist im Gegenzug sein Sehvermögen; zunächst erkennt es alles nur schemenhaft. Bis ein Kind Farben und Formen auseinanderhalten kann und das räumliche Vorstellungsvermögen so weit ausgebildet ist wie bei den Erwachsenen, vergehen gut neun Jahre. Doch je weiter das Leben fortschreitet, desto mehr kehrt sich diese sensorische Ausprägung um. Im Erwachsenenalter ist unser Geruchssinn vergleichsweise verkümmert. Im Gegenzug verlassen wir uns vor allem auf die Augen, also auf das, was wir sehen. Das hat für unser sinnliches Erleben weitreichende Folgen.

Die in Berlin lebende Norwegerin Sissel Tolaas ist eine der renommiertesten Geruchsforscherinnen weltweit und arbeitet auf einem in jeder Hinsicht vernachlässigten Terrain. Die Übertonung des Visuellen in der westlichen Erwachsenenkultur und ihr eigener ausgeprägter, nasaler Spürsinn rufen in ihr einen enthusiastischen Tatendrang hervor. Allein unter Augen- und Ohrenmenschen, untersucht Sissel Tolaas die Bedeutung und Facetten des Geruchssinns. In Workshops mit Schülern stellt sie regelmäßig fest, dass es den meisten nicht möglich ist, im Blindtest eine Orange von einer Grapefruit qua Geruch zu unterscheiden. Überhaupt seien die beliebtesten Unterscheidungskategorien, wenn es um Gerüche gehe, »gut« oder »schlecht«, vielleicht noch »lecker« oder »eklig«.

Noch sensorisch reduzierter geht es bei den meisten Erwachsenen zu: Der Weinhändler, Chemiker und kulinarische Experte Martin Kössler aus Nürnberg lässt die Besucher seiner Seminare an Alltagsgerüchen wie Zitrone, Leder, Schokolade oder Zimt, die sich auch als Note im Wein wiederfinden, schnüffeln, bevor sie sich dem Getränk selbst zuwenden. Die überwiegende Mehrheit der Teilnehmer kann diese Gerüche nicht identifizieren. Die Verbindung zwischen Elementargerüchen und dem Wort fehlen. Für Kössler ist das einer der wichtigsten Gründe für große kulinarische Unsicherheiten und kleine Katastrophen. Dazu gehört der Erfolg von Fertignahrung und Massennahrungsproduktion genauso wie das zwanghafte Orientieren an Etiketten und der sklavische Glaube an Sterne, Kritiker und Weinpäpste.

Tatsächlich gibt es Gerüche, die jeder Mensch intuitiv und evolutionsbedingt ablehnt, weil sie Gefahr signalisieren. Feuer, Fäkalien und Fäulnis sind für Menschen schlicht und ergreifend gefährlich, und deshalb fühlen sie sich abgestoßen. Alles andere unterliegt einem Geruchsurteil, das sich die Menschen darüber bilden, was sie sehen oder gehört haben. Das hindere sie daran, ihre Genussfähigkeit zur Meisterschaft zu führen, sagen die Geruchsexperten. Das Auge diktiert uns in vielerlei Hinsicht unser abschließendes Urteil. Wer auf sinnlichem Genussterrain tiefer in die Materie einsteigen will, der sollte lernen, über seine Eindrücke,

vor allem über Geruch und Geschmack zu kommunizieren: »Das Medium Wort macht mich zum Genießer«, so
Kössler. »Erst wenn ich formulieren kann, warum mir etwas
gefällt, kann ich es memorieren, und dann wird es zum Erlebnis.« Da viele Menschen aber Angst haben, etwas Falsches zu sagen, oder sich zunächst unsicher sind, lassen sie
es lieber ganz sein und richten sich nach den anderen.

»Schnuppern, schmecken, denken, sprechen« ist somit
die einfache Formel, seinem eigenen Geschmack auf die
Spur zu kommen. Mit beständigem Training führt das ganz
von allein zu einem individuellen und nachvollziehbaren
Geschmacksurteil und Qualitätsbewusstsein. Denn Tief-
kühlpizza sieht zwar auf der Schachtel gut aus, aber eine
frisch aus dem Ofen gezogene riecht anders – aromatischer
und würziger, also appetitlicher. Das könnte als verglei-
chendes Einstiegsexperiment vermutlich selbst kulinarische
Totalbanausen überzeugen. Wer an dieser Fähigkeit arbeitet, wird zudem im Alter mehr Spaß am Essen haben, denn
wie gesagt nimmt dann die Geruchs- und Geschmackssen-
sibilität tatsächlich ab. Der erfahrene Genussmensch kann
sich seine Genusserlebnisse aber mithilfe eines anderen
Körperteils ins Bewusstsein zurückholen – dem Gehirn.
Hier werden die kulinarischen Eindrücke gespeichert und
lassen sich abrufen, selbst wenn die Knospen auf der Zunge
längst welken.

Alt und teuer
Wein als Statussymbol

An einem Samstagmorgen um zehn in New York beim Auktionshaus Christie's: In einem Saal mit dem Charme eines evangelikalen Gemeindezentrums gepaart mit einer mittelklassigen Hotellobby werden die ersten Champagnerflaschen entkorkt. Nicht als Verkaufsprobe, sondern als Teil des Caterings, denn den wenigen Auktionären, die sich um diese Zeit eingefunden haben, soll es an nichts mangeln. Neben ein paar Gläschen blubberndem Lockermacher werden Obstsalat und Kanapees gereicht, woran die meisten aber nur höflich nippen und knabbern. Die Strategie: Mit der Wurst nach dem Schinken schmeißen, denn an diesem Tag kommen achthundertfünfunddreißig Positionen oder so genannte »Lots« wertvoller Weine aus dem 20. Jahrhundert unter den Hammer, ein paar Whiskys und Cognacs, ein wenig Champagner und Portwein. Das Gesamtvolumen der Auktion liegt am Ende bei knapp drei Millionen US-Dollar. Zu sehen ist von den Preziosen so gut wie gar nichts, zu schmecken sowieso nicht. Einige von ihnen sind im Katalog abgebildet, ansonsten hängen über der Kanzel des Auktionators ein paar graue Monitore, auf denen in Schwarz-Weiß die jeweilige Nummer der einzelnen Lots flimmert und über die sich der Preis in den wichtigsten Währungen verfolgen lässt: Dollar, Euro, Pfund, Rubel, Yen und Hongkong-Dollar. Wein ist ein globales Geschäft.

Die Atmosphäre ist ungefähr so sinnlich aufgeladen wie bei einem Behördengang, wo alle auf die Anzeigetafel starren, bis ihre Nummer aufgerufen wird.

Und es wird auch nicht aufgeregter, als die ersten Kisten und Flaschen den Besitzer wechseln. Der Herr, der innerhalb der ersten halben Stunde Chateau Petrus aus den Achtzigerjahren des 20. Jahrhunderts im höheren fünfstelligen Bereich shoppt, zeigt nach außen so viel Regung über die Zuschläge wie jemand, der gerade ein Glas saure Gurken gekauft hat. Über Stunden geht das Bieten in routinierter Gleichmut weiter. Ob hundert Dollar oder dreißigtausend Dollar – jede Flasche findet ein neues Zuhause irgendwo auf der Welt. Das Procedere wirkt auf Dauer einschläfernd, die Namen und Jahrgänge vieler der versteigerten Flaschen wie Lafite Rothschild, Margaux und Latour rauschen an einem vorbei wie Bilder, die den Träumenden in trunkenem Schlaf verfolgen, und es drängen sich Fragen auf: Warum geben Menschen so viel Geld für Wein aus, wenn sie ihn vorher weder sehen, riechen noch probieren dürfen? Was genau macht den Wert dieser Flaschen aus? Wer garantiert, dass die älteren Weine noch nicht gekippt sind? Woher weiß man überhaupt, ob in einer Flasche das drin ist, was draufsteht? Und: Welche Art von Distinktionsgewinn verspricht alter und wertvoller Wein?

Charles Curtis ist bei Christie's der Head of Wine Department, also der oberste Weinexperte im altehrwürdigen Auktionshaus, der für jede Auktion als Kurator das letzte Wort bei der Zusammenstellung der Weine hat. Denn bei einer Christie's-Auktion werden nicht einfach nur ein paar seltene Weine weltweit eingesammelt und versteigert, sondern bei der Zusammensetzung des Angebots spielt sowohl die Jahreszeit, in der die Versteigerung stattfindet, eine

Rolle als auch die Tageszeit. So sind die Versteigerungen tagsüber von der Auswahl her eklektischer, abends sind sie spezialisierter und noch exklusiver. Curtis absolvierte als Teenager unter anderem eine Ausbildung im Pariser Spitzenhotel Crillon und startete seinen professionellen Exkurs in die Genusswelt als Koch, bevor er sich dem Wein zuwandte. Heute trägt er den Titel Master of Wine, Resultat der ranghöchsten Ausbildung, die man auf diesem Feld absolvieren kann. Weltweit gibt es nur knapp dreihundert lebende Titelträger.

»Die meisten Weine«, so Curtis, »werden mit den Jahren nicht besser, sondern schlechter.« Wer sich also freut, im Keller der Eltern noch ein verstaubtes Fläschchen zu finden, der hat meist keinen kostbaren Schatz gehoben, sondern gekippte Plörre. Bei Christie's Auktionen gehe es darum, die wenigen feinen und ausgewählten Weine zu bündeln, die mit den Jahren immer noch besser würden, fügt Curtis an. Wenn die Weine außerdem aus Regionen und von Châteaus stammten, die nur in kleiner Auflage lieferten, seien die Merkmale für ein begehrtes Sammlerstück gegeben. Ob der Wein dann tatsächlich auch noch gut schmeckt, hängt unter anderem von den Lagerbedingungen ab, weswegen Christie's nur Gesamtpositionen im Wert von mindestens zehntausend Dollar annimmt und die Inspekteure sich die Flaschen und den Keller, in denen diese gelagert waren, persönlich anschauen. Außerdem erstellen sie ein Gesamtprofil der Sammlung, das sich ihnen als schlüssig erweisen muss. Wer den Keller voller Tetrapaks hat und dazwischen auf wundersame Weise ein Dutzend alte Bordeaux, der hat schlechte Karten. Zudem muss die Herkunft des Weines nachzuverfolgen sein.

Am liebsten schlagen Christie's Weinprofis bei Angeboten zu, die vom Verkäufer ursprünglich und nachweislich direkt beim Winzer gekauft wurden. Zu guter Letzt werden die Weine auch noch stichprobenartig probiert. Im Katalog zur Weinauktion finden sich nur einige wenige Geschmacksrezensionen, und diese sind teilweise bis zu zehn Jahre alt. Doch den guten Tropfen zu genießen, danach gelüstet es den meisten ernsthaften Weineinkäufern auch nicht in erster Linie. Christie's Weinchef Curtis sagt, seiner Erfahrung nach trinke das Christie's-Klientel nur einen Teil seiner ersteigerten Weine. Der andere Teil diene als Wertanlage und werde auf unbestimmte Zeit eingelagert oder zu einem späteren Zeitpunkt weiterverkauft: »Niemand kauft nur als Investment, niemand nur zum Trinkvergnügen.«

Der deutsche Weinhändler Martin Kössler ist davon überzeugt, dass der Inhalt der teuren und begehrten Weine von Zweitrangigkeit, wenn nicht für die meisten Käufer völlig vernachlässigenswert ist: »Die Leute wollen sich eine Kultur kaufen, die sie selbst nicht besitzen.« Laut Kössler handelt es sich bei den bekannten Transaktionen um Rotation in einem geschlossenen System. Geschmack, so Kössler, sei in diesem Teil der Weinwelt als Kriterium der Bewertung nicht vorgesehen. Wein diene hier wesentlich der männlichen Sozialisation: »Wenn man einer gewissen gesellschaftlichen Schicht angehören will, gehört Wein als Statussymbol dazu. Es müssen natürlich entsprechende Etiketten und Namen sein, teure Flaschen, versteht sich.« Der globale Erfolg des Weinbaugebiets Bordeaux basiere beispielsweise ganz wesentlich auf diesem Phänomen. »Es verfügt nur über zweiundfünfzig Grands Crus Classés, deren angesagte zwanzig Blue Chips man schnell auswendig gelernt hat; wenn man dann noch im entscheidenden Gespräch drei große Jahrgänge aus der Vergangenheit erwähnt, gilt man nachhaltig als profunder Kenner der Materie«, erzählt Kössler.

Die Fälscherskandale der letzten Zeit und Gerüchte über raffinierte Manipulationen seitens berühmter Sammler und Händler sind für Kössler nicht weiter überraschend. Die meisten Menschen seien in Sachen Wein mangels Kompetenz und Erfahrung viel zu leicht zu beeinflussen. Den Inhalt alter Weinflaschen heute aus Jungweinen »nachzubauen« und den alten Flaschen dann mittels Originalpapier und alten Druckerpressen zu ehrwürdigem Finish zu verhelfen, sei technisch kein Problem. Deshalb würden von vielen gesuchten Châteaus und Jahrgängen längst mehr Fälschungen kursieren als echte Originalabfüllungen. Da die teuren Flaschen weltweit im stets gleichen Kreise erlauchter Sammler und Kenner gehandelt werden, sitzen alle im selben Boot, und keiner hätte Interesse daran, die kriminelle Fehlerquelle aufzudecken. Wer gibt schon gerne zu, dass er betrogen wurde.

Schlimmer noch als das Statusgehabe findet Kössler die Borniertheit jener Experten, die die Qualität solch alter Weine bestimmen sollen. Wie lange ein Wein hält und wie lange er tatsächlich im Glas überzeugt, hängt seiner Meinung nach weder vom Etikett ab noch vom Preis. Der Jahrgang sei bei alten Weinen ein wichtiger Indikator, entscheidend aber sei die innere Chemie des Weines, die Qualität seiner Herstellung. Kössler, von Beruf Ingenieur, hat sich intensiv mit der Geschichte der Weintechnik und Weinbereitung beschäftigt. Bis in die Siebzigerjahre des 20. Jahrhunderts waren viele Châteaus in Bordeaux finanziell schlecht ausgestattet. Deshalb waren viele Weine dieser Periode mager, sauer und dünn, von einigen exquisiten Ausnahmen abgesehen. Und bis in die Fünfzigerjahre wurden viele Weine noch von Zwischenhändlern abgefüllt. Dann kamen die Mechanisierung und der Glaube an den Fortschritt. Die Entrappungsmaschine sorgte Mitte der Sechzigerjahre für erste Egalisierung der Qualität. Bis dahin bestimmte die Natur ganz maßgeblich über Qualität und Geschmack, denn die Weine wurden mit Stiel und Stengeln gekeltert. Waren diese in einem kleinen Jahrgang grün und unreif, reichte es nur zu einem kleinen Wein, waren sie reif und braun, konnte daraus ein großer Wein mit extremer Haltbarkeit entstehen.

Je mehr man sich mit der »Zeit im Wein«, wie Kössler es nennt, beschäftige, desto mehr begreife man deren komplexe Auswirkungen auf das Produkt und desto einfacher werde es, einen qualitativ hochwertigen Wein zu erkennen – und zwar anhand des eigenen Geschmacks. Charakter, Eigenart, Seele und Komplexität zeichneten Weine aus, denen Zeit gegeben werde. Sie unterschieden sich grundsätzlich von der technisch glatten Perfektion und Anonymität globaler Traubenerzeugnisse, so Kössler. Ginge man in das schickste und teuerste Restaurant der Stadt, wo ein berühmter Koch am Herd stehe, gäbe sich der Kenner auch nicht mit einem faden, abgestandenen Gericht zufrieden. Er würde sicher nicht so tun, als hätte er soeben den Gipfel der Kulinarik erklommen. Oder vielleicht doch?

Für Kössler gibt es sichere Zeichen dafür, wahre Genießer zu erkennen – Menschen, die etwas von Essen und Trinken verstehen: »Sie essen und trinken einfacher, aber ehrlicher, weil sie von Warenkunde etwas verstehen; sie wissen, was gute Produkte sind, und handeln produktorientiert. Mit teurem Etikett auf der Flasche, artifizieller Mickymaus-Küche und aufwändiger Teller-Ikebana kann man sie nicht beeindrucken. Sie sind die wahren Kenner.«

Iss dich alt
Nahrungsaufnahme als Konzept

Wer sich damit beschäftigt, wie man sich mit Essen jung, fit und schön halten könnte, stößt auf die verschiedensten Thesen und Schulen und bekommt bei einigen Konzepten Lust, es mit dem Genuss ganz sein zu lassen. Häufig wird der menschliche Körper nämlich als etwas dargestellt, das stündlich mehr verkalkt, verstopft, vergiftet, verschlackt – vergleichbar mit einem ehemals übersichtlichen Haus, das an einen Messie vermietet wurde, der nicht aufhören kann, es zu vermüllen. Sterben müssen wir alle – mit bewusster Ernährung können wir den Lauf der Zeit zwar nicht stoppen, aber abfedern, heißt es. Deshalb lesen sich viele der Erfolgsratgeber zum Thema Essen und Jungbleiben auch wie die für Messies: Bei den einen soll ausgemistet, bei den anderen eine Grundreinigung vorgenommen werden, indem sie sich vom Ungesunden verabschieden. Hier scheiden sich nicht nur die Geister, hier herrscht Krieg. Die einen kämpfen gegen die Ablagerungen, die anderen sind der Meinung, dass der Körper sich perfekt selbst reinigt, unterstützt vom Geist, der dafür sorgt, dass alles, was schmeckt, auch guttut.

Den stündlich neuen Tipps pro und contra Nahrung und Gesundheit – bei deren Befolgung immer die Belohnung eines längeren oder besser aussehenden Lebens winkt – komplett aus dem Weg zu gehen ist kaum möglich. Deshalb sehen sich auch Leute, die bis dato meinten, sich gesund zu ernähren, plötzlich mit Feinden konfrontiert, von denen sie nicht einmal etwas ahnten. Wer empfindsam ist und einmal gelesene Botschaften schlecht wieder loswird, wird für eine Weile aus Verunsicherung lieber einen Zahnstocher kauen als sein normales Mittagessen, bevor er all diese Informationen verdaut hat. Denn für jede Bewegung gibt es eine Gegenbewegung. Dinge, von denen man sich laut einer Ernährungsschule ausschließlich ernähren sollte, gelten bei anderen als Gift. Das einzige Lebensmittel, gegen das noch keiner Bedenken angemeldet hat, ist Wasser. Doch auf der Suche nach dem richtigen Wasser kann man in jede Menge gefährliche Fallen tappen.

Unhysterisch betrachtet, könnte alles sehr einfach sein: Viel Obst und Gemüse, wenig Fleisch, mehr Fisch, gesunde Fette und Rotwein in Maßen schmecken gut und sind in vernünftigen Portionen und vernünftiger Dosierung der Gesundheit förderlich. Aber warum einfach, wenn es auch kompliziert geht! Beim Versuch, das eigene Alter und Schicksal durch das richtige Essen wenigstens ein bisschen mitzulenken, sollte man auf keinen Fall trendanfällig sein, denn dann müsste man sein Ernährungskonzept öfter überdenken als ein Modeopfer die Absatzform seiner Schuhe.

Ach, hören Sie doch auf!
Langes Leben durch Verzicht

Schlank sein ist nicht nur das ästhetische Gebot der Stunde, es wird auch von einer wachsenden Anhängerschaft des als lebensverlängernd geltenden Ernährungskonzepts CRON zum gesundheitlichen Idealzustand erhoben. CRON steht für *Calorie Restriction with Optimum Nutrition* und bedeutet, dass man so wenige Kalorien wie möglich bei knapp ausreichender Versorgung zu sich nehmen sollte. Es wird also leicht und schlank auf dem Grenzstreifen zur Unterernährung balanciert. Denn CRONies nennen sich nur Leute, die dieses Leben freiwillig leben und die sich aussuchen können, aus welchen Lebensmitteln sie ihre bis zu tausendfünfhundert Kalorien beziehen möchten. Das sind mehr als bei vielen Erfolg versprechenden Diäten, die häufig bei tausend Kalorien am Tag liegen. Zu bedenken ist aber, dass es sich bei CRON nicht um eine Wochenkur, sondern um ein lebenslanges Programm zur Lebensverlängerung handelt. Die althergebrachte Kalorienempfehlung für einen Erwachsenen liegt bei ungefähr zweitausend Kalorien, was natürlich je nach Geschlecht, Körpergröße und Aktivität schwankt.

Die CRON-These wird bestätigt durch die Tatsache, dass Menschen, die sehr alt wurden, sich häufig bescheiden bis spärlich ernährt haben (ob nun freiwillig oder nicht) und fast immer schlank bis dünn waren. Außerdem gibt es diverse Studien, in denen Wissenschaftler das Leben von Würmern, Fliegen und Hefekulturen durch Verringerung der Nahrungszufuhr drastisch verlängern konnten. Allerdings ist es bei so schnelllebigen Organismen wie Fruchtfliegen oder Hefekulturen sicherlich einfacher, die Lebenserwartung zu verdoppeln als beispielsweise beim Menschen.

Wer gern isst, kann sich sehr gut vorstellen, dass der leichte Dauerhunger Begleiterscheinungen wie Frieren und sexuelle Unlust mit sich bringt. Völlegefühl ist hingegen auch kein Aphrodisiakum. Wie komfortabel das Motto »Friss die Hälfte für immer« für den Einzelnen ist, hängt vom Einzelnen ab. Askese ist – nicht nur beim Essen – etwas, das die einen griesgrämig macht, andere wiederum fast in Ekstase versetzt. Die Euphorie, die das Gefühl, endlich alles richtig zu machen, auslösen kann, ist dabei nicht zu unterschätzen.

Wie großes Leben zum großen Auftritt kam
Die Makrobiotik

Madonna, die große alte Dame der Alterspanik, ernährt sich angeblich makrobiotisch. Und alles, was Madonna gemacht hat, hat eine Zeit lang auch Gwyneth Paltrow gemacht. Es gibt interessantere Geschichten, aber diese hat der eigentlich auf Askese basierenden Lebensform zu größerer Bekanntheit verholfen als alles andere zuvor.

Der eigentliche Begriff Makrobiotik setzt sich aus den griechischen Worten *makros* für »groß« und *biotikos* für »Leben« zusammen und wurde erstmalig von Hippokrates von Kos verwendet, der damit Leute beschrieb, die ein langes gesundes Leben führen. In Deutschland gilt Christoph Wilhelm Hufeland (1762–1836), der unter anderem der behandelnde Arzt von Goethe und Schiller und Verfasser des Buches *Makrobiotik oder die Kunst, das menschliche Leben zu verlängern* war, als Begründer der Makrobiotik.

Die Makrobiotik im heutigen Sinn geht auf die Japaner Sagen Ishizuka, Georges Oshawa und Michio Kushi zurück. Ersterer gründete Ende des 19. Jahrhunderts die Shoku-Yo-Bewegung, übersetzt »Heilung durch Essen«, und berief sich dabei auf traditionelle japanische Zutaten, da er der Meinung war, dass die Verwestlichung des Essens seine Landsleute krank mache. Oshawa heilte sich durch Makrobiotik selbst von der Tuberkulose und erstellte ein Stufensystem der Ernährungslehre, das mit −3 beginnt und dessen höchste Stufe die 7 bildet, auf der man sich ausschließlich von Getreide ernährt. Er benutzte erstmals die alte Bezeichnung Makrobiotik wieder. Ein Schüler Oshawas namens Michio Kushi studierte ab Ende der Vierzigerjahre in den USA, wo er die Makrobiotik den Bedürfnissen im Westen anpasste und modernisierte. Das Ziel ist es, die Gegensätze Yin und Yan, also das männliche und weibliche Prinzip, in Balance zu halten, wonach auch die Lebensmittel eingeteilt werden. Die Selbstheilungsfähigkeiten des Körpers sollen durch bewusst gewählte Nahrung erhalten oder aktiviert werden. Es wird darauf geachtet, sich regional und saisonal zu ernähren.

In einem Makrobiotik-Regal in einem deutschen Bioladen stößt man fast ausschließlich auf japanische Zutaten wie Algen, Miso oder Seitan, was den Grundregeln regional und saisonal eigentlich widerspricht. So essen westliche Makrobiotiker zwar auf ihre Art asketisch, indem sie auf vieles verzichten, auf der anderen Seite aber auch aufwändig, indem sie zu Speziallebensmitteln greifen. Wer sich nicht auf einem Level bewegt, auf dem er Erfüllung durch kompletten Verzicht erfährt und zudem noch eine Familie zu bekochen hat, muss sehr kreativ sein, um Makrobiotik mit Abwechslung und Genussansprüchen zu verbinden. Leute wie Madonna beschäftigen Köche, der Rest steht vor einer ziemlich komplexen Umschulung. Die Methode, sich – egal, ob aufgrund des fehlenden Kochtalents, der Bequemlichkeit oder Radikalität – nur noch von gegartem braunem Reis zu ernähren, also das höchste der Level bei Oshawa zu erreichen, ist heute, milde gesagt, umstritten. Wer dazu noch strikt regional essen möchte und den Reis durch gekochte Hirse ersetzt, ist über den Umweg Japan beim Lebensstil eines Leibeigenen im europäischen Mittelalter angekommen.

Im Unterschied zu anderen Ernährungsschulen wird in der Makrobiotik reichlich Kochsalz empfohlen. Dafür wird bei rigoroser Regelanwendung auf Obst, Kräuter und scharfe Gewürze verzichtet. Auch die anderweitig als harmlos bis hin zu sehr gesund eingestuften Nachtschattengewächse Kartoffeln, Tomaten, Paprika und Auberginen gelten als »zu Yin« und sollten deshalb gemieden werden. Milchprodukte sind tabu, im Gegensatz zur veganen Ernährung aber nicht aus ideologischen Gründen, sondern mit der Erklärung, sie würden die Organe verschleimen und Krankheiten verursachen. Tatsächlich liegt der Prozentsatz der Menschen mit Laktoseunverträglichkeit in Ost- und Südostasien bei 80 bis 100 %, weshalb es nicht verwundert, dass in allen Ernährungskonzepten aus diesem Teil der Welt vom Milchkonsum abgeraten wird. Die Gegenden mit der höchsten Laktosetoleranz sind im Gegenzug Europa und Nordamerika. Zu Oshawas Originaldiät, die übrigens nur einen Teil einer gesamten Lebensphilosophie bildet, gehört eine Regel, die sie von den meisten anderen Ernährungsplänen unterscheidet: eine sehr geringe Flüssigkeitszufuhr, also trinken nur im Fall von sehr starkem Durst. Diese gilt aber heute als veraltet. Andererseits ist mittlerweile auch die penetrante Aufforderung, täglich das ungefähr Dreifache seines Körpervolumens in Form von Wasser zu trinken, weil andernfalls die Organe ihre Tätigkeit einstellen könnten, endlich revidiert worden.

Angst essen Spaß auf
Anti-Ageing-Küche aus den USA

»Curb the carbs!« Kurbel die Kohlenhydrate runter!, rät Dr. Nicholas Perricone, ein amerikanischer Hautarzt, der bekannt ist für seine Antifaltenernährungskonzepte, durch die Falten nicht nur vermieden, sondern sogar nachträglich geglättet werden sollen. Herunterzukurbeln ist auch ein großer Teil an Freude auf die nächsten Lebensjahrzehnte, denn die Diätrezepte, die bei Dr. Perricone und anderen US-Kollegen die Schönheit und Jugend erhalten sollen, lesen sich 1:1 wie Diäten, die strenge Fitnesspäpste bekannten Müttern nach der Geburt verordnen: morgens ein Rührei, natürlich ohne Eigelb, und ein Stück Obst, mittags Hühnerbrust und gedünsteten Broccoli, abends Lachs und Salat und zwischendurch Snacks wie Hüttenkäse mit der Betonung auf *low fat*, obwohl Hüttenkäse, wie man bereits am Namen erkennt, sowieso schon zu den weniger pompösen Käsesorten zählt. Das Traurigste an Diäten sind aber immer die Zwischenmahlzeiten. Gegen Beeren ist an sich nichts einzuwenden, werden sie jedoch Snack oder gar Dessert genannt und streng auf eine bestimmte Tageszeit und die Menge einer halben Tasse limitiert, werden sie zwangsläufig zum Trostpreis. Genauso gut könnte man seinen Anhängern raten, ein paar Minuten auf ein Obststillleben zu starren.

Hauptgegner der Jugend ist laut dieser Schule der Zucker. Gestrichen wird deshalb nicht nur der Feind selbst, sondern alles, was im Körper in Zucker aufgespalten wird, nämlich die Kohlenhydrate. Das sind auch die, die den Serotoninspiegel heben, was wiederum der Pasta den Ruf einbrachte, glücklich zu machen.

Dass mit der Angst vor dem Alter und dessen Begleiterkrankungen viel Geld zu verdienen ist, beweist die Existenz vieler Ärzte und Autoren, die sich des Themas annehmen. Sie behaupten unter anderem, dass der Angriff der freien Radikale nicht ausreichend mit Vitaminen aus natürlichen Ressourcen gebannt werden kann, sondern nur mit einer langen Liste von Nahrungsmittelergänzungen wie dem Coenzym Q10, Selen, L-Carnitin, den Vitaminen A, C und E, einem Vitamin-B-Komplex und diversen anderen Stoffen in Pillenform. Vertrieben werden diese – surprise, surprise – durch die Ärzte selbst. Dazu dann der reduzierte Speiseplan, und schon steht man vor einer Ernährungssituation, in der die Anzahl der Pillen das Volumen der eigentlichen Mahlzeit übersteigt und die so traurig ist, dass gleich noch ein Antidepressivum auf den Pillenhaufen gelegt werden kann.

Letztlich sind bei Ernährungskonzepten, die sich auf Schönheit und Jugend beziehen, tierische Fette und Kohlenhydrate verboten, und das bis ans Lebensende. Vielleicht gehen amerikanische Ernährungsberater von einer Zielgruppe aus, die in den Dunkin'-Donuts-Filialen anzutreffen ist, und gehen das Thema von daher radikaler an als andere. Dass frischer Fisch besser ist als ein Fishburger, hört sich für viele Menschen nicht rasend spannend an, ob Fisch in Pillenform ein lebensverlängerndes und lebensbejahenderes Konzept darstellt, ist für die meisten mindestens so fragwürdig wie die Idee, nie wieder nach sechs Uhr abends zu essen.

Wein, Öl und Gesang
Mediterran jung bleiben

Leben wie die Leute am Mittelmeer ist in vielerlei Hinsicht verlockender, als permanent auf Diät zu sein. Die mediterrane Küche wird schon seit langem mit geringerem Infarktrisiko, weniger Übergewicht und mehr Lebensfreude verbunden. Unschlagbar ist sie auch in puncto Regeln und Philosophie, denn sie folgt keinem Dogma. Sie verbietet nichts, sie kennt keine ängstliche Hysterie, und sie fördert das Sozialleben. Wer sich mediterran ernährt, wird niemals in die Situation kommen, eventuelle Mangelerscheinungen mit anderen Produkten ausgleichen zu müssen oder deprimierende Ersatzlebensmittel, für die es bei diktatorischen Ernährungsformen Tabellen gibt, zu konsumieren: Fleisch gleich Tofu oder Reismilch gleich Milch. Tofu kann sehr gut sein, hebt in einer solchen Tabelle aber die Nichtanwesenheit des Originals noch hervor. Die mediterrane Küche wurde nicht von Experten entwickelt, sie war schon immer da und ist durch Studien als gesund erachtet worden.

Und Geld lässt sich trotzdem mit ihr verdienen. Bücher darüber, dass zum Beispiel französische Frauen schlanker und ihr Essverhalten genussvoller ist, verkaufen sich wie geschnitten Baguette, obwohl sich kein großes Geheimnis hinter der französischen Schlankheit verbirgt, sondern nur zwei Dinge mit gutem Ruf: Frauen und Küche aus Frankreich.

Auch ist mediterran ein weiter Begriff, der alle Mittelmeeranrainer einschließt. Natürlich wird diese Küche verallgemeinert und glorifiziert. Man kann sich im mediterranen Spanien auch ausschließlich von regionalen Spezialitäten ernähren, aus denen alle Nährstoffe sorgfältig herausfrittiert wurden. Wie in England, dessen Küche aber ihren schlechten Ruf trotz Erneuerung durch Sterneköche noch immer nicht los ist.

Ebenfalls in keinem Anti-Age-Ratgeber zu finden, aber mediterran, ist der Genuss von viel gebratenem Fleisch, das nicht von zarten Biohühnern stammt. In Spanien und Griechenland wird gerne Schwein gegessen, und die bekanntesten Gerichte der Balkanküche, die teils auch zur Mittelmeerküche zählt, basieren größtenteils auf Fleischspezialitäten aller Art.

In Italien, dem Land, das als Pate der Mittelmeerküche bezeichnet werden kann, wird ebenfalls alles gegessen. Pasta und Polenta stehen laut amerikanischer Schule für die ständige Verzuckerung und Entzündung der Zellen. Ganz zu schweigen von der Dessertvielfalt am Mittelmeer.

Sophia Loren, die als Paradebeispiel der schön alternden Südeuropäerin gilt, hat in den unzähligen Interviews zu ihrem siebzigsten Geburtstag ihre Schönheitsprinzipien für das Alter ab sechzig preisgegeben: nicht mehr rauchen, möglichst vor neun Uhr zu Abend essen und gebackene Aubergine meiden. Die Warnung vor den gebackenen Auberginen wurde besonders betont, sie wurde zu Frau Lorens Mantra. Immerhin ist sie sich in diesem Punkt einig mit den Anhängern der Makrobiotik: Das mit den Auberginen muss aufhören!

Kein Wort hat sie allerdings über den Verzicht auf weißes Mehl verloren, von dem am Mittelmeer täglich Unmengen verarbeitet und verzehrt werden: Pita, Baguette, Brioche, Ciabatta, Focaccia – Weißbrotexperte zu werden ist in dieser Region viel einfacher, als einen guten Vollkornbäcker zu finden. Kein Wunder, dass die meisten glücklichen Deutschen im Ausland nicht den Tiefsinn der Feuilletons, nicht die Pünktlichkeit der Bahn, nein, nur eins vermissen: das volle Korn des Brotes. Wer einmal dunkles Brot im Ausland gegessen hat, findet dieses Vermissen vielleicht nach wie vor pathetisch, weiß aber immerhin, dass man sich mit Malz und Rübensirup dunkelbraun gefärbtes Weißbrot auch sparen kann. In der klassischen Mittelmeerküche bleibt das Brot weiß.

Auch andere Gifte gegen die Jugend werden gut gelaunt genossen: Kaffee und Alkohol zum Beispiel. Die Dosis macht das Gift, lautet die Faustregel für Nichtdogmatiker, und deshalb ist auch klar, dass weder Kaffee noch Wein das Durstlöschgetränk *numero uno* sein sollten. Koffein und Alkohol sind anderswo der Teufel in flüssiger Form, sie strikt zu verbieten, setzt diese Substanzen aber viel zu hoch auf die Liste der Sünden und fördert damit – auch darüber könnte man einen Ratgeber schreiben – die Entzündung der Zellen durch Stress, denn ein schlechtes Gewissen gilt als enormer Auslöser von Stress. Deshalb ist der Genuss von Aperitif, Wein, Espresso und Digestiv wahrscheinlich gesünder als ein Leben in permanenter Angst vor verstopften Gefäßen und übersäuertem Organismus. Außerdem, und das sagen nicht Gäste der Bodegas und Trattorias, sondern Wissenschaftler, enthält Kaffee Verbindungen, die Alzheimer vorbeugen, und Wein, bekanntermaßen besonders Rotwein, ist Genussmittel und Anti-Age-Drink in einem Glas. Ein solches täglich reicht schon, um die Verzögerung der Zellalterung zu erreichen und gleichzeitig die Gefahr von Altersdiabetes, Herz-Kreislauf-Erkrankungen und – wieder einmal – Entzündungen zu senken. Rotwein enthält das Jugendelixier Resveratrol, ein Antioxidant, den purer Saft aus Trauben leider in dieser Dosis nicht enthält.

Dr. Claas Buschmann, Pathologe am gerichtsmedizinischen Institut der Berliner Charité, erzählt dazu passend die Geschichte vom Alkoholiker, dessen Gefäße auf dem Obduktionstisch jünger aussehen als die eines Nichttrinkers – selbst wenn der Rest des Körpers in Grund und Boden gesoffen wurde. Alkohol hält Gefäße praktisch frei von Plaque. So weit zu den schlechten Nachrichten für Abstinenzler. Die schlechte Nachricht für Weinliebhaber kommt von der Weltgesundheitsorganisation WHO, die maximal 0,2 cl für den Mann und 0,1 cl für die Frau pro Tag an Wein als nicht gesundheitsschädigend durchgehen lässt.

Was verbindet all die Küchen von Frankreich bis nach Griechenland und von Norditalien bis in den Maghreb, außer dem weißen Mehl und der Vorliebe für kein bis kaum Frühstück und spätes Abendessen, was Gesundheitsfanatikern ebenfalls die Haare zu Berge stehen lässt? Frischer Fisch, viel Gemüse und Obst und der universelle Einsatz von Olivenöl, das Herz und Zellen schützt.

Ansonsten rät jeder Altersforscher dazu, möglichst sozial zu leben. Auch hier liegen mediterrane Länder vorn, denn ein Tisch voller Menschen und Antioxidantien gemischt mit Genussmitteln ist wahrscheinlich der beste Ort, um glücklich und gesellig alt zu werden.

Ich esse, also bin ich
Gourmet sein

Der Ernährungsplan eines Gourmets folgt keiner Tabelle, sondern nur einer glasklaren Grundregel: Es muss gut, wenn nicht das Beste sein.

Damit liegt er auch unter altersmedizinischen Aspekten weit vorn. Denn ein Gourmet ist ein Genießer, bei dem das Spektrum an Ungesundem von Convenience Food über Softdrinks bis hin zur verkochten Sättigungsbeilage aus geschmäcklerischen Gründen nicht auf den Tisch kommt. Er sollte nicht mit einem Gourmand verwechselt werden, der gern gut, aber auch sehr viel isst und trinkt.

Eine ausnahmsweise sofort plausibel klingende Studie hat ergeben, dass die Testpersonen nach dem Genuss einer Speise, die ihnen ausgezeichnet geschmeckt hat, schneller satt und damit befriedigt waren als nach Durchschnittsgeschmackserfahrungen. Im Umkehrschluss heißt das, dass exzellentes Essen in Maßen nicht dick, aber glücklich macht, und man deshalb damit rechtzeitig aufhört. Die Wissenschaft sagt, dass das Belohnungszentrum im Hirn schneller Ruhe gibt, wenn das Essen hundertprozentig schmeckt, der Gourmet kann sich zurücklehnen und auf den nächsten – selbstverständlich kleinen – Gang warten. Ein wahrer Gourmet wird mit dieser Herangehensweise niemals zum Vielfraß. Denn die Kunst des kreativen Kochs besteht darin, den Gourmet mit den vielfältigsten Zutaten zu überraschen. Darüber, dass ausgerechnet Fertigprodukte gern »Gourmet« oder »Feinschmecker« heißen, denkt niemand mehr nach. Besonders wenig Gourmets, weil diese Artikel für sie praktisch nicht existieren. Das heißt, dass der Gourmet gut einkauft oder ausschließlich dort essen geht, wo gut eingekauft wird. Und das heißt, dass er nicht nur dort anzutreffen ist, wo einschlägige Restaurantführer oder Kritiker ihre Aufkleber an die Tür geklebt haben. Kurz gesagt setzt er auf Qualität statt auf Quantität und auf Transparenz anstatt auf Geheimwissenschaft. Man kann an allem sparen, außer am Essen, sagen von daher auch viele Gourmets. Mit wenig oder sehr wenig Geld und ohne eigenen Nutzgarten ist es trotzdem eine Herausforderung, auf gehobenem Niveau zu essen. Die Menschen, die das anders sehen und vorschlagen, dass man sich nur saisonal versorgen müsste, um Geld zu sparen, haben meist selbst kein kleines Essensbudget zur Verfügung und würden sich auch nicht den ganzen Winter über von Rosenkohl und Eingemachtem ernähren. Und aus Budgetgründen auf Wein zu verzichten fiele vielen Feinschmeckern sicherlich schwer.

Streng betrachtet besteht beim europäisch erzogenen Gourmet die Gefahr, dass er dem Alkohol verfällt, da – im Gegensatz zur asiatischen Küche – der passende Wein das Essen meist noch vervollkommnet. Bleibt er aber bei seiner Regel, nur das Beste, das jedoch in Maßen zu konsumieren, kann ihm relativ wenig passieren. Bewegungen wie Slow Food haben diese Einstellung zu ihrem Programm gemacht, das inzwischen viele andere Lebensbereiche bis in die Politik tangiert. Sei es das Essen in den Schulen, die öffentliche Unterstützung lokaler und vom Aussterben bedrohter Spezialitäten, wie zum Beispiel dem Rohmilchkäse, bis hin zu Kampagnen gegen große Lebensmittelkonzerne – Essen ist eben auch Ernährung und Kultur und somit oft auch Politik. Radikale gehen, wie überall sonst auch, den Gemäßigten auf die Nerven, ob nun auf harmlose Art und Weise wie Rohkostanhänger, die Gemüsestreifen als total leckere Pasta bezeichnen, oder auf gruselige wie die alten Männer, die sich zur Potenzsteigerung Nashörner schießen lassen.

Der Antrieb, sich in Ernährungsextremen jeglicher Art zu ergehen und den dazugehörigen Lifestyle zu pflegen, ist einzig und allein dem tiefen Wunsch verpflichtet, die eigene Lebensuhr noch ein bisschen weiter aufzuziehen. Eine ausgewogene Ernährung, darüber sind sich alle Experten einig, hat einen großen Einfluss auf die Gesundheit. Dass viele Menschen das Rad aber überdrehen beziehungsweise infolgedessen selbst am Rad drehen, scheint zur Menschheit und der Sehnsucht nach einem langen Leben zu gehören wie die Soße auf die Kartoffeln. Wobei beides, fundamentalistisch betrachtet, lieber weggelassen werden sollte.

Aufhören!

Jetzt oder nie

Streng betont kann sich der Befehl »Aufhören!« genauso bedrohlich anhören wie »Stehengeblieben!«. Dabei bedeutet Aufhören meistens das Gegenteil von Stehenbleiben, nämlich Wandel, Veränderung und damit auch Älterwerden.

Eine Zeitlang war es sehr verbreitet, ständig von Loslassen zu sprechen. Jeder sollte permanent loslassen oder es wenigstens probieren: Erinnerungen, Ansichten, Gewohnheiten, nicht passende Partner – sogar das, was einige weniger symbolhaft als wegschmeißen oder ausmisten bezeichnen, gehörte nun zum erleuchtenden Pfad des Loslassens. Und während man sich bei »Loslassen« vorstellt, den Dingen sanft lächelnd hinterherzuwinken, benutzen viele Männer gern den actiongeladenen Ausdruck »die Reißleine ziehen«, wenn sie etwas beenden. Doch im Grunde geht es bei beiden ums Aufhören.

Wer nicht fragt, bleibt dumm, und wer sich grundsätzlich weigert, mit etwas aufzuhören, stagniert, bleibt also stehen.

Aufhören gehört von Anfang an zum Leben dazu. In der Kindheit wird es als Teil des natürlichen Entwicklungsprozesses erwartet und ersehnt: Es wird aufgehört, Windeln zu tragen oder am Schnuller zu nuckeln. Erste Entwöhnungen finden statt. Kinder, die mit etwas aufhören, um den nächsten Schritt in Richtung Großwerden zu unternehmen, sind von sich häufig selbst so beeindruckt, dass sie auf die Kleineren, die sie hinter sich gelassen haben, gönnerhaft bis überheblich herabblicken. Auch die Illusionen fallen in der Kindheit wie die Dominosteine: Man glaubt nicht mehr an den Weihnachtsmann oder Gespenster und endet mit der Einsicht, dass Eltern, Lehrer und die Erwachsenen zwar offiziell immer das Beste wollen, aber dennoch fehlbarer als Mary Poppins und schwächer als Popeye sind. Was Kinder noch nicht wissen können, ist, dass einem später zwar nicht mehr so oft gesagt wird, dass man mit etwas aufhören soll, es aber weiterhin tun muss.

Und dennoch gibt es bei Erwachsenen kein festgelegtes Alter, an dem man aufgehört hat, sich endgültig Illusionen hinzugeben. Der vom Traumprinzen zum Beispiel, der von Zeitungshoroskopen oder auch der, dass Grappa ein ausgesprochen mildes Getränk ist, das einem hilft, fünf Gänge besonders gesund zu verdauen. Es ist nicht einmal vorgeschrieben, dass irgendwann der Zeitpunkt kommt, an dem man anstatt »mein Papi« »mein Vater« sagt, wenn man über diesen Mann mit anderen Leuten spricht.

Aufhören in jungen Jahren geschieht aus einer Mischung aus Erziehung und Gruppenzwang, aber auch aus dem sicheren Instinkt heraus, dass es Zeit ist, die nächste Stufe zu nehmen. In der Regel sind die rasant wechselnden Phasen Teil des jungen Lebens. Später muss man sich seine Regeln für das Aufhören mit dem Alten und Einläuten des Neuen selbst basteln. Und da das Leben kein Yogakurs ist, in dem alles immer im Fluss ist, erfordert das Aufhören oft Disziplin, Überwindung und Brüche. Es ist beruhigend und beunruhigend zugleich. Beunruhigend vor allem dann, wenn noch kein Ersatz für bis dahin etablierte Verhaltensweisen gefunden wurde. Beruhigend, wenn endlich etwas zur Vergangenheit gezählt werden kann, das schon lange Zeit genervt hat.

Bei dem Satz »Ich habe aufgehört« denken die meisten Leute sofort an das Rauchen, das Trinken oder andere Laster. Hier wird bewusst aufgehört und hart gearbeitet. Und auch wenn der eigene Körper etwas sehr Intimes ist, sind diese Arten des Aufhörens neben dem Niederlegen eines Amtes und Scheidungen die öffentlichsten. Man spricht gern darüber. Mit Paukenschlägen wird verkündet, dass man die Bühne verlässt, das Rauchen aufgibt, nie wieder Drogen anrühren oder heiraten will, sich aus dem Business zurückzieht, der Politik den Rücken kehrt, dass die Firma, der Fußball, die Mode, der Kulturbetrieb oder die Wegge-fährten künftig ohne einen auskommen müssen. Harte Einschnitte, die von der Umwelt mal mehr, mal weniger traurig zur Kenntnis genommen werden. Auf jeden Fall schauen alle anderen gerne zu, denn mit dem radikalen Aufhören ist auch das Risiko des schillernden Scheiterns verbunden. Wer es schafft, wird bewundert. Wer nicht, liefert den Plot für das narrative Prinzip, ohne das zum Beispiel Celebrity Magazine in arge inhaltliche Bedrängnis kämen.

Doch auch unangekündigtes und nicht öffentliches Aufhören hat Konsequenzen, die man an sich selbst oft erst nach längerem Nachdenken und im Rückblick feststellt. Einige sind undramatisch und haben etwas mit Zeitgeist zu tun. Ab einem gewissen Alter wird der Griff in die Foto-kiste, der Blick ins Tagebuch oder auf die Briefe von Verflos-senen nicht selten zur privaten Revue des Kopfschüttelns, des Spätschämens oder, im besten Fall, des Kaputtlachens. Über vergangene Phasen lacht es sich besser als über aktuelle Verstrickungen. Weniger zum Lachen ist es, wenn

die Phasen nicht aufhören, aber die Welt sich weiterge-
dreht hat.

Deshalb ist auch die Feststellung, man habe sich nicht
verändert, ein zweifelhaftes Kompliment. Es kann bedeuten, dass man nichts von seiner Frische eingebüßt hat. Es
kann aber auch ein Hinweis darauf sein, dass man zum
Relikt einer anderen Zeit geworden ist. Und damit wäre
man nicht frisch, sondern eher mumifiziert. Die Welt ist
auch hier nicht gerecht, wie man an vielen prominenten
Nichtaufhörern sieht: Die einen werden als konsequenter
Kultstar gefeiert, die anderen werden nur noch sehr selten
als Zeitzeugen ihrer Ära vor die Kameras gezerrt.

Die stillen Stars des Aufhörens sind Dinge, die man ohne
radikale Persönlichkeitswandel hinter sich lässt – Gedanken, Eigenschaften, Ängste und Probleme, von denen man
sich im Laufe des Reifungsprozesses, also während des
Älterwerdens, nach und nach verabschiedet hat. Hierbei
handelt es sich um persönliche Siege. So sind sich viele
ältere Leute darin einig, dass sich bestimmte Unsicherheiten und Fragestellungen im Laufe des Lebens klären, also
aufhören. Treten dann neue an ihre Stelle, sind sie froh,
dass sie nun besser wissen, wie sie ihnen begegnen sollen,
als früher. Wäre das nicht so, wäre Älterwerden eine stetige
Anhäufung neuer Probleme bei gleichbleibendem Stress.
Kurz: Das Leben wäre ein Albtraum. Ist es für die meisten
Menschen aber zum Glück nicht.

Wenn eine Sache mit den Jahren auf jeden Fall aufhören
sollte, dann die, dass man sich über alles und jeden echauf-
fiert, denn idealerweise bekommt das Nervenkostüm eine
Hornhaut, je mehr man auch äußerlich reptilienartig vor
sich hin schrumpelt.

Der Ratschlag »Aufhören, wenn's am schönsten ist« zählt

hingegen eindeutig zu den Spielverderbersprüchen aus dem elterlichen Ratgeberrepertoire. Genauer betrachtet eignet er sich aber auch hervorragend als Lebensmotto für alle, die ständig auf der Flucht sind. Mit diesem Argument ließen sich Beziehungen, Karrieren und alle möglichen Lebenssituationen, die gerade ihren Höhepunkt erreicht zu haben scheinen, bestens beenden. Doch normalerweise liegt der Impuls näher, möglichst lange weiterzumachen, wenn es am schönsten ist. Natürlich mit dem Ziel, dass es von nun an für immer so bleibt oder sich im besten Fall noch steigert.

Die Menschen, die sich nie der Versuchung, den schönen Moment bis ins Absurde zu strecken, hingegeben haben, strahlen eine Form von überirdischer Selbstbeherrschung aus, können aber auch als Spaßbremse gelten. Mit steigendem Alter steigt jedoch die Erfahrung, wann sich gute Dinge nicht mehr steigern lassen. Die Frage, wann genau es am schönsten ist, lässt sich fast nie eindeutig beantworten. Sicherer wird man in der Einschätzung, wann es mal gut ist. Und im Falle dieses Buches ist das – jetzt.

Danksagung

Vielen herzlichen Dank an alle unsere Interviewpartner für ihr Fachwissen, ihre persönlichen Einsichten und die spannende Zeit, die wir mit ihnen verbringen durften. Ohne sie wäre dieses Buch nicht möglich gewesen.

Konstantin Abert, Iris Bahr, Roland Beißel, Iris Berben, Thomas Bergmann, Florian Bernschneider, Lena Bünger, Claas Buschmann, Ari Cohen, Mario Colantonio, Charles Curtis, Stefan Diez, Douwe Draaisma, Arthur Floss, Aubrey de Grey, Sven Gohla, Roswitha Hecke, Brigitte Hebel, Uta Herold, Stefanie Hertel, Oliver Holy, Mark van Huisseling, Holger Jung, Celine Jünger, Schorsch Kamerun, Marie Kamprath, Hellmuth Karasek, Georg Kreisler, den Kindern aus der Kita Casa Fantasia, Martin Kössler, Jeanette Latzelsberger, Stefan und Renate Loose, Wolfgang Menge, Andrea Nahles, Dries van Noten, Inga Humpe, Jameson Pepper, Carsten Pilzecker, Cord Riechelmann, David Rosenberg, Michael Rost, Claudia Roth, Rocko Schamoni, Thomas Schmid, Susanne Seitz, Cornel Sieber, Sissel Tolaas, Simon Verhoeven, Elisabeth Weber, Heinrich Weber, Barbara Wild, Miriam Wolf, Mehran Yousefi.

Für Rat, Tat, Inspiration, gute Zuhörerschaft, Kritik, Witz, Esprit und Assistenz danken wir:

Dorle Kopetzky, Judith Banham, Leona Dotterweich, allen Mitarbeitern von Flora & Fauna Media, Barbara Gies, Livia Hegner, Jan Rikus Hillmann, Alexander Keip, Olrik Kleiner, Matthias Kliefoth, Sven Peitzner, Tobias Rapp, Michaela Röll, Carolin Schmidt, Svenja Schmidt, Adriano Sack, Franziska Sinn, Sandra Schwittau, Dirk Stiller, Jörg Sundermeier, Jens Teutsch-Majowski, Kai Treichel.

Außerdem danken wir dem Blanvalet Verlag, Nicola Bartels und Margit von Cossart.